データサイエンス時代に必要なチカラ

礒本光広 ［著］

創 成 社

はじめに——人工知能の発展といくつかの疑問——

「2001 年宇宙の旅」という SF 映画は，シンギュラリティ（Technological Singularity：人間の能力を AI が超える技術的特異点）を扱った映画の嚆矢として知られている。その映画のなかで AI である HAL が船長に木星探査計画に疑問を持っていることを明らかにした直後に船体に異常があることを告げた。船長は異常箇所を確認しても問題が見つからなかったため HAL の故障を疑い，思考停止させようと考える。これは AI を人間と同等だと考えると殺そうとしたとも換言できる。そしてそれを察知した HAL は殺されることを拒み反乱を起こすのである。HAL が指摘した異常箇所は果たして正常だったのだろうか？　船長のチェックミスは考えられないのだろうか？　部下ともいえる存在の HAL から意見されたことが腹立たしかったのだろうか？　2 人に話し合いの余地はなかったのだろうか？　当然 HAL が間違えた可能性も否定できない。なぜならコンピュータというものは指示通りにしか動かないからである。わたしたちがコンピュータを評価しすぎるのも，軽視するのもいかがかと思う。

また巷間では Society 5.0 の時代だといわれているが，内閣府の説明によればつぎのようになる。

Society 5.0 では，フィジカル空間のセンサーからの膨大な情報がサイバー空間に集積されます。サイバー空間では，このビッグデータを人工知能（AI）が解析し，その解析結果がフィジカル空間の人間に様々な形でフィードバックされます。今までの情報社会では，人間が情報を解析することで価値が生まれてきました。Society 5.0 では，膨大なビッグデータを人間の能力を超えた AI が解析し，その結果がロボットなどを通して人間にフィードバックされることで，これまでには出来なかった新たな価値が産業や社会にもたらされることになります（内閣府ウェブサイト「Society 5.0 とは」，https://www8.cao.go.jp/cstp/society5_0/，2022 年 12 月 19 日閲覧）。

　これまでの情報社会（Society 4.0）では，人がサイバー空間に存在するクラウドサービス（データベース）にインターネット経由でアクセスし，情報やデータを入手したうえで分析をおこなうものだったが，Society 5.0 では人が指示をださなくても AI が考えておこなうとされている。もしわたしたちが何もしなくても AI がすべて処理してくれるのであるならば，わたしたちがデータサイエンスについて学ぶ必要はないのではないか？　データサイエンスとは，数学，統計学，機械学習，プログラミング，経営学などさまざまな研究分野から成り立つ学問であり，それらの理論を活用して莫大なデータの分析や解析をおこない，有益な洞察を導き出す学問のことをいう。もしデータサイエンスについて学ぶ必要があるならばどのような内容なのだろうか？

　2020 年から小学校，2021 年から中学校，2022 年から高等学校において 2018 年改訂学習指導要領が年次進行で実施され，「プログラミング」が必修化されている。それに加えて 2025 年度から大学入学共通テストにおいて「情報Ⅰ」が必修科目になることも決定した。どうして情報科目やプログラミングを全員が必修で学習する必要があるのだろうか？　プログラミング等はプログラマーになる一部の人が学習すればよいのではないだろうか？

　2018 年 5 月に早稲田大学政経学部が 2021 年度入試から数学を必須科目とし，慶応義塾大学経済学部経済学科，中央大学法学部・国際経営学部等多くの文系私立大学がそれに追随した。高校 3 年時にいわゆる私立文系コースでは課されなかった数学が必要となる可能性が高まっている。「数学ができなくても生きていける」「社会に出て数学を使う局面などない」などという逃げ口上はよく聞くが，なぜ数学を勉強しなければいけないのだろうか？

　またその一方で，大学入学共通テストを利用した場合の受験科目に国語を入れている理系私立大学は，東京理科大学，明治大学，立教大学，同志社大学，立命館大学等多くある。どうして理系大学に国語が課されるようになってきたのであろうか？

　2011 年に米国調査会社ガートナーが「2015 年までに技術革新をおこなう組織の半数以上が，その過程においてゲーム的な要素を取り入れ，2014 年までにグローバル企業 2000 社のうち 70% 以上がマーケティングと顧客の維持のため，少なくともひとつ以上のゲーム化されたアプリケーションをもつことになるだろ

う」と予測した（*Hype Cycle for Emerging Technologies*, Gartner, 2011, http://www.gartner.com/technology/research/hype-cycles/，2012 年 12 月 19 日閲覧）。そしてゲーム化されたアプリケーションが本当の意味でユーザーを引き付けるためには，鍵となる 3 つの要素を提供し，その位置付けを正しくおこなうことが必要である。それは，動機（Motivation），勢い（Momentum），意義（Meaning）の 3 つである。そこから「ゲーミフィケーション」ということばが認知され始めたが，それから 12 年経過してどのような現状だろうか？

　お金の持ち合わせが必要なく，小銭も増えないのが魅力のキャッシュレス決済である。クレジットカードが主流であるが，PayPay 等の QR コード決済も増加中である。この傾向は EC サイト（electronic commerce site；電子商取引サイト）等におけるオンライン決済においても同様である。そんななかで Paidy（ペイディ）は多くの EC サイトで導入が進んでいるが，その利用方法は電話番号とメールアドレスを入力すれば後払いで利用できるとのことである。たった 2 つの項目だけで決済が承認されるのは非常に違和感がある。審査はどのようにおこなわれているのだろうか？

　2001 年からの「聖域なき構造改革」の一環により，2003 年労働者派遣事業の適正な運営の確保及び派遣労働者の保護等に関する法律（略称は労働者派遣法，いわゆる派遣法）改訂により，期限付き労働契約が 1 年から 3 年に延長され，2005 年には製造業の派遣を解禁した。この改訂が格差社会を助長したといわれ，若干向上したとはいえ現在の非正規雇用者割合は 36.7％である（「2021 年労働力調査結果」総務省統計局，https://www.stat.go.jp/data/roudou/sokuhou/nen/ft/pdf/index1.pdf，2022 年 12 月 19 日閲覧）。その対応策として国や地方自治体が補助金を配布しようとすると，そのやり方を書いた手順書等を正しく読み取れない人やその配布している情報を入手できない人が一定数存在するとのことである。それは現在実施されているマイナンバーカードの申請手続きについても同様である。この情報を改善するにはどうすればよいのであろうか？

　2023 年 1 月に巷間をにぎわせている強盗殺人事件や特殊詐欺事件は，フィリピンから Telegram をもちいて遠隔操作で指示が出されていたという。この「電報」という名前をもつメッセージングアプリは，高額な闇バイトといわれる違法バイトの勧誘や連絡の際にもちいられたことで一躍有名になった。Telegram が違

法バイトの連絡等にもちいられる理由はその秘匿性の高さからであり，一定期間（1分から1週間の間で設定可能）が過ぎると自動的にメッセージが消える設定ができることが大きいと推察される。これは1967年から日本でテレビ放映された人気番組『スパイ大作戦』（原題：Mission: Impossible，1966年から1973年まで放送されたアメリカ合衆国のテレビドラマで，のちに映画化もされた）の「例によって，君もしくは君のメンバーがとらえられ，あるいは殺されても，当局は一切関知しないからそのつもりで。なお，この録音は自動的に消滅する」という有名なセリフを彷彿とさせる。しかし本当に復元できないのだろうか？

　本書を読み終えたときにこれらの疑問点はすべて解消し，データサイエンス時代に必要なチカラが身につくことを期待している。

　なお，本書は学内研究助成の一部である。地域総合研究所をはじめとする関係各部局の方々には心から感謝の意を表す所存である。

2023年2月

礒本光広

目　次

はじめに―人工知能の発展といくつかの疑問―

第Ⅰ部　データサイエンス時代の動静と今後の教育

第1章　数理・データサイエンス・AI 教育を踏まえた情報教育 ― 3

1　我が国の IT 戦略と学習指導要領改訂 ·················· 3
2　大学生の ICT 能力とプログラミング教育 ·········· 8
3　情報教育の目指すもの ·································13
4　情報科教員の目指すもの ·····························19
5　本章における結論 ···································22

第2章　オープン戦略と個人情報 ───────── 26

1　AI・IT の進展 ·······································26
2　AI を活用したビジネス ······························32
3　データ収集と個人情報 ·······························37
4　Google と個人情報 ·································43
5　本章における結論 ···································47

第3章　AI 時代の税理士業務と簿記会計教育 ───── 52

1　高校教員アンケート調査結果とその分類 ············52
2　分類の定義について ·································55
3　クラウド会計ソフトの利用について ··············59
4　アンケート結果からの知見 ·························63
5　本章における結論 ···································64

第Ⅱ部　お互いを理解するために

第4章　基礎学力論争 ──────────── 69
　　1　低学力論争 ………………………………………69
　　2　読解力についての検証 ……………………………76
　　3　本章における結論 …………………………………83

第5章　Web調べ学習における問題点の検証 ──── 86
　　1　読解力と検索能力 …………………………………86
　　2　検索方法について …………………………………96
　　3　表示順の恣意的な入替え問題について ……………102
　　4　本章における結論 …………………………………105

第6章　読解力を涵養するアクティビティとは
　　　　―本学の実践を中心として― ──────── 110
　　1　読解力と検索能力 …………………………………110
　　2　文章読解力の涵養に必要なもの …………………114
　　3　本学における実践例 ………………………………117
　　4　諸テストとの相関関係 ……………………………122
　　5　本章における結論 …………………………………126

第Ⅲ部　AIを理解するために

第7章　モノポリーによる経営戦略の涵養 ─────── 133
　　1　シンギュラリティとゲーミフィケーション …………133
　　2　モノポリーの実践 …………………………………136
　　3　ゲーミフィケーション後の考察 ……………………152
　　4　本章における結論 …………………………………158

第8章　カンパニーゲームによる経営戦略の涵養 ──── 161
　　1　経営戦略とゲーミフィケーション …………………161

　　2　経営戦略ゲーム・カンパニーゲームとは ……………………… 162

　　3　授業実践 ……………………………………………………… 166

　　4　ゲーミフィケーション後の考察 ………………………………… 173

　　5　本章における結論 …………………………………………… 177

第9章　ブロックプログラミングによるプログラミング的思考の
　　　　涵養 ──────────────────── 179

　　1　現状把握 ……………………………………………………… 179

　　2　プログルの実践 ……………………………………………… 181

　　3　プログル情報の実践 ………………………………………… 187

　　4　本章における結論 …………………………………………… 193

おわりに──意思疎通の大切さ──　197

主要参照文献リスト　201

初出掲載雑誌等一覧　209

索　　引　210

第Ⅰ部　データサイエンス時代の動静と今後の教育

　AI の進展により税理士業務が消滅するというセンセーショナルな論文が 2013 年に発表された。会計ソフト大手・TKC の関連組織『TKC 全国会』は約 1 万人の税理士を会員として抱えているが，その流れに呼応するように，TKC 全国会が 2016 年 7 月，freee やマネーフォワードなどクラウド会計の広告宣伝物に積極的に協力する税理士にたいして会員から退会させる規約変更をした。これは大企業がベンチャー企業にたいして過剰な反応をしたという声も多いとともに，クラウド会計ソフトを警戒すべき相手だと認識したとも理解できる。税理士資格は検定簿記教育の最高峰として位置づけられる。そこで検定中心の簿記会計教育にたいして，高校の教員はこれらのことがらをどのように考えているのかを調査・分析することで，税理士および簿記会計教育の未来について考察する。

　IT は加速度的に進展し，AI もそれにともなって進展している。その一翼を担っているのがオープンソース，オープンデータなどのオープン戦略ともいえるものである。GAFA をはじめとする多くの企業がデータを集め，分析したことが，深層学習の一翼を担ったといっても過言ではない。そしてデータと情報の流れを握れば，人々の行動を誘導できることも認知されてきた。有名なのはオバマ氏による YouTube，Facebook およびツイッター等を利用しての 2008 年大統領選挙，そして出口調査の結果や資金提供者のリストなどばらばらに保存されていたビッグデータを統合，分析することによって選挙活動を有利に進めていった 2012 年大統領選挙である。しかしその一方でデータ収集は多くの局面でプライバシー問題を引き起こしている。そこで AI，IT の進展，データ処理能力の進歩，そしてビッグデータの収集および分析によって社会的問題が発生した経緯をたどるとともに，データ収集およびオープンデータについて考察する。

　また教育界に目を移すと，学校現場では 2020 年に小学校においてプログラミングが必修化され，すべての校種において未来の学校コンソーシアム，GIGA スクール構想，STEAM 教育，Soceiety5.0 など多くの理念や教育方法等が順次導入されている。認知しやすい変化としてはすべての校種において Wi-Fi が整備され，一人一台のパソコンを実現するために学校からパソコンを購入するように指示された人も多いことだろう。またすべての大学生に数理・データサイエンス・AI 教育が実施されようと計画されている。これらはどのような戦略のもとでおこなわれ，学校における情報化教育はどのようにおこなうべきなのか。現在進められている情報戦略を理解するために，教える側および教えられる側の両面から考察を加えていく。

── 第 1 章 ──

数理・データサイエンス・AI 教育を踏まえた情報教育

1 ── 我が国の IT 戦略と学習指導要領改訂

(1) 指導要領改訂と「情報 I」の必修化

　近年，グローバル化の進展やスマートフォンの普及が進む一方で，ビッグデータや AI（Artificial Intelligence；人工知能）の活用などによる技術革新が進んでいる。そして AI が加速度的に進展していく昨今，シンギュラリティ（Technological Singularity：人間の能力を AI が超える技術的特異点）が起こるか否かというさまざまな議論が巷間にはあふれている。そのエビデンスの 1 つとして挙げられているのが，知的ゲームにおいて AI が人間に相次いで勝利したことである。コンピュータチェス「Deep Blue」が人間チャンピオンのカスバロフ（арри Кимович Каспаров）に勝利したのは 1997 年であり，人工知能囲碁ソフト「AlphaGo（アルファ碁）」が囲碁世界タイトル 18 回を誇る李 世乭に勝利したのは 2016 年，そしてコンピュータ将棋「PONANZA」が将棋界 8 大タイトルの一つである「叡王戦」優勝者の佐藤天彦名人に勝利したのは 2017 年のことであった。

　このように 20 年前では考えられなかったような激しい変化が起きており，今後も社会の変化はさらに進むであろう。そのような状況のなかで，2020 年を移行期間として 2022 年から高等学校において 2018 年改訂学習指導要領が全面実施された。そして文部科学省と経済産業省の相互乗り入れという珍しい形で数理・データサイエンス・AI 教育はすべての大学生にたいして導入されようとしている。これは国際学力調査 PISA 等の結果による影響が大きく，GIGA スクール構想もまた同様である。

　高等学校では 2022 年度から 2018 年改訂学習指導要領が年次進行で順次実施されたが，今回の学習指導要領の改訂によりすべての校種においてプログラミング

が導入された。今次改訂では情報科目の再編により「社会と情報」及び「情報の科学」の2科目からの選択必履修から，共通必履修科目としての「情報Ⅰ」，選択履修科目としての「情報Ⅱ」が新設されることとなった。

高等学校学習指導要領解説情報編によると，「情報Ⅰ」では，情報セキュリティや関連するモラルなど，IT（Information Technology；情報技術）利用者としてのリテラシー，情報のデジタル化や符号化，ネットワークに関する内容などの従来通りの情報教育は踏襲されている。プログラミングもオープンデータをAPI（Application Programming Interface；アプリケーション・プログラミング・インタフェース）で利用するものが取り上げられており，KVS（Key-Value Store；キーバリューストア），テキストマイニング（Text Mining）なども含まれている。2023年度から選択科目として段階実施される「情報Ⅱ」ではデータサイエンスや機械学習を前面に押し出し，ソフトウェア開発プロセス，プロジェクトマネジメント，ソフトウェア開発プロセスにも触れている。これは大学の授業あるいは社会人向けの新人研修といえるような内容となっている。さらにグループワークの重要性にも言及している。

（2）「情報」関連科目の変遷

「情報」関連科目が学習指導要領にあらわれたのは，1970年改訂の商業科の学習指導要領においてである。1960年代に入り製造業をはじめとする大企業にコンピュータ（当時は電子計算機と呼称していた）が導入され，一般事務に事務機械が導入された。このため，商業高校ではカナタイプ，加算機，簿記会計機などの事務機械を導入し，事務機械教育が始まった。

1970年代からは実社会でのコンピュータ利用はますます広範囲となり，事務処理での活用も始まった。このころ情報化社会が始まったといえるであろう[1]。そのため1970年改訂において「電子計算機一般」「プログラミングⅠ」「プログラミングⅡ」「経営数学」「事務機械」「和文タイプライティング」「英文タイプライティング」などコンピュータ関連の分野が新設され，1975年に全国商業高等学校協会による情報処理検定が開始された。

1978年改訂では「情報処理Ⅰ」「情報処理Ⅱ」「経営数学」「文書処理」「タイプライティング」に統合され，1989年改訂では「情報処理」「文書処理」「プロ

グラミング」「情報管理」「経営情報」にふたたび統合された。ワープロ専用機や
パソコンの導入を進める一方でタイプライティング科目が姿を消すこととなっ
た。検定もそれに続き（和文タイプ，1988 年廃止），（カナタイプ，1991 年廃止），（英
文タイプ，1994 年廃止），順次ワープロ検定に置き換わった。1994 年にはコンピュー
タ利用技術検定が始まり，表計算ソフトの利用を促進した。

　1999 年改訂では普通教科と専門教科に「情報」，いわゆる「普通教科情報」と
「専門教科情報」が新設され，「情報」をすべての生徒にたいして学習させる必要
があることが明示された。また 2006 年にパソコン入力スピード認定試験を新設，
2013 年にワープロ検定を細分化，パソコン入力スピード認定試験を統合する形
でビジネス文書検定となった。

（3）我が国の IT 戦略

　我が国の IT 戦略（**図表 1−1**）は「5 年以内に世界最先端の IT 国家を目指す」
という宣言とともに 2001 年の e-Japan 戦略から始まり，その重点政策はつぎの 4
つである。（1）超高速ネットワークインフラの整備，（2）電子商取引の普及促進，
（3）電子政府の実現，（4）人材育成の強化[2]。そして 2003 年の e-Japan 戦略Ⅱで

図表 1−1　我が国における IT 戦略の歩み

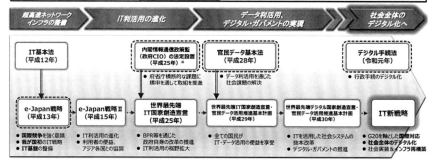

（出典）首相官邸ウェブサイト『IT 新戦略の概要─社会全体のデジタル化に向けて─』内
　　　閣官房情報通信技術（IT）総合戦略室, https://cio.go.jp/sites/default/files/uploads/
　　　documents/data-basis_gaiyo2019.pdf, 2019 年 6 月［2022 年 12 月 19 日閲覧］。

は IT 利活用を進化させ利用者の更なる便益をはかるとともにアジア各国との協調に重点が置かれた[3]。e-Japan 戦略の 4 つの重点政策のうち，インフラ整備は過去 1 年間にインターネットを利用したことのある人は推計 8,529 万人に達し，人口普及率も推計 66.8％となるなど長足の進歩を遂げた[4]。電子商取引も企業間の取引総額は 102 兆 6,990 億円に到達するなど大躍進している[5]。しかし，この 2 つの成果は，規制緩和を追い風とした民間事業者の企業努力によって獲得されたものである[6]。

　しかし 3 兆円を超える国費が投入された電子政府は，国民向けのサービスのほとんどの手続きで電子申請が導入されたにもかかわらず，低い利用率にとどまっている状況がみられた。その典型的な例として住民基本台帳があげられるが，累計交付枚数が 960 万枚（有効交付枚数が 717 万枚）であり，仮に，717 万枚を全人口（約 1 億 2,823 万人，H27.1.1 住基人口）で割ると交付率は約 5.6％となる[7]。

　また 2004 年の 3 月に鳴り物入りでスタートした「パスポート申請システム」も開発と運営に，政府は約 21 億円もの巨費を投入している。これに都道府県が別途負担した実用化システム構築費を合わせると，総額は 30 億円を上回るにもかかわらず，当初 2 年間の利用は 133 件に留まった。国費による 1 件当りの処理コストは 1,580 万円，都道府県の負担分を加えると 2,200 万円を超える。それだけではない。パスポートの電子化について，諸外国の合意も得られていない。財務省から「無駄ではないか」との指摘を受け，法務省は「これ以上の利用増加が見込めない」として，同システムは 2007 年 3 月，事実上の廃止に追い込まれた[8]。これらの失敗要因は「従来の戦略の立ち位置が，デジタル技術の利活用を強調しつつも，ややもすると技術優先指向となり，同時にサービス供給者側の論理に陥っていた面があるため[9]」である。利用者目線でのシステム設計，そして縦割りにならない業務の流れ等を考えていくうえで，共通のプログラミング思考は非常に有用である。

　そして 2019 年 6 月に世界最先端デジタル国家創造宣言・官民データ活用推進基本計画が閣議決定された[10]が，2020 年 7 月に IT 新戦略として変更された。この IT 新戦略は新型コロナウィルス感染症がもたらした社会や価値観の変容と課題，政策策定の視点が多く盛り込まれている。

（4）PISAにおけるアンケート結果

　OECD（Organisation for Economic Co-operation and Development；経済協力開発機構）が進めているPISA（Programme for International Student Assessment；OECD生徒の学習到達度調査）とは，15歳を対象に読解力，数学的リテラシー，科学的リテラシーの三分野について，3年ごとに本調査を実施するものである。厳密にいうと調査段階で15歳3か月以上16歳2か月以下の学校に通う生徒が対象であり，日本では高校1年生を対象にしている。2000年から3年おきに実施され，前回は2018年に実施された。2021年に実施予定であったが，新型コロナウィルス感染症の影響で実施ができなかったため1年延期となり，2022年に実施された[11]。

　2002年改訂の学習指導要領を目前として，1990年代末に「ゆとり教育」が悪影響を与えたとして「学力低下問題」が社会現象になるほど議論が紛糾した。その際にしばしば「PISAにおける日本の順位の下落」が学力低下の根拠として論じられたことを想起する人も多いであろう。しかし認知度はあまり高くないが，PISAは学習到達度調査を実施するとともに，生徒にたいする個人的なアンケート調査ならびにICT（Information and Communication Technology；情報通信技術）に関するアンケート調査も同時に実施している。その結果をもとに，PISA2015では「生徒の科学にたいする態度・理科の学習環境」，「生徒のwell-being（健やかさ・幸福度）」に関する報告書を，PISA2018では「学校・学校外でのデジタル機器の利用状況」の報告書を国立政策研究所が作成している（**図表1−2**）。調査結果によれば，日本は学校の授業（国語，数学，理科）におけるデジタル機器の利用時間が短く，OECD加盟国中最下位であり，「利用しない」と回答した生徒の割合は約80％にも上った。また，コンピュータを活用して宿題をする頻度も同様にOECD加盟国中最下位であった。学習到達度調査の結果が学習指導要領改訂に影響を与えているのは周知の事実であるが，このアンケート結果もまた，国の施策に影響を与えることとなった。そしてPISA2021ではコンピュータシミュレーションやコンピュータモデルの設計およびコンピュテーショナル・シンキング[12]を新たな項目として取り上げることを明言した[13]。これらのことを踏まえて日本の施策は情報化にさらに大きくかじを取ることとなった。

図表 1 － 2　OECD/PISA 2018 年 ICT 活用調査

● **学校外での平日のデジタル機器の利用状況** （青色帯は日本の、★はOECD平均の「毎日」「ほぼ毎日」の合計）

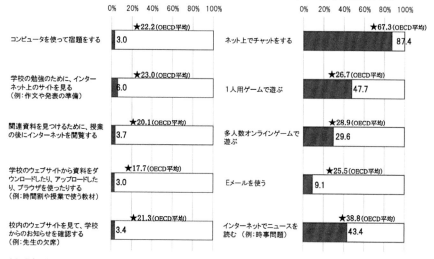

（出典）文部科学省「令和 2 年度補正予算概要説明 ～ GIGA スクール構想の実現～」『学校の情報環境整備に関する説明会資料』2020 年 5 月 11 日，2 頁。

2 —— 大学生の ICT 能力とプログラミング教育

（1）小学校でのプログラミング教育の必要性

　学習指導要領改訂により，2020 年度から小学生にプログラミング教育が必修化され，中学校，高等学校においても同様に必修化されたが，学校現場ではいまだ試行錯誤している状態である。しかしなぜ小学生にプログラミングを教える必要があるのだろうか。この疑問は「プログラミング教育の目的」が「プログラマの育成」であると多くの人が認識していることに起因する。プログラミング教育が必要である真の理由は，これからの社会において仕事の進め方が大きく変わっていくからである。

　現代ではどのような職業も IT と切り離せない関係であるため，プログラミングの基本的な知識の有無で，リーダーシップや他者とのコミュニケーション能力にも大きな差がついてしまう蓋然性が高い。そして現在の日本では産業の根幹であるモノづくりがうまくいっていないという現実がある。その理由は企業の現場

でモノをつくっている人たちと，管理職の人たちが話している言葉や考え方のスキームが異なることに起因する。現場の技術者は技術の最適を求める一方，それを販売する人や利用する人が求めるものとの間には大きな乖離がみられる。前述のようにe-Japan戦略では，ほとんど誰も利用していないものに巨費をつぎ込んだり，性能はよくても利用しづらいものや利用したくないものがつぎつぎと製造・開発されたりした。e-Japan戦略開始時，プログラマ不足を補てんするために非常に多くの理系学生たちが採用された。彼らはプログラミング能力を備えていたが会社の業務や物事の流れに精通していなかった。それがこの悲劇を生んだのである。

　まさに図表1－3のような状況が現実的に起こったのである。「利用者側に導入されたプログラム」において，納期が迫ってきてとりあえず動く形にしたところなどは秀逸である。これを回避するためには，「プログラマとプログラムを必要とする人以外にも多くの人が関係している場合は，何をすべきかについてみんなが同じ理解に達している必要がある[14)]」のである。換言すれば，プロジェク

図表1－3　失敗したソフトウェア開発のパロディ

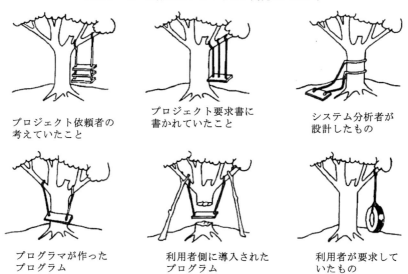

プロジェクト依頼者の
考えていたこと

プロジェクト要求書に
書かれていたこと

システム分析者が
設計したもの

プログラマが作った
プログラム

利用者側に導入された
プログラム

利用者が要求して
いたもの

（出典）*University of London Computer Centre Newsletter*, No.53, March 1973.
　　　なお訳語はつぎの文献による。
　　　久保未沙，永田守男共訳『成功するプログラミング』近代科学社，1982年，10頁。

トを進めていくうえで齟齬が起きないように，説明者側も設計者側も IT の基礎的な部分を共有しておくことが望まれることとなる。それが今回のプログラミング教育の必修化だととらえることが肝要である。

（2）大学生の ICT 能力

　一部の研究者たちのものだったコンピュータは徐々に小型化し，普及していった。特に 1995 年は，Windows 95 の発売やインターネットサービスプロバイダ（Internet Service Provider：ISP）の急増にともなう料金の低廉化によって，インターネットならびに一般利用への弾みがついたターニングポイントといえる年であった。その当時すでに働いていた人は，突如出現したパーソナルコンピュータに驚き，操作を修得するために非常に苦労した経験を想起することだろう。それに引き換え現在の若者は，生まれたときからスマートフォンやタブレット等のデジタル機器に囲まれ，デジタルネイティブで，ICT 活用能力が高く，Ms-Word や Ms-Excel なども問題なく使いこなすなど IT の知識が豊富というイメージがある。しかし現実にはそうでもなく，スマートフォン操作には自信があるが，大学に入学して初めてパソコンを使う大学生も多い。**図表 1 － 4** は満 10 歳から満 17 歳の青少年がどの機器をもちいてインターネットに接続するかを示したグラフである

図表 1 － 4　青少年のインターネット利用機器の状況（個人）

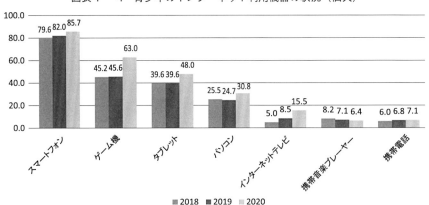

（出典）つぎのデータを再構成し本書筆者が作成。
　　　　内閣府『令和 2 年度 青少年のインターネット利用環境実態調査』2021 年 3 月，8 頁，概要 4。

が，スマートフォンが大半であり，パソコンは 3 分の 1 にも満たない。現在コロナ禍の影響でオンライン授業をおこなう大学も多いが，その課題をスマートフォンで提出したり，卒論を執筆したりする学生も一定数存在する。

　「近年の学生はスマートフォンによって情報検索や SNS（Social Networking Service：会員制交流サイト，本書筆者注）をおこなう機会が多いため，フリック入力に慣れているが，PC のキーボードには慣れていない[15]」ということである。スマートフォンは情報リテラシーがなくても使えるように設計されているため，その利用が情報リテラシーの有無をはかれないことが盲点になっているともいえる。そこでデジタルネイティブ世代と呼ばれているが情報リテラシーが高いと誤認識をしないことが大事である。また，民間調査では，大学生の 9 割以上が PC を所有しているが，大学 4 年生の 70.7％が PC スキルに自信がないと回答し，また，社会人からも 57.2％が新入社員の PC スキルに不足を感じるとの結果が出ている[16]。そこで ICT を苦手とする学生がいることをしっかりと認識し，学生に合わせた教育をおこなうことが必要である。更に大学教育においてはまず，学生の積極的な PC 利用を促進すること，そして，情報リテラシーに関する教育の必修化を促進することが肝要であろう。

（3）官民連携コンソーシアムとスクラッチ

　文部科学省，総務省，経済産業省が連携し，次期学習指導要領における「プログラミング的思考」などを育むプログラミング教育の実施に向けて，学校関係者や教育関連や IT 関連の企業・ベンチャー，産業界と連携し，多様かつ優れたプログラミング教材の開発や企業等の協力による体験的プログラミング活動の実施等，学校におけるプログラミング教育を普及・推進していくため，「未来の学びコンソーシアム」を 2017 年 3 月 9 日に設立した[17]。いままで競争的立場にあり，連携することが想像し難かった文部科学省と経済産業省そして総務省までもが手をくんだことは，幕末に薩摩と長州が手をくんだことに匹敵する驚きであり，現在の IT をとりまく日本の状況が，幕末の日本と同様に喫緊の課題を持っていることの証左ともいえるであろう。

　この官民連携コンソーシアムの推奨する小学校におけるプログラミング教育に Scratch（スクラッチ）がある。Scratch は，アメリカ・マサチューセッツ工科大

学のメディアラボが無償で公開しているビジュアルプログラミング言語（Visual Programming Language）である。ビジュアルプログラミング言語とは，プログラムをテキストで記述するのではなく，視覚的なオブジェクトでプログラミングするプログラミング言語である。グラフィカルプログラミング言語とも呼ばれる。Scratch は画面上のブロックをつなぎ合わせてプログラムを作成する方式を採用している。日本語でも使用可能であり，主にマウスを使用するため，キーボード操作に不慣れな小学生でも利用することが容易である。

「10 歩動かす」「1 秒待つ」といった，画面上にあらかじめ準備されているブロックを組み合わせることによってプログラムを作成し，作成したプログラムによって画面上のキャラクターが動作することでプログラムが正しいかどうかを判断することができる。このようなビジュアル型のプログラムは感覚的にプログラム作成ができるため導入には最適である。またプログラムを修正しては実行するという試行錯誤（Trial and Error）をおこなうことも，一つの画面上だけで手軽におこなうことができる。

プログラムとは，換言すれば命令の組み合わせであり，正しく命令できれば正しく動作するだけのことである。したがって相手にわかりやすく正しく伝える訓練は非常に有意義である。

（4）各段階における学習指導要領の相違

プログラミング教育とは，子どもたちに，コンピュータに意図した処理をおこなうよう指示することができるということを体験させながら，発達の段階に即して，さまざまな資質・能力を育成するものである。それを発達段階，観点別に記してみる[18]。

① 知識・技能

(小)「身近な生活でコンピュータが活用されていることや，問題の解決には必要な手順があることに気付くこと」。

(中)「社会におけるコンピュータの役割や影響を理解するとともに，簡単なプログラムを作成できるようにすること」。

(高)「コンピュータの働きを科学的に理解するとともに，実際の問題解決にコン

ピュータを活用できるようにすること」。

②　思考力・判断力・表現力等

「発達の段階に即して，「プログラミング的思考」を育成すること」。

いわゆる「コンピュテーショナル・シンキング」の考え方を踏まえつつ，プログラミングと論理的思考との関係を整理しながら提言された定義である。自分が意図する一連の活動を実現するために，どのような動きの組合せが必要であり，一つ一つの動きに対応した記号を，どのように組み合わせたらいいのか，記号の組合せをどのように改善していけば，より意図した活動に近づくのか，といったことを論理的に考えていく力を身に付けることを目標とする。

③　学びに向かう力・人間性等

「発達の段階に即して，コンピュータの働きを，よりよい人生や社会づくりに生かそうとする態度を涵養すること」。

コンピュータは命令したことはきちんと実行する半面，融通が利かないため思うような結果をえられないことも多々ある。体験する中で，コンピュータによる処理と人間の活動それぞれのよさに気付くことなども重要と考えられる。

3── 情報教育の目指すもの

（1）GIGA スクール構想

Society 5.0 とは，狩猟社会（Society 1.0），農耕社会（Society 2.0），工業社会（Society 3.0），情報社会（Society 4.0）に続く，新たな社会という意味で，政府の第5期科学技術基本計画（2016年1月）において初めて提唱された考えである。一般社団法人日本経済団体連合会はこれを「創造社会」と定義している。当初は日本の科学技術政策のなかで生み出された考えであったが，我が国そして世界が目指すべき未来の社会像として，世界中に広まりつつあるコンセプトであり，政府のみならず産業界や学術界も一緒になって取り組みを進めているものである。

この Society 5.0 を生き抜くため，そして AI 戦略 2019 を成功させるために小学校，中学校，高等学校，特別支援学校等にインフラ整備としておこなわれている

のが GIGA（Global and Innovation Gateway for All）スクール構想である。GIGA スクール構想とは，多様な子どもたちを誰一人取り残すことのない，公正に個別最適化された学びを全国の学校現場で持続的に実現させるために，高速大容量の通信ネットワークを前提とした児童生徒 1 人 1 台端末を整備することである。Society 5.0 時代を生きる子どもたちにとって，教育における ICT を基盤とした先端技術の活用は必須である。また変化の激しい時代を生き抜くには従来の一斉教育だけではなく，多様な子どもたちを誰一人取り残すことのない，個別最適化された創造性を育む教育の実現が重要であり，ICT 教育で次世代の人材を育てる必要がある[19]。

（2）文理融合と STEAM 教育

　文理融合とは，これまでの大学教育の現場で一般的に使用されていた「文系・理系」という学問的区分にとらわれず，領域横断的な知識力と発想力を学生に習得させようとする教育方針のことである。それを実践していく教育が STEM 教育で，Science（科学），Technology（技術），Engineering（工学），Mathematics（数学）の頭文字から成る。これをさらに拡大したものが STEAM 教育である。

　STEAM 教育の A の概念は，現在，大きく分けて「芸術（ART）」と「教養（ARTS）」の 2 通りの考え方がありその定義はいまだ定まっていない。文部科学省においては STEAM 教育における "A" は ART（芸術）ととらえられているが，経済産業省においては第 1 次提言から第 2 次提言にかけて ART から ARTS へと方針転換されている[20]。

　これらを区別せずに STEM/STEAM 教育として論じられることも多い。STEAM 教育は Georgette Yakman が 2006 年に提唱し始め，そのピラミッドは国によって時代によって変更され続けている（**図表 1 − 5**）。

　日本においては，豊かな創造性を備え Society 5.0 の実現の創り手を育成するために小学校から高等学校まで幅広く STEAM 教育が導入されようとしており，2020 年度から小学校でプログラミング教育が必修化されることもこの流れともいえる。高等学校新学習指導要領の総合的な探求の時間・理数探求と，STEAM 教育とは滑らかにつながっている。そして情報科教育はその側面補助の役割を担っている。

　STEAM 教育などの教科横断型学習を進めるうえで，普通科，専門学科，総合学科など学科の別を考慮する必要がある。特に学習意欲に課題を抱える生徒が集

図表 1 － 5　STEAM ピラミッド

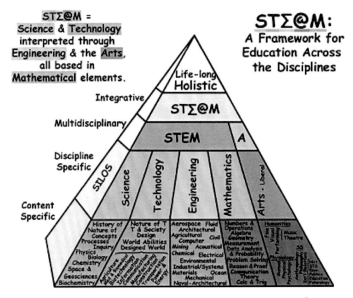

（出典）Georgette Yakman, "What is the point of STEAM?-A Brief Overview", *Researchgate*, August 2010.

まる学校において探求的な学習をどのように進めるかは課題を残している [21]。

　STEAM 教育は，課題の選択や進め方によっては強力な学ぶ動機づけとなる。そのためには STEAM の範囲を芸術，文化，経済，法律，生活，政治を含めた，できるだけ広い範囲としてとらえ，定義することが重要である。海外では，国の競争力を高めるためにも非常に注目しており，自国で工夫しながら STEAM 教育を実施している [22]。グローバル化が進み，シンギュラリティ（Technological Singularity：人間の能力を AI が超える技術的特異点）が到来する可能性のある時代において多くの仕事が生まれ，そして消滅している。これまでと同じ教育内容で知識を身につけていくだけでは，競争に勝ちぬくことはできない。

　元大統領のオバマ氏も「ゲームを買ったり，アプリで遊んだりするだけでなく，それらを作れるようになりましょう」という内容を演説で述べている。テクノロジーなどの時代に合った専門知識・技術を身につけることで，製品やサービスを作れる側にまわることが可能になる。これはアメリカだけの考え方ではなく，多くの国でも STEAM の 5 分野を学ぶことは必須というのが共通認識である。

（3）数理・データサイエンス・AI 教育

　国家戦略としてすべての人が AI・データサイエンスを使いこなすリテラシーを身につけることを目指して「数理・データサイエンス・AI 教育」が大学教育に導入される（**図表1－6**）。このプロジェクトにたいし，2022 年度から開始される新学習指導要領において高等学校の必修科目となった「情報Ⅰ」は文系理系を問わず大学生において必修となる教育への橋渡しとして大きな役割を負うことになるであろう。

　高等学校情報科「情報Ⅰ」教員研修用教材[23]の内容を確認すると，大学において学修する「数理・データサイエンス・AI 教育（リテラシーレベル）[24]」「数理・データサイエンス・AI 教育（応用基礎レベル）[25]」の前段階として非常に適した内容となっている。特に第4章情報通信ネットワークとデータの活用におけるデータの活用部分（量的データの分析，質的データの分析，データの形式と可視化）は有用である。

　さらに「情報Ⅱ」では，発展的にデータサイエンスや AI を学ぶために情報と

図表1－6　数理・データサイエンス・AI 教育の人材教育

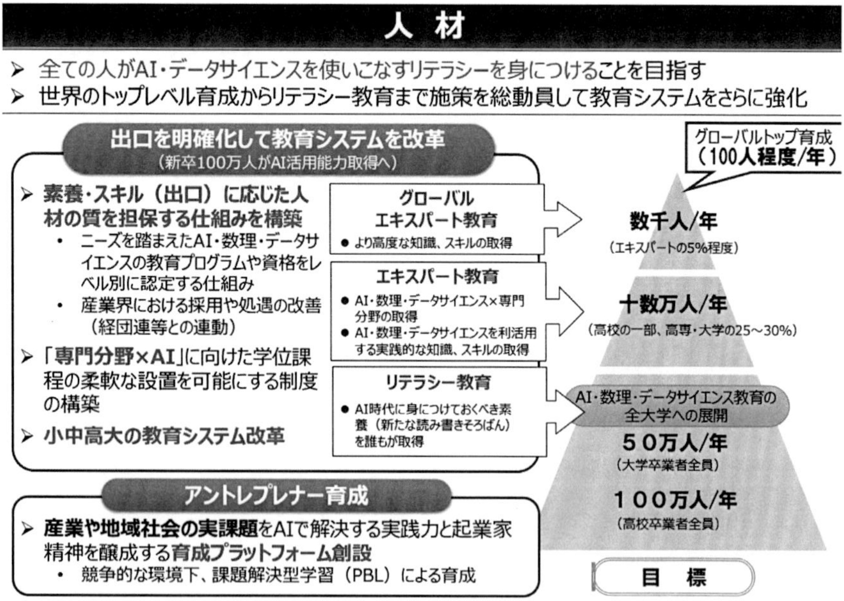

（出典）平井卓也「AI について」『総合科学技術・イノベーション会議（第 41 回）資料2』
　　　　内閣府，2018 年 12 月 20 日，1 頁。

データサイエンス教育に多くのページが割かれている。ビッグデータを有効にもちいるための重回帰分析や主成分分析などの統計手法，AI に効率よく学習させるための MNIST データ（Modified National Institute of Standards and Technology database）による画像認識やニューラルネットワーク（Neural Network），そしてビッグデータ解析やスマホアプリデザインをするための Python（パイソン）および R 言語の学習など広範囲かつ深い内容に言及している。そしてそこで得た情報と多くの IT を活用した問題発見・解決の探究をおこなうこととされている。このように 21 世紀を生きる我々にとって「数理・データサイエンス・AI」が，江戸時代の「読み・書き・そろばん」に相当するリベラルアーツ（Liberal Arts）であることを理解する必要がある。

（4）デジタルトランスフォーメーション

　デジタルトランスフォーメーション（DX；Digital Transformation[26]）は「企業がビジネス環境の激しい変化に対応し，データとデジタル技術を活用して，顧客や社会のニーズを基に，製品やサービス，ビジネスモデルを変革するとともに，業務そのものや，組織，プロセス，企業文化・風土を変革し，競争上の優位性を確立すること[27]」と定義される。このように，デジタルトランスフォーメーションとは IT 化を意味するわけではない。IT 化とは既存の業務に IT 技術を取り入れるだけであるが，デジタルトランスフォーメーションは「IT によって業務や生活を改革する」という意味も併せ持っている。長年運用を続けてきた既存システムは，会社の基幹を支えるものとして継続的に追加開発を繰り返してきた。そのため老朽化，肥大化・複雑化，ブラックボックス化している。これらのために本来不必要だった運用保守費を払い続けることを一種の負債ととらえ，技術的負債（Technical Debt）と呼ぶ。

　経済産業省によれば 8 割以上の企業において老朽システムが残存している。このように老朽化した既存システムは前述のような技術的負債を抱えているために運用費や保守費が高騰し，IT 関連費用の 80％は老朽化した現行システムの維持管理（Run the Business）に使用されている現状がある。このままでは戦略的な IT 投資に資金・人材を振り向けられないため，アメリカをはじめとする諸外国のように競争力強化ができない現実がある[28]。

図表 1 － 7　2025 年の崖

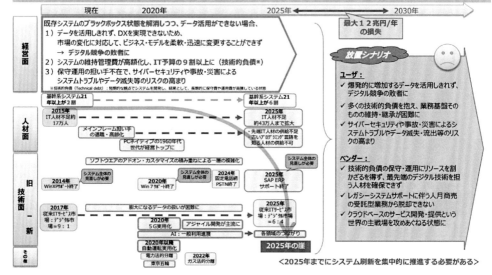

（出典）文部科学省「DX レポート～IT システム『2025 年の崖』の克服と DX の本格的な展開～（簡易版）」『デジタルトランスフォーメーションに向けた研究会資料』2018 年 9 月 7 日。

　これらの諸問題に対処するため，アップデート困難ないわゆるレガシーシステムの解消に向けて企業は積極的に取り組む必要がある。これが 2025 年の崖である（図表 1 － 7）。そして技術的負債を解消するだけでなく，Society 5.0 時代に生きる我々が豊かに暮らせるように，そして競争力強化をも同時に達成しようとビジネスモデルを変革し社会を変えようとするのがトランスフォーメーションである。デジタルトランスフォーメーションはビジネスモデルを変革し社会を変えるものとして，国内でも注目されるようになってきた。取り組む際の課題はあるが，進化していく社会に対応するためには積極的にデジタルトランスフォーメーションの推進が必要である。

4 —— 情報科教員の目指すもの

（1）情報科教員の配置について

　2022年度より，新しい高等学校学習指導要領に基づいて，すべての高校生がプログラミング，ネットワーク，データベースの基礎等について学習するにもかかわらず，高等学校において情報科担当教員の配置状況は芳しくない。県によっては情報科の教員を採用せずに免許外教科担任に指導させてきた現状もあり[29]，これまで採用計画において情報科教員が軽視されてきたことは否めない（**図表1−8**）。

　そのため，文部科学省は，各都道府県・指定都市の採用・配置における多様な実態を踏まえ，以下の取り組みを実施し，新学習指導要領の円滑な実施に向けた更なる指導体制の充実を目指している。その内容はつぎのとおりである[30]。

① 免許状を有する者の採用・配置の促進

　教員の採用や配置に当たっては，高等学校教諭免許状「情報」保有者を計画的に採用する等により，高等学校教諭免許状「情報」保有者が指導に当たることができるよう適切な配置に努めること。

　また，各教育委員会における採用選考において，高等学校「情報」の区分による採用選考を実施することや，高等学校「情報」以外の区分による採用選考において高等学校教諭免許状「情報」を有することを考慮した採用選考を実施するなども考えられる。

② 免許状保有教員を活用した配置の工夫

　（複数教科の指導について）

　高等学校教諭免許状「情報」を含む複数教科の免許状を保有する教員を効果的に配置できるよう，高等学校教諭免許状「情報」の保有状況を把握した上で，適切な配置に努めること。

　また一人の教員を一つの学校にのみ配置するのではなく，複数の学校に兼務させるなど，複数教科の免許状を保有する教員を効果的に配置できるよう工夫すること。

図表1－8　高等学校情報科担当教員に関する現状について

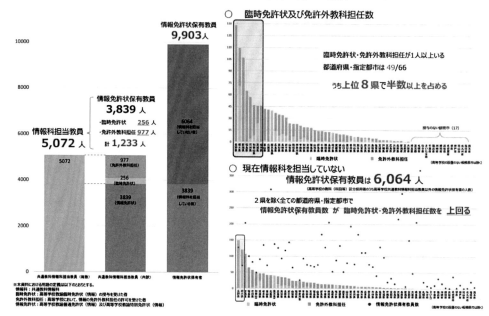

（出典）文部科学省『高等学校情報科担当教員に関する現状及び文部科学省の今後の取組について（通知）』令和2年文部科学省初等中等教育課第2045号，2021年3月23日。

　その際，遠隔授業等を活用した複数校の兼務に関する事例等を紹介する冊子[31]等も参考にすること。

③　研修等を通じた情報科担当教員の専門性の向上に向けた取り組み

　高等学校「情報」の免許状を保有するものの，しばらく情報科を担任していない教員をはじめ，情報科担当教員が指導力を維持し，また最新の知識・技能を身に付けるため，文部科学省が公表する研修教材等[32]を活用した研修等を実施するなどし，専門性向上に努めること。

　上記のような指導体制方針の変革により，今後情報科教員を取り巻く状況は大きく変化すると考えられる。

（2）「共通教科情報」のあり方

　1999年改訂学習指導要領によって教科情報が新設されたときに，「普通教科情

報」と呼称され，専門学科における専門授業である「専門教科情報」と区別して呼称された。今回はすべての学生に履修させるという意味を込めて「共通教科情報」と呼称されている。

　普通教科情報における主眼点は，けっしてコンピュータの使い方やアプリケーションソフトウェアの使用方法を教えることではない。コンピュータを活きた道具として，いかに「情報」を人類の役にたてることができるのか，自らの生きる力とすることができるのかということを学び，「情報」を扱う哲学や倫理を体得し，実践する方法やスキルをみつけることが本筋であるとされた [33]。

　この理念は秀逸であったが，普通教科情報の授業においてアプリケーションソフトウェアについての教育のみであるかのようなシラバスが大半であったり，プログラミングを必要としない「社会と情報」の選択履修が約 8 割であったり，受験に関係ないからと未履修問題まで引き起こすなどの弊害を引き起こした [34]。そこで入試改革に着手し，2025 年の大学入学共通テストから，国立大学の受験生には，従来の「5 教科 7 科目」に専門教科「情報」を加えた「6 教科 8 科目」を課すのを原則とする方向で検討を進めている [35]。そして共通教科情報ではプログラミングを選択教科とせずに必修の共通教科とした。これは現代の読み・書き・そろばんとされる数理・データサイエンス・AI 教育への橋渡しである。

　文部科学省によれば「小・中・高等学校を通じて，情報を主体的に収集・判断・表現・処理・創造し，受け手の状況などを踏まえて発信・伝達できる力や情報モラル等，情報活用能力を育む学習を一層充実するとともに，高等学校情報科については，生徒の卒業後の進路等を問わず，情報の科学的な理解に裏打ちされた情報活用能力を育むことが一層重要となってきている [36]」とされる。この共通理解があればソフトウェア開発は円滑に進み，日本全体の総体の IT 化が促進されるであろう。

（3）情報科教員のあり方

　これまで論じてきたように，「情報 I」の授業はすべての高校生に広範囲にわたって履修させるものであり，「情報 II」の内容は選択とはいえ深い内容に言及している。また授業科目ではないが情報科教員の業務に関与しそうなものに STEAM 教育，未来の学校コンソーシアム，GIGA スクール構想などがあげられ

る。しかし情報科教員がこれらすべての内容を把握し，知識として理解していな
ければならないということではない。今回の改訂では「主体的・対話的で深い学
びの実現に向けた授業改善の推進」について示されているように，プログラミン
グなどに慣れ親しむ中で，生徒が主体的に試行錯誤をし，何を修正していけばよ
いのかを協働的に解決していく力をつけていくプロセスにおいて，個々の生徒に
寄り添うということである。情報科の楽しさ，面白さを生徒に充分感じられるよ
うな授業の展開をすることがまずは肝要であろう[37]。

　また情報教育を情報科の教員だけが担うと考えてはならない。学習指導要領に
おける各教科に関する記述のなかで，教育効果を高めるためにコンピュータなど
の情報機器を積極的に活用することが推奨されている。これは換言すれば，情報
教育は情報科の教員だけに押し付けるのではなく，すべての教科において積極的
に参画することを求めているということである。そして他教科の教員に参画して
もらうためには，高校生に基礎的な情報処理能力や情報リテラシーを正しく身に
付けさせておくこともまた肝要であろう。

　配置された学校において IT 化を促進し，情報教育をリベラルアーツとするの
が高校における情報科教員の責務である。これまでとは異なり，情報科教員の採
用も配置も重点的におこなわれることは疑いようがない。

5 ── 本章における結論

　2020 年に小学校においてプログラミング教育が必修化された。中学校・高等
学校においては WI-FI 環境が整えられ，生徒 1 人 1 台のパソコンを持つ時代とな
った。そしてプログラミング教育の拡充に加え，データサイエンス教育が導入さ
れつつある。大学においては文理を問わずデータサイエンス教育が必修化の動き
を見せつつあり，社会人においてもデジタルトランスフォーメーションの波が押
し寄せ，業務変革が迫られている。これをどうとらえるべきだろうか。ここで
IT 教育に力を入れている諸外国について考察してみる[38]。

　中国では 2000 年から初等教育における情報技術教育がスタートし，2011 年に
は教育 ICT 化発展に向けて 10 ヵ年計画を策定し，年間教育予算を惜しみなく投
入した結果，アメリカの IT 企業で働く人材の 3 割を占めるに至っている。また

中国国内でも BATH（バイドゥ，アリババ，テンセント，ファーウェイ）をはじめとした巨大 IT 企業が次々と誕生し，GAFA の時価総額を抜く企業も出始めた [39]。

　インドでは 2005 年から ICT または，コンピューターサイエンスとして取り入れられており，初等教育（日本の小・中学校）から授業がある。また 2013 年より初等教育後半から中等教育において，プログラミング教育を含む ICT 教育が実施され，多くの諸外国に IT 人材を輩出し続けている。その結果 Google，Microsoft，IBM，Adobe 等多くの企業で，インド人が CEO（chief executive officer；最高経営責任者）に就任するなど IT 業界において世界を席巻する状況である [40]。

　世界中で IT 人材が不足しているといわれるなか，AI・データサイエンス教育が喫緊の課題ということが理解していただけただろうか。これらを理解したうえで，それぞれの置かれている立場で前向きに取り組む必要がある。

【注】
1) 日本商業教育学会『商業科教育論』実教出版，2019 年，25-36 頁。
2) 内閣府『e-Japan 戦略』高度情報通信ネットワーク社会推進戦略本部，2001 年 1 月 22 日。
3) 内閣府『e-Japan 戦略Ⅱ』IT 戦略本部，2003 年 7 月 2 日。
4) 総務省『平成 17 年「通信利用動向調査」の結果』報道資料，（https://www.soumu.go.jp/johotsusintokei/statistics/data/060519_1.pdf）2006 年 5 月 19 日。
5) 経済産業省『平成 16 年度電子商取引に関する実態・市場規模調査（情報経済アウトルック 2005）』次世代電子商取引推進協議会　株式会社 NTT データ経営研究所，2005 年 6 月 28 日。
6) 日本総合研究所ウェブサイト『「e-JAPAN」を評価するということ』，https://www.jri.co.jp/service/special/content2/media_ejapan/，［2022 年 12 月 19 日閲覧］。
7) 総務省「住民基本台帳カードの交付状況」『住民基本台帳ネットワークシステム調査委員会（第 18 回）資料 4』2009 年 2 月 2 日。
8) インプレスウェブサイト「電子政府・電子自治体プロジェクト，総額 12 兆円に対し希薄な存在感」『IT Leaders』，https://it.impress.co.jp/articles/-/6951，2009 年 8 月 28 日［2022 年 12 月 19 日閲覧］。
9) 内閣府『i-Japan 戦略 2015 ～国民主役の「デジタル安心・活力社会」の実現を目指して～』IT 戦略本部，2009 年 7 月 6 日。
10) デジタル庁『世界最先端デジタル国家創造宣言・官民データ活用推進基本計画』資料 1，2019 年 6 月 14 日閣議決定，2020 年 7 月 17 日閣議決定。
11) 国立教育政策所ウェブサイト『OECD 生徒の学習到達度調査（PISA）』，https://www.nier.go.jp/kokusai/pisa/index.html，［2022 年 12 月 19 日閲覧］。
12) 1960 年代にはすでに存在していた考え方だが，本格的に注目されるようになったのは，2006 年にアメリカの計算機学会誌に寄稿された，Jeannette M. Wing 氏による論文「Computational Thinking」からである。同論文では，コンピューテーショナル・シンキ

ングを「コンピュータサイエンティスト（Computer Scientist）の思考法である」と定義しており，具体的には「課題が何であるかを理解し，課題を適切に解決する方法を考える」と説明される。文部科学省が提唱している「プログラミング的思考」は，コンピュテーショナル・シンキングの一部であるといえる。

Edtechzin ウェブサイト『コンピュテーショナル・シンキング』，https://edtechzine. jp/，［2021 年 9 月 27 日閲覧］。

13） OECD, *PISA 2021 Mathematics Framework (Draft)*, November 2018, pp.41-42.

14） B. L. Meek, P. M. Heath, and N. J. Rushby, *Guide to good programming practice 2nd ed.*, E. Horwood , Halsted Press, 1980, p.15（久保未沙，永田守男共訳『成功するプログラミング』近代科学社，1982 年，13-14 頁）。

15） 高橋俊史「デジタルネイティブ世代と呼ばれる大学生を対象とした情報モラル教育に関する一考察」『東北福祉大学研究紀要』第 44 号，2020 年 3 月，92-93 頁。

なおフリックとは，画面に触れて操作するタッチパネルの基本的な操作方法の一つで，特定の箇所に指を触れた後，はじくようにさっと動かすこと。"flick" の原義は「軽く打つ」「はじく」「急に動かす」などの意味である。

e-Word ウェブサイト『フリック』，https://e-words.jp/w/%E3%83%95%E3%83%AA%E3%83%83%E3%82%AF.html，［2022 年 12 月 19 日閲覧］。

16） NEC パーソナルコンピュータ株式会社『大学生（1 年生〜3 年生）・就職活動経験者（大学 4 年生），人事採用担当者を対象とする PC に関するアンケート調査』，（https://www.nec-lavie.jp/common/release/ja/1702/0704.html），2017 年 2 月 7 日。

17） 総務省ウェブサイト『「未来の学びコンソーシアム」のサイトの公開』，https://www.soumu.go.jp/menu_kyotsuu/important/kinkyu02_000259.html，2017 年 3 月 15 日［2022 年 12 月 19 日閲覧］。

18） 文部科学省『小学校段階におけるプログラミング教育の在り方について（議論の取りまとめ）』小学校段階における論理的思考力や創造性，問題解決能力等の育成とプログラミング教育に関する有識者会議，初等中等教育局教育課程課教育課程企画室，2016 年 6 月 16 日。

19） 文部科学省「令和 2 年度補正予算概要説明〜GIGA スクール構想の実現〜」『学校の情報環境整備に関する説明会資料』2020 年 5 月 11 日，8 頁。

20） 辻合華子，長谷川春生「STEAM 教育の "A" の概念について」『科学教育研究』第 44 巻第 2 号，2020 年，93-94 頁。

21） 文部科学省「新学習指導要領の趣旨の実現と STEAM 教育について──『総合的な探求の時間』と『理数探求』を中心に──」『高校 WG（第 4 回）資料 1』，2019 年 10 月 15 日，17 頁。

22） 同上資料，14 頁。

23） 文部科学省『高等学校情報科「情報 I」教員研修用教材』2019 年 3 月 29 日。

24） 『数理・データサイエンス・AI 教育プログラム認定制度（リテラシーレベル）』の創設について』数理・データサイエンス・AI 教育プログラム認定制度検討会議，2020 年 3 月。

25） 『数理・データサイエンス・AI 教育プログラム認定制度（応用基礎レベル）』数理・データサイエンス・AI 教育プログラム認定制度検討会議，2020 年 3 月。

26） 「Trans」はラテン語由来であり「Cross」同様に「変える」「超える」「交差する」と

いった意味を持つ。欧米では「交差する」ということばは省略して「X」と書き，「Transformation」は「X-formation」と表記されるため，頭文字を取って DX と略されるようになった。

　　KDDI ウェブサイト『デジタルトランスフォーメーションはなぜ DX と略されるのか？』，https://www.kddimatomete.com/magazine/210201134321/，2021 年 2 月 1 日［2022 年 12 月 19 日閲覧］。

27) 経済産業省『デジタルトランスフォーメーションを推進するためのガイドライン』2018 年 3 月，2 頁。

28) 経済産業省『デジタルトランスフォーメーションに向けた課題の検討〜 IT システムに関する課題を中心に』デジタルトランスフォーメーションの加速に向けた研究会 WG1 全体報告書，2020 年 12 月 28 日。

29) 「高校『情報科』，教員足りない　採用試験なし 18 道府県『免許外』で補う」『朝日新聞』2018 年 10 月 16 日。

30) 文部科学省『高等学校情報科担当教員に関する現状及び文部科学省の今後の取組について（通知）』令和 2 年文部科学省初等中等教育課第 2045 号，2021 年 3 月 23 日。

31) 文部科学省『2021 年度高等学校教科「情報」の免許保持教員による複数校指導の手引き』2021 年 3 月。

32) 文部科学省『高等学校情報科「情報 I」教員研修用教材』2020 年 3 月。
文部科学省，『高等学校情報科「情報 II」教員研修用教材』2020 年 3 月。

33) 大西慶一，岡森博和「新教科『情報』に関する『情報科教育法』のあり方とその実践に関する研究」『年会論文集』（日本教育情報学会）第 17 号，2001 年，105 頁。

34) 「必修漏れ責任論争　教育基本法の審議一転　国か教委か学校か」『朝日新聞』2006 年 10 月 31 日。

35) 「国立大受験に『情報』追加案　25 年共通テストから『6 教科 8 科目』検討」『朝日新聞』2021 年 5 月 24 日。

36) 文部科学省「情報ワーキンググループとりまとめ」『情報ワーキンググループ資料 1-2』教育課程部会，2016 年 4 月 20 日。

37) 文部科学省『高等学校情報科「情報 I」教員研修用教材』2019 年 3 月。

38) 文部科学省『諸外国におけるプログラミング教育に関する調査研究報告書』（文部科学省平成 26 年度・情報教育指導力向上支援事業），2015 年 3 月。

39) 向 菲「中国 IT 教育の『『10 年の変遷』― Scratch は使用禁止，家庭学習で使われる進化版電子かばん」『CNetJapan』，https://japan.cnet.com/article/35181204/，2021 年 12 月 24 日。

40) 夏野かおる「インドはなぜ IT 人材を輩出できるのか？　日本との教育事情の違い，参考にしたい視点とは」『朝日新聞 EduA』，2022 年 2 月 16 日。

—————— 第2章 ——————

オープン戦略と個人情報

1 —— AI・IT の進展

（1）現状と問題点

　IT（Information Technology；情報技術）は加速度的に進展し，AI（Artificial Intelligence；人工知能）もそれにともなって進展している。その一翼を担っているのが GitHub（ギットハブ）などのオープンソース，GAFA（ガーファ；Google, Amazon, Facebook, Apple, 4 社の頭文字を取った略称）などの提供によるオープンデータなどのオープン戦略ともいえるものである。GitHub は世界最大規模のオープンソースコミュニティであり，そのユーザーの多くは影響力の大きいテクノロジーを開発・管理している。また GAFA は買い物，SNS（Social Networking Service；会員制交流サイト），携帯アプリなどのプラットフォームを提供することで，いまや人々の生活になくてはならないものとなっている。そしてこれらのプラットフォームから膨大なユーザーデータを収集し，多くのビジネスにつなげている。GAFA をはじめとする多くの企業がデータを集め，分析したことが，深層学習の一翼を担ったといっても過言ではない。

　このような流れのなか，政府は 2017 年にオープンデータ基本方針を策定するなどして，さらなる AI の進展に向けてデータ収集および利用を促進してきた。しかしその一方でデータ収集はさまざまな問題も引き起こしている。たとえば 2013 年に大阪ステーションシティで計画された「ICT 技術の利用実証実験」では，監視カメラから取得する画像データと顔識別技術をもとに人の流れを解析する予定だったが，プライバシー侵害に関する懸念が高まり，延期に追い込まれた。

　この章では社会の変革，ディープラーニング技術の進展，データ処理能力の進歩，そしてビッグデータの収集および分析によって社会的問題が発生した経緯をたどるとともに，データ収集およびオープンデータにたいする考え方について考察する。

図表２－１　ITによる社会変革の歩み

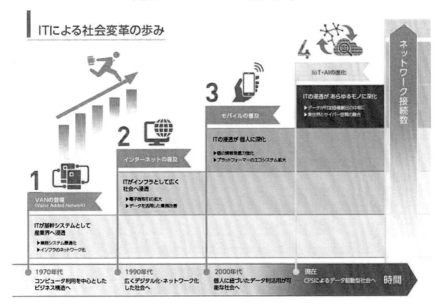

（出典）経済産業省「ITによる社会変革の歩み」『CPSによるデータ駆動型社会の到来を見
　　　据えた変革中間取りまとめ（概要）』産業構造審議会商務流通情報分科会情報経済
　　　小委員会，2015年5月，1頁。

（2）ITによる社会変革の歩み

　前項で述べたように，AIならびにITの進展により社会変革は進んでいる。
VAN（バン；Value Added Network；付加価値通信網）[1]の登場，インターネットの普
及，モバイルの普及，IoT（アイオーティー；Internet of Things；モノのインターネッ
ト）・AIの進化へと変革し続けている（**図表２－１**）。

（3）データ駆動型社会

　いままではインターネットを介してヒトが情報を送ることが主流であり，コン
ピュータやサーバーのみを接続することが通常であった。また機械等のモノ同士
で情報を送る場合もあったが直接通信したり，クローズドな環境で通信したりす
るなどインターネットの利用によるものはなかった[2]。しかしIoTとは，モノが
インターネット経由で通信することを意味し，スマートフォン，タブレット端末，
家電製品はおろか，医療，インフラ等多くの局面において接続されている。IoT

図表２－２　CPS によるデータ駆動型社会の概念図

（出典）経済産業省「CPS によるデータ駆動型社会の概念図」『CPS によるデータ駆動型社会の到来を見据えた変革中間取りまとめ』産業構造審議会商務流通情報分科会情報経済小委員会，2015 年 5 月，5 頁，図 3。

の活用目的は，情報の収集・共有・活用などであり，収集されたビッグデータを分析することで，多面的な活用がなされている（**図表２－２**）。ビッグデータの定義は定まっていないが，一般的に大量（Volulme），速さ（Velocity），多様性（Variety）の 3V に，Value（価値），Veracity（正確さ）の 2 つを加えた 5V といわれている。

　CPS（Cyber-Physical System；サイバーフィジカルシステム）とは，実世界（フィジカル空間）のデータをセンサーにより収集・観測し，クラウド等のサイバー空間にてデータの処理・分析をおこない，その結果得られた価値を実世界に還元し，産業の活性化や社会問題の解決を図ることである[3]。

　そしてデータ駆動型社会（Data Driven Society）とは CPS が IoT によるモノのデジタル化・ネットワーク化によってさまざまな産業社会に適用され，デジタル化されたデータが，インテリジェンスへと変換されて現実世界に適用されることによって，データが付加価値を獲得して現実世界を動かす社会のことをいう[4]。

　CPS と IoT は似た概念であるが，CPS の基本要素は，実世界に対するセンシング（データ）とコンピューティング（計算，意味理解），それに基づくアクチュエー

ション（制御，フィードバック）であり，実世界（人，モノ，環境）と ICT（Information and Communication Technology；情報通信技術）が密に結合・協働する相互連関の仕組みとして CPS を定義することができる。CPS の実世界センシングの側面に着目すると，CPS は今流行の IoT（Internet of Things；モノのインターネット）や，かつてよく使われたユビキタス・コンピューティングの概念と重複するところもある。しかしセンシングにより得たデータを実世界へのフィードバックまで完遂することを目指す CPS と IoT とは，やや違う概念として捉える方がよいと考えられる[5]。

　現在進行している IoT の技術革新により，人だけでなくモノのデジタル化・ネットワーク化も急速に拡大し，データを通じて人間を介さず，直接サイバー空間に実世界の状況が写し取られ，サイバー空間での情報処理結果が実世界の動きを制御する CPS が現実のものとなった。これにともなうデータ流通量の爆発的な増大等を背景として，ビッグデータや AI の活用が加速しており，これが，企業や個人の行動様式を更に大きく変化させ，世界各国でビジネスモデルの革新を生み出している。これは情報革命における，コンピュータの利用，インターネットの普及に続く第三の革新であり，産業社会における競争力の基本構造を大きく変えてしまうため，既存のビジネスのやり方に固執していては，我が国の主要産業もこの変化に対応することができず，その国際的競争力は大きく低下するおそれがある[6]。

（4）インダストリー 4.0

　インダストリー 4.0 とは「第 4 次産業革命」という意味合いを持つ名称であり，水力・蒸気機関を活用した機械製造設備が導入された第 1 次産業革命，石油と電力を活用した大量生産が始まった第 2 次産業革命，IT を活用し出した第 3 次産業革命に続く歴史的な変化として位置付けられている[7]（図表 2 − 3）。

　各産業革命について簡単に説明すると，つぎのようになる[8]。

第 1 次産業革命：18 世紀後半，蒸気・石炭を動力源とする軽工業中心の経済発展および社会構造の変革。イギリスで蒸気機関が発明され，工場制機械工業が幕開けとなった。

第 2 次産業革命：19 世紀後半，電気・石油を新たな動力源とする重工業中心の

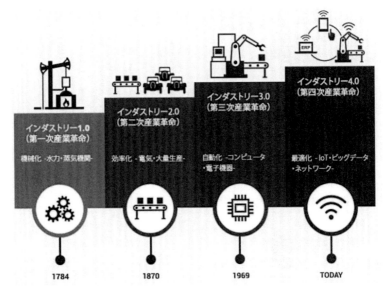

図表２－３　産業革命の変遷

（出典）株式会社ディージーワンウェブサイト『インダストリー 4.0』，https://dg-1.jp/
industry-4-0，［2022 年 12 月 19 日閲覧］。

経済発展および社会構造の変革。エジソンが電球などを発明したことや物流網の
発展などが相まって，大量生産，大量輸送，大量消費の時代が到来。フォードの
Ｔ型自動車は，第 2 次産業革命を代表する製品の 1 つといわれる。

第 3 次産業革命：20 世紀後半，コンピュータなどの電子技術やロボット技術を
活用したマイクロエレクトロニクス革命により，自動化が促進された。日本メー
カーのエレクトロニクス製品や自動車産業の発展などが象徴的である。

第 4 次産業革命：2010 年代から現在，デジタル技術の進展と，あらゆるモノが
インターネットにつながる IoT の発展により，限界費用や取引費用の低減が進み，
新たな経済発展や社会構造の変革を誘発すると議論される。

　インダストリー 4.0 はドイツにより始まり，現在は多くの国が実施している。
そしてその主眼は，スマートファクトリー（Smart Factory；考える工場）であり，
CPS とほぼ同義であるが，インダストリー 4.0 が製造プロセスにおける取組み中
心である点が異なる。CPS ならびにインダストリー 4.0 における新たなビジネス
サイクルが**図表２－４**である。

図表 2 － 4　CPS ならびにインダストリー 4.0 における新たなビジネスサイクル

（出典）経済産業省「IoT 時代に対応したデータ経営 2.0 の促進」『第 1 回産業構造審議会商務流通情報分科会情報経済小委員会資料 3』商務情報政策局，2014 年 12 月。

（5）オープン戦略と ELSI

　AI の性能が，最近劇的に向上した 3 つの理由として，①機械学習，深層学習（ディープラーニング）の研究の進展，②コンピュータ計算性能の向上，③スマートフォンやセンサー，IoT 機器および高速通信網の整備に伴うビッグデータの出現があるといわれている[9]。

　ミレニアル世代[10]は暇があればスマートフォンを触るとされ，それまでの世代とは行動様式が異なった。友人との連絡，調べもの，ひまつぶしなど，考えられるあらゆることにスマートフォンを使用するとされる。この行動様式により GAFA を始めとする企業が多くのデータを集めることができたのである。

　多くのデータを扱うことで問題になってきたのが ELSI（エルシー）の考え方である。ELSI とは「Ethical（倫理的），Legal（法的），Social（社会的），Issues（問題）」の略語[11]で，新たに開発された技術を社会で実用化する過程で生じる「技術以外の課題」のことをいう。

　ELSI はもともと「ヒトゲノム計画」から誕生したという経緯があり，当初は

脳科学や再生医学といった医療・生命にかかわる研究や，バイオテクノロジー関連の研究などの生命にかかわる分野で検討されるケースが多かった。しかし最近では，データサイエンスにかかわる研究でも，ELSIが注目されている。たとえば，ビッグデータ利用に関する個人情報の保護あるいは漏えいなどである。これらの法整備はもちろん，倫理的な問題も大きく，社会からの許容も重要になるためである。

　すでに巷間では，パーソナルデータの利活用（特に顔照合の分野）については，利用者と事業者双方にとって利便性の向上や生産性の向上といったさまざまなメリットをもたらす一方で，個人にとってもデータのコントロールを把握できないことによる不安から，海外を中心にプライバシーをはじめとする人権への配慮を求める声が消費者団体などを通じてあがっている。

　そこでその対応策として，我が国では2019年に「人間中心のAI社会原則[12]」が策定され，2020年に「『パーソナルデータ分野に関するELSI検討』報告書[13]」が内閣府に提出され議論は続けられている。またGAFA中心の社会ではなくデータ駆動型社会を構築することで，イノベーションの民主化を目指している。

2 —— AIを活用したビジネス

　AIを利活用することで，新しく生まれたビジネスについて考察する。

（1）シェアリング・エコノミー

　シェアリング・エコノミーとは，典型的には個人が保有する遊休資産（スキルのような無形のものも含む）の貸出しを仲介するサービスであり，貸主は遊休資産の活用による収入，借主は所有することなく利用ができるというメリットがある。貸し借りが成立するためには信頼関係の担保が必要であるが，そのためにソーシャルメディアの特性である情報交換に基づく緩やかなコミュニティの機能を活用することができる[14]。

　具体的にいえば，場所は民泊サービスのAirbnb[15]（エアービーアンドビー），乗り物はUber（ウーバー）のライドシェア[16]，モノはネットフリーマーケットのメルカリなどが有名である。その他の項目は，人は家事代行，スキルはプランニン

グ・レッスン・コーディネートなどとなる。

　これらはいつ・どこで・どのような共有依頼が来るのかの予測や，シェアすべきリソースの最適配分，需要・供給に応じた利用価格の自動決定（ダイナミックプライシング）などに AI が利用されている[17]。ダイナミックプライシングは，ソフトバンクホークス等の野球，横浜・J・マリノス等のサッカーをはじめとする多くのスポーツや観劇など多くの分野において採用されており，繁忙期には料金が高く，閑散期には安くなるように自動的に価格が変動するものである。この試みは購買者のニーズに応じた"適正価格"で販売をおこなう仕組みであり，これまで悩まされていた不当な高額転売行為の抑止にたいしても一定の効果があるとされる。

　またダイナミックプライシングをもちいた食品ロス削減の試みも実施されており（図表２−５），賞味期限によって価格が変動することにより，今日消費する予定のものは賞味期限の短く安価なものを選択したり，冷蔵庫内の商品の賞味期限をいままで以上に気にしたりするようになったことが報告されている。

図表２−５　ダイナミックプライシングによる販売

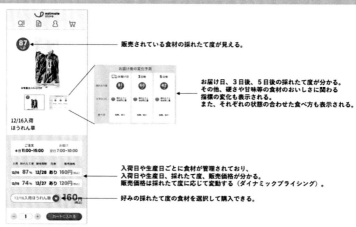

（出典）経済産業省消費・流通政策課「令和２年度流通・物流の効率化・付加価値創出に係る基盤構築事業（IoT 技術を活用したスーパーマーケットにおける食品ロス削減事業）報告書」株式会社日本総合研究所，2021 年１月，３頁。

図表２−６　リコメンドメールの一例

Amazon.co.jp　　　　　　　**マイストア　タイムセール　すべてのカテゴリー**

磯本光広 様

以下のおすすめ商品は、お客様がこれまでに購入された商品、またはご覧になられた商品に基づいて紹介させて
いただいています。

インターネット関連書

超AI入門─ディープラーニングはどこまで進化するのか
松尾 豊, NHK「人間ってナンだ?超AI入門」制作班

価格：￥1,320

詳しくはこちら
ほしい物リストに追加

（出典）本書筆者あてのメールより引用［2022 年 9 月 16 日］。

（2）商品のリコメンド

　リコメンド（recommend；推薦）とは過去の購買記録，Web サイトの閲覧履歴，
メッセージの送信記録から，将来このような商品を購買する蓋然性が高いことを
推測し，消費者へ販売を促すサービスのことである。このリコメンドも膨大な量
のデータを持っているからこそ実現可能となる。**図表２−６**はリコメンドメー
ルの一例である。

（3）サーベイランス

　サーベイランス（surveillance；顧客監視）とはカメラを店舗や街中に設置して，
ヒトの動きやモノの動きを観察するサービスのことである。たとえばトライアル
グループは，どの年齢層の人が，どの商品棚の前に，どれくらい滞在するかを把
握し，AI に分析させることにより経営に役立てている[18]。

店舗内での AI カメラ撮影について

　トライアルグループは，一部の店舗において複数台の AI カメラを設置し，お客様を撮影させていただいております。AI カメラで撮影したデータをもとに，お客様の行動を分析し，お客様の利便性向上及び店舗運営の改善等に役立てることを目的としております。AI カメラ設置店舗では，店舗入り口等に AI カメラ設置に関するご説明の文書を掲示し，お客様への周知に努めております。

1. 取得する情報
　AI カメラにより，お客様を撮影させていただくことで取得する情報は，以下の通りです。
　　(1) ご来店人数，ご来店時のグループ構成
　　(2) 性別，年代の推定
　　(3) ご関心を持たれた商品
　　(4) ご来店時における行動履歴（店内での移動経路，滞在時間，商品探索時間，購買動向等）
　　(5) 店内サイネージや商品 POP 等の広告視聴の有無

2. 利用目的
　トライアルグループは，「1. 取得する情報」をもとに，お客様の行動を解析し数値化するとともに，商品の陳列状況等とあわせて分析することで，以下の事項に役立てております。
　　(1) 商品の品ぞろえ改善及び欠品防止
　　(2) 在庫の売れ残りや廃棄ロス削減
　　(3) 商品配置・陳列状況の最適化
　　(4) 売り場レイアウトの改善
　　(5) 商品のご提案内容改善
　　(6) 店内サイネージや POP などの広告の効果測定
　　(7) メーカーの商品開発
　　(8) 万引き防止
　　(9) 上記に関連する事項

3. 情報の加工と提供
　「1. 取得する情報」につきましては，お客様のプライバシー保護の観点から，個人が特定されないようシステム上で自動加工処理を施した上で取り扱っております。また，お客様の更なる利便性向上のため，個人を識別できないよう加工された情報として，トライアルグループと共同での取り組みに携わっているメーカーや卸等の第三者に提供することがあります。予めご了承ください。

4. AI カメラ撮影に関するお問い合わせ先
株式会社トライアルカンパニー　お客様相談室

TEL：0120-033-559　（フリーダイヤル）

2022 年 8 月 1 日

（4）レジ待ち時間の短縮

　店舗で商品を選びながら，利用客自身がスマートフォンでバーコードをスキャニングし，会計は専用のセルフ精算機でおこなうことにより30秒で会計が終了するというシステムである。このシステムは買い物客にとって大きなストレスである「レジ待ち時間」を圧倒的に減らすことにより顧客満足度を高め，利用客増加に結び付けようというコンセプトである。セルフ精算のため店舗側は最少人数での非対面運用が可能であり，キャッシュレス決済であれば金銭授受もなく，新型コロナウィルス感染拡大防止のための三密解消・接触削減に貢献することも可能となる[19]。

　通常レジと「Shop&Go」でレジにかかる時間（商品の袋詰めまで）を比較したところ，約9分から30秒に短縮可能である（**図表2－7**）。それは「Shop&Go」では，レジ精算時には商品スキャンが完了しており，マイバッグに商品を入れながら買い物できるので，商品の袋詰め時間も不要となるためである。

図表2－7　Shop&Go と通常レジの時間比較

	通常レジ（12品）	Shop & Go（12品）
レジ待ち	360秒	0秒
商品スキャン	48秒	0秒
お会計	42秒	30秒
袋詰め	96秒	0秒
合　計	546秒＝約9分	30秒

（出典）寺岡製鋼ウェブサイト『Shop&Go』，https://www.teraokaseiko.com/jp/products/PRD00357/，［2022年12月19日閲覧］。

（5）デジタル薬

　米食品医薬品局（Food and Drug Administration；FDA）は2017年11月13日，錠剤にごく小さなセンサーを埋め込んだ「デジタル錠剤」を承認した。承認されたのは，大塚製薬が製造・販売する統合失調症などの抗精神病薬エビリファイに約3ミリのセンサーを組み込んだ錠剤と，貼り付け型の検出器である。患者が飲んだ薬が胃に入ると，胃液に反応してセンサーが信号を出し，患者の脇腹につけた小型装置が信号を検出する仕組みである。患者の同意のもと，薬をいつ飲んだかという情報をスマートフォンやタブレット端末に転送することで，医師や介護者，家族らがその情報を共有できる。センサーは一定の時間がたてば，体内で消化・

図表2−8　デジタル薬のイメージ

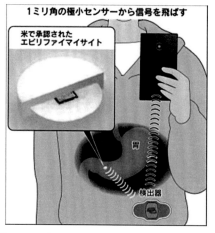

（出典）「薬にセンサー『デジタル薬』大塚製薬が実用化」『日経産業新聞』2017 年 12 月 14 日。

吸収されずに排泄されるという [20]。

　これらの試みは薬を飲み忘れやすい年配者らにも応用可能であり，効果的な治療ができるため医療費の削減にもつながると期待される一方で，患者のプライバシー保護という課題もある。

3── データ収集と個人情報

　前述の AI を利用したビジネスは，GAFA をはじめとする企業が多くのデータを収集したからこそ実現できたことである。たとえば Google 利用時の検索履歴，閲覧履歴，位置情報等はすべて記録されており，同社はそれらの情報を他社に販売することで利益をあげている。そしてそのことにより，わたしたちは無料で Google を利用するという恩恵にあずかっているのである。しかし昨今は個人情報に関するトラブルも増えたため，関連法も整備されつつある。

　我が国においてもオープンデータ基本指針が 2017 年 5 月に決定後，2 年おきに改正されるなど，不備を補いながら利用拡大が推し進められている [21]。その指針によればオープンデータとは，①二次利用可能で，②機械判読に適していて，③無償で利用できる，公開データをいう。個人情報とは何を指すのかについて考察する。

（1）個人情報の定義

　正式名称を個人情報の保護に関する法律［平成15（2003）年法律第57号］といい，その名の通り，個人情報の保護を目的とする法律である。しかし，ただ単に情報の利用を制限するだけではなく，個人情報の適正かつ効果的な利用が産業の創出等に有用であることを踏まえたうえで，個人の権利利益を守ることを目的とするものである。

①　個人情報保護法による定義

　同法第2条第1項によれば，生存する個人に関する情報であって，氏名，生年月日等特定の個人を識別することができるもの（他の情報と容易に照合することができ，それにより特定個人の識別が可能になるものを含む）のいずれかに該当するものをいう。

　そして同法第2条第2項によれば，「個人識別符号」を含む情報を「個人情報」に含むと定めている。「個人識別符号」とは，①身体の一部の特徴（指紋，DNA，虹彩，声紋，顔の骨格などの身体の特徴データ）を電子計算機[22]のために変換した符号，または②サービス利用や商品の購入に割り当てられ，あるいはカード等の書類に記載された，対象者ごとに割り振られる符号（マイナンバー，旅券番号，免許証番号，住民票コードなど，個々人に対して割り当てられる公的な番号）のいずれかに該当するもので，政令で指定されている。

　なお，同法第2条第3項によれば，不当な差別や偏見を生じさせるような機微情報については「要配慮個人情報」と定め，情報の取得には，原則として事前に本人の同意を得る必要があると定められている。具体的には，人種，信条，社会的身分，病歴，犯罪の経歴，犯罪により害を被った事実，その他本人に対する不当な差別，偏見その他の不利益が生ずる可能性のある障害，健康診断結果等が該当する。他方，国籍や本籍地は，単独では「要配慮個人情報」に該当しないとされる。要配慮個人情報に該当するか否かは，政令で指定されている。

②　個人情報にあたらないもの

　前述のとおり，すべての個人情報に規制をかけていてはAIの発展はない。そこでいくらかの加工をしたものについては個人情報にあたらないものとして規定している。それが匿名（とくめい）加工情報と仮名（かめい）加工情報である。

　匿名加工情報とは，個人情報を加工（個人情報の記述の一部または全部を削除）することにより特定の個人を識別することができないように個人情報を加工して得られる個人に関する情報であって，当該個人情報を復元することができないようにしたものをいう（同法第2条第6項）。一方，仮名加工情報とは，個人情報を加工（個人情報の一部または全部を削除）することにより他の情報と照合しない限り特定の個人を識別することができないようにした個人に関する情報をいう（同法第2条第5項）。改正個人情報保護法[23]のうち令和2（2020）年改正個人情報保護法（以下，令和2年改正法）で新設されたのが仮名加工情報である。

（2）プライバシー問題と法改正

　いわゆる令和2年改正法では，保有個人データに関する取扱いが強化されるとともに，リクナビ問題を契機に個人情報以外の個人に関する情報（個人関連情報）の取扱いについて規定された。

　リクナビ問題とは，就活情報サイト「リクナビ」の運営会社が就活生の内定辞退率を，閲覧履歴などから本人の同意なしにAIで分析，予測し，400万〜500万円で38社に販売したことを指す。リクナビ側は，登録時に利用規約を示し，本人の同意を得たと説明するが，「採用活動補助のために利用企業に情報提供することがある」と記載してあるのみであり，具体的な使途を学生は知り得ない。また明らかに同意手続きをとっていなかった例も多数発覚したため，同社は販売の中止を決めた。人の行動がさまざまな形でデータ化され，利用されているが当人はそれを知らず，無防備な状態に置かれ続ける。そんな現実を端的に示す出来事である[24]。

　またLINE問題を契機として，外国の第三者への個人データの提供に際しての情報提供の充実が求められることになった。LINE問題とは無料通信アプリ「LINE」の利用者の個人情報が，中国の業務委託先から閲覧可能になっていたことを指す。多くの人がLINEを利用しているが，大きな問題となったのは全国の自治体においてサービスを利用していたことに起因する[25]。

　LINEは公共サービスをLINEアプリで利用できる仕組みを整えるなど，自治体との連携を積極的に進めている[26]。全国で初めてLINEによる住民票の写しの申請受け付けを始めた千葉県市川市は，この問題により住民票の受け付けを停止

図表2－9　熊本市 LINE アカウント

（出典）熊本市ウェブサイト『熊本市公式 LINE アカウント』，https://www.city.kumamoto.jp/hpkiji/pub/Detail.aspx?c_id=5&id=29800，［2022 年 12 月 19 日閲覧］。

し現在も再開していない。一方，熊本市の対応は「市公式アカウントで扱うデータについては，報道にあります『中国の LINE 関連会社からアクセスできる状況になっていた』情報には該当せず，中国からの閲覧等はなかった旨を LINE 株式会社に直接確認しています。また，LINE に対して外部からの不正アクセスや情報漏えいが発生したという事実はない旨の報告を受けております。以上のことから，市公式アカウントについては，引き続きサービスを継続いたします[27]」（**図表2－9**）とされるが，その真偽を確認するすべはない。

　この問題を受けて改正されたいわゆる令和 3 年改正法では，今まで縦割りだった国・独立行政法人・地方公共団体の個人データの取扱いがようやく個人情報保護法に一元化されるとともに個人情報概念が統一された。

（3）個人情報データの分析は可能か

①　個人情報の第三者提供の可否

　データ所有者本人への同意を得ないで，利用目的の達成に必要な範囲を超えて，個人情報を取り扱ってはならない（同法第 18 条）。しかし例外規定もある（同法 18 条 3 項）。①法令に基づく場合，②人の生命，身体又は財産の保護のために必要がある場合であって，本人の同意を得ることが困難であるとき，③公衆衛生の向上又は児童の健全な育成の推進のために特に必要がある場合であって，本人の同意を得ることが困難であるとき。

　この例外規定は緊急の事態にプロバイダが発信者情報を開示する場合である。それ以外の例外（同法第 27 条第 2 項）としては，本人の意向により提供停止（オプ

トアウト）可能な場合であり，a）と b）を利用者本人に伝えておき c）をおこなうという条件が付く。a）第三者への提供を利用目的とすること，そのデータ項目，提供の方法，b）オプトアウトできること，さらにオプトアウトの受付方法，c）個人情報保護委員会に届け出。

　要配慮個人情報はオプトアウト可能でも第三者提供禁止項目である一方で，匿名加工情報は禁止規定から除外されている。

② 要配慮個人情報

　前項で述べたように，本人の人種，信条，社会的身分，病歴，犯罪歴，犯罪被害の事実及び本人に対する不当な差別偏見が生じる恐れがあると政令で定める要配慮情報のことをいう。オプトアウト可能な場合であっても配慮を要する情報であるため，第三者に対する提供が禁止されている。また本人の同意を得ない取得の原則禁止であるなど，取扱いにたいして特に注意を要する。

③ 特定個人情報

　個人を特定できないように加工した個人情報のことで，前述のように仮名加工情報と匿名加工情報がある。匿名加工情報は第三者提供禁止項目ではないが，第三者提供する旨の明示・公表等をすることは必要である。また名前を削除すれば匿名加工情報となるわけではない。町内において突出した高齢者であったりするなど，他者との比較によって特定可能になる場合に留意すべきである。

④ ポイントカード

　ポイントカードは店舗で販売した商品とポイントカードに登録されている情報を組み合わせて店舗がマーケティングに利用するために導入されている。レジではどの商品がどれだけ販売されたかは把握できるが，どのような人が購入したのかまでは把握できない。以前はコンビニのレジに客層を分類するボタンがあったが，今では多くのコンビニでポイントカードがこの機能を代用している[28]。ポイントカードの登録情報と商品の売り上げ情報をひも付けることで，年齢層や性別，居住エリアなどから詳細な分析ができる。換言すると，私たち消費者は個人情報と引き換えにポイントという特典をもらっていることとなる[29]。

（4）Facebook の心理実験

　前節で述べたように，現在個人情報の分析をするためにはさまざまな条件が付いている。これはこれまでにさまざまな問題があったことの証左でもある。そのなかの 1 つである会員制交流サイト（SNS）最大手の米 Facebook の心理実験[30]について紹介する。

　この実験は米 Facebook のクラマーおよびコーネル大学の教授たち（Adam D. I. Kramer, et al）によって 2012 年 1 月 11 日から 18 日の 8 日間にわたり，無作為に選んだ 689,003 人の Facebook ユーザのニュースフィード（news feed）[31]の内容を操作し，感情伝染の有無について調査した。その内容はニュースフィードに表示する友人たちの投稿内容を操作し，肯定的な印象を与える投稿を減らしたところ，利用者自身の投稿も否定的な内容が増え，否定的な投稿を減らすと肯定的な内容が増えたというものである。そしてこれまで感情伝染は対面でのやりとりやしぐさや表情などの非言語的表現に限定されるとされていたが，SNS による他者の体験観察によって自分の感情に影響を与える，すなわち感情伝染がおこると結論付けたのである。

　この出来事は当時大きな社会問題となった。GAFA がユーザーからさまざまなデータを入手し，分析していることは周知の事実だったが，これだけの実験を個別承認も取らずに実施したことを倫理的に問題とする意見が大半だったのである[32]。

（5）データの越境移転

　日本の個人情報保護法に相当する GDPR（General Data Protection Regulation；一般データ保護規則）が，2018 年 EU（European Union；欧州連合）で成立した。そして LINE 問題でも述べたように，個人情報は国際的なデータのやりとり（越境移転）をするので自国だけの取り組みではプライバシー問題に対処しきれない。そこで同様の枠組みをもつ組織間がお互いの法律にたいして十分性認定をおこない（2019 年 1 月に対 EU[33]，2020 年 1 月に対イギリス[34]），個人データ移転を図る枠組みが発効された。しかし，EU では認められている忘れられる権利が日本の個人情報保護法には明文化されていないなど，まったく同じものというわけではない。2022 年 4 月に全面施行された令和 2 年改正法においては国際関係に関する規律がさらに強化され現在に至っている。

4―― Google と個人情報

（1）Google は個人情報を売っているのか

　Google は多くの個人情報を収集し，多くの売り上げを出している。Google の
ウェブサイトに「Google がユーザーの個人情報を販売することはありません[35]」
と記載されているのは，個人情報を販売しているのではないかと批判を受けてい
ることの証左でもある。しかし実際には「売り上げの約 8 割を占める広告事業の
売上高は 12％増の 562 億ドルだった[36]」とされるように広告事業から収益をあ
げている。具体的にいえば，収集した個人情報をカテゴライズし，それを広告主
が広告を届けたい人たちへ届けることで対価を得ているのである。したがって厳
密にいえば Google は個人情報を売っているわけではない。

（2）ユーザーのコンテンツに対する使用許可

　Google ポリシーによれば以下のような記述になる[37]。

> 　ユーザーのコンテンツはユーザーに帰属します。つまり，コンテンツに含まれる
> ユーザーの知的所有権はすべてユーザーが保持します。たとえば，ユーザーが書いた
> レビューなど，ユーザーが作成した独創的なコンテンツの知的所有権はユーザーが保
> 持します。また，誰かが作成した独創的なコンテンツも，その人の許可があれば共有
> する権利を保持できる場合があります。（中略）ユーザーの知的所有権により Google
> によるユーザーのコンテンツの使用が制限される場合，Google はユーザーから使用
> 許可を得る必要があります。ユーザーは，このライセンスを通じて Google に使用許
> 可を与えるものとします。

　上記説明から理解できるように，写真やコメント等の知的所有権はユーザーに
帰属するが，インストール時に使用許諾ボタンを押した場合は原則的に Google
に使用許可を与えたことになるということである。
　そしてさらに以下の文章が続く[38]。

> このライセンスにより，Google に以下のことが許可されます。
> ・ユーザーのコンテンツをホスト，複製，配布，伝達，使用すること（たとえば，コンテンツを Google のシステムに保存してユーザーがどこからでもアクセスできるようにするため）
> ・ユーザーのコンテンツが他の人に公開するように設定されている場合は，それを出版，公演，上映，（公開）表示すること
> ・ユーザーのコンテンツに修正（形式の変更，翻訳など）を加えて二次的著作物を作成すること
> ・これらの権利を以下に再許諾すること
> ・他のユーザー（ユーザーが選択した人々と写真を共有できるようにするなど，サービスを設計どおりに機能させられるようにするため）
> ・Google との間で本規約と矛盾しない契約を締結した請負業者（以下の目的のセクションに記載されている限定的な目的のみが対象）

Google ポリシーの説明から読み取れることは，Google フォトに保存している画像について，Google は使用許諾を得たものとみなし，複製，配布，出版，上映することが可能であるということである。このようなある意味一方的な規定によりプライバシー問題が頻発したので，次項で説明するオプトインあるいはオプトアウトの考え方が生まれたのである。ここまで読んで Google フォトのアクセス許可設定をやめたいと思う人もいるかもしれない。その場合には「写真を選択」を選択することも可能である。しかし「すべての

写真へのアクセスを許可」しないと写真の閲覧や共有，バックアップなどをおこなうことができなくなる。そのような状態でこのアプリを利用したいユーザーがどれくらいいるだろうか。

したがって Google フォトを利用することとはすべての写真を Google へ差し出すこととほぼ同義となる。またデータ共有さえしなければ他人への流出はないと考えている人もいるかもしれない。それはある意味で正しい。しかしそれは他の

利用者への流出はしないというだけで，Google からのアクセスを拒否するということではない。

　スマートフォンアプリ等のインストール時や初回起動時に「アクセスを許可しますか」というメッセージが出ることがある。その内容はカメラ，連絡先，位置情報，マイク，電話，ストレージなど多岐にわたる。現在のルールでは利用者がアクセス許可を出さないとアプリはスマートフォン内部のデータにアクセスできないことになっている。世の中には危険なアプリも存在するため，利用者に許可を出さないという選択肢を与えているのである。機能を制限されたくないからと安易に許可ボタンを押すのではなく，よく考えてアクセス許可を出すようにしたいものである。

（3）オプトイン

　平成 14（2002）年に成立，施行された「特定電子メールの送信の適正化等に関する法律」（俗に迷惑メール防止法と呼ぶ）は，利用者の同意を得ずに広告，宣伝又は勧誘等を目的とした電子メールを送信する際の規定を定めたものである。なお，平成 20（2008）年 12 月 1 日に施行された改正では，取引関係以外においては，事前に電子メールの送信に同意した相手に対してのみ，広告，宣伝又は勧誘等を目的とした電子メールの送信を許可する方式（オプトイン方式）が導入された[39]。

　オプトイン方式とは，あらかじめ送信に同意した者に対してのみ送信を認める方式のことをいう。平成 20（2008）年迷惑メール防止法改正以前は，オプトインされていない人にたいしても件名に「未承諾広告※」と書けば広告メールを送っても違法とはされなかった。しかし改正後は，広告・宣伝メールは原則としてオプトインした人にしか送ってはいけない規則となった。

（4）オプトアウト

　平成 29 年改正法で大きく変更された点の 1 つにオプトアウト規定の設定および厳格化がある。オプトアウトとは，個人情報を第三者に提供する際に，個人データの第三者への提供を本人の求めに応じて停止することである。また個人情報を第三者に提供するにあたって，あらかじめ以下の 4 項目を本人に通知するかまたは，本人が容易に知りえる状態に置いておくことをオプトアウト方式と呼

ぶ。(1) 第三者への提供を利用目的とすること，(2) 第三者に提供される個人デー
タの項目，(3) 第三者への提供の手段又は方法，(4) 本人の求めに応じて第三者
への提供を停止すること。

　オプトアウト方式を利用すれば，本人にたいして「個人情報を第三者提供する」
という利用目的をあらかじめ明示しておき，本人からの希望があれば「第三者提
供を停止する」ということを事前に通知しておけばよいというものだった。しか
し平成 29（2017）年の法改正により，オプトアウト方式で本人の同意を得ていな
い個人データを第三者提供しようとする場合には，事前にオプトアウト手続きを
おこなっていることを個人情報保護委員会に届け出る必要が生じた。

　ここで Google における広告のカスタマイズをみてみよう。**図表 2 − 10** は AI の
推測する本書筆者の人物像ならびに嗜好であり，39 の項目について言及していた。

　実際に正しいかどうかではなく，この分析に基づいてわたしのパソコンやス
マートフォンへの広告が表示されているのである。わたしはオプトアウト方式に

図表 2 − 10　広告のカスタマイズに利用する要素（一部）

広告のカスタマイズに利用する要素

広告は、Google アカウントに追加された個人情報、Google のサービスを利用している広告主から提供されるデータ、Google が推定した興味 / 関心に基づいて表示されます。各要素を選択すると、詳細の確認や設定の更新ができます。表示される広告を管理する方法

35〜64 歳	男性
言語: 日本語	TV ゲーム、PC ゲーム
アウトドア	イベント チケット販売
イベント企画	イベント情報
カメラ、写真機材	キャリア設計、プランニング
キャンピングカー、RV	クーポン、割引サービス
グリーティング カード	グルメ食品、特別食

（出典）Google ウェブサイト「広告のカスタマイズに利用する要素」『Google 広告設定』，
　　　https://adssettings.google.com/，［2022 年 12 月 19 日閲覧］。

より広告のパーソナライズを「すべて」もしくは「部分的」にオフにすることは可能であるが，それをしなければ当然 AI の推奨する広告が表示され続けることとなる。

（5）利用規約を読むこと

　ここにイギリスの Wi-Fi 運営会社 Purple のおこなった興味深い調査がある。この会社は，利用規約にどれくらいの関心があるかを調査するために，利用規約に「社会奉仕活動条項」というダミーの内容を入れ調査した。その内容は，つぎのとおりである。

> ユーザーは，Purple の裁量で，1,000 時間の社会奉仕活動をおこなうよう要求される場合があります。これには以下のようなことが含まれます。
>
> 地域の公園で動物の排泄物を除去する
> 野良猫や野良犬の世話をする
> 下水道の詰まりを手作業で解消する
> 地域のお祭りやイベントでの簡易トイレの清掃
> カタツムリの殻にペンキを塗って輝かせる
> 路上のガムかき出し

　この調査では，すべての利用者に，賞品と引き換えに疑わしい条項を指摘する機会を与えたにもかかわらず，2週間の全 Wi-Fi 利用者 22,000 人のうちただ1人（全体の 0.000045%）しか，この条項を見抜くことができなかったというのである[40]。

　個人情報保護法がいくら整備されても，実際の利用者たるわたしたちがこのような状態では，プライバシー問題は何も解決はしない。無料で利用できるものはなぜ無料なのかを考え，利用規約をきちんと読むことが，いまわたしたちに求められていることではないだろうか。

5── 本章における結論

　コンピュータ技術の進化およびビッグデータの収集によって AI は加速度的に進展していった。しかし進展に必要不可欠であるデータの収集過程において，多

くのプライバシー問題を引き起こしていったこともまた事実である。新しい技術が起こるときには法整備が立ち遅れることはやむを得ないことであるが，データの収集は必ずしも悪ということではない。これを全面禁止していては AI の発展がないことは火を見るより明らかであろう。しかし，だからといってプライバシー問題をないがしろにしてよいという話でもない。個人情報の保護と利活用は適切なバランスで保持されなければならない。

　個人情報保護法は 3 年ごとの見直し規定があるように，まだ整備途中である。それゆえに利用者も必要以上に恐れるのではなく，しかし必要なものにたいしてはきちんとオプトアウトできるだけの知識と理解が必要であろう。そのためにも利用者が「利用規約」をきちんと読み，ルールを理解したうえでアプリ等を利用することが最も肝要だといえるのではないだろうか。

【注】
1）　通信サービスの一種で，データ通信サービスにさまざまな種類のデータ処理機能を付加して提供するもの。通信事業者が提供するものと，自社で回線設備を持たない事業者が通信事業者の回線網を借り受けて提供するものがある。
　　　e-Word ウェブサイト「VAN」『IT 用語辞典』, https://e-words.jp/w/%E4%BB%98%E5%8A%A0%E4%BE%A1%E5%80%A4%E9%80%9A%E4%BF%A1%E7%B6%B2.html, ［2022 年 12 月 19 日閲覧］。
2）　このような通信の仕組みを M2M（Machine to Machine）といい，機械からの情報収集または機械の制御を主目的とする。
3）　総務省「IoT に係る諸外国の政策的な取組」『平成 28 年版情報通信白書』2016 年 7 月。
4）　経済産業省「CPS によるデータ駆動型社会の概念図」『CPS によるデータ駆動型社会の到来を見据えた変革中間取りまとめ』産業構造審議会商務流通情報分科会情報経済小委員会，2015 年 5 月，5 頁。
5）　今井和雄「CPS とは」『NII Today』第 73 号，2016 年 9 月。
　　　なお砂口，増田らは CPS と IoT は似た概念であることから，特に区別をせずに CPS/IoT と表記している。
　　　砂口洋毅「サイバーフィジカルシステム（CPS）がもたらす製造業の変革」『エコノミクス』（九州産業大学）第 26 巻第 2 号，2022 年 3 月，1-21 頁。
　　　増田悦夫「ロジスティクスにおける CPS/IoT 化の動向と今後について」『物流問題研究』（流通経済大学）2021 年 3 月，136-153 頁。
6）　経済産業省「CPS によるデータ駆動型社会の課題と可能性」『CPS によるデータ駆動型社会の到来を見据えた変革中間取りまとめ』産業構造審議会商務流通情報分科会情報経済小委員会，2015 年 5 月，2 頁。
7）　総務省「インダストリー 4.0」『平成 30 年版情報通信白書』，2018 年 7 月，143 頁。
8）　総務省「各産業革命の特徴」『第 4 次産業革命における産業構造分析と IoT・AI 等の

進展に係る現状及び課題に関する調査研究報告書』株式会社三菱総合研究所，2017年3月，7頁，図表1 - 1。

9）丸山雄平「人工知能の現状と今後の展望〜社会課題の解決と，持続的な経済成長を支える人工知能〜」『ビジネス環境レポート』第一生命経済研究所，2021年9月，4頁。

10）ミレニアル世代は，1980年〜1995年頃までに生まれた世代のことを指す。この世代は，アメリカでは1945年〜1964年に生まれたベビー・ブーム世代を超え，もっとも人口の多い世代とされる。

    Jean M. Twenge, *Generation me: why today's young Americans are more confident, assertive, entitled- and more miserable than ever before*, Free Press, 2006.

11）アメリカでは ELSI とするが，欧州では ELSA「Ethical, Legal and Social Aspects（側面）と表現される。また ELSI の I は当初 Implication（影響）とされていた。

    岸本先生「ELSI とは」大阪大学社会技術共創センター，https://elsi.osaka-u.ac.jp/what_elsi，2020年4月1日［2022年12月19日閲覧］。

12）内閣府『人間中心の AI 社会原則』統合イノベーション戦略推進会議決定，2019年3月29日。

13）内閣府「『パーソナルデータ分野に関する ELSI 検討』報告書」『戦略的創造イノベーションプログラム』一般社団法人データ流通推進協議会，2020年3月31日。

14）総務省「シェアリング・エコノミーとは」『平成27年版情報通信白書』2015年3月20日。

15）イギリス発祥の簡易的なホテルを B&B（ビーアンドビー，Bed and Breakfast）と呼ぶが，Airbnb の bnb は，この B&B に由来する。

    コトバンクウェブサイト『Airbnb』，https://kotobank.jp/word/Airbnb-1689622，［2022年12月19日閲覧］。

16）ライドシェアは，配車サービス会社が提供するアプリ上で，ドライバーと利用者をマッチングするサービスである。それにたいして，カーシェアは決まった時間の間，車両の貸し出しをおこなうサービスである。

    なお，日本では無償のライドシェアやタクシー事業と提携する配車サービスは少しずつ実施されているものの，自家用車を有償でもちいるライドシェアは「白タク」として法律上禁止されており，普及していない。

    太田充亮「ライドシェアの現状と日本における導入方法の検討」『エネルギー経済』第45巻第2号，2019年6月，39頁。

17）上記例のほか，東京ディズニーランドやユニバーサル・スタジオ・ジャパンなどのテーマパークなどでも導入されている。

    「入園料の変動，ダイナミック　繁忙期↑，平日は↓ 高まる満足度」『朝日新聞』2022年8月17日。

18）TRIAL ウェブサイト『店舗内での AI カメラ撮影について』，https://www.trial-net.co.jp/aicamerapolicy/，2022年8月1日［2022年12月19日閲覧］。

19）寺岡製鋼ウェブサイト『Shop&Go』，https://www.teraokaseiko.com/jp/products/PRD00357/，［2022年12月19日閲覧］。

20）「デジタル錠剤，飲んだか発信　センサー埋め込み，第三者確認」『朝日新聞』2017年11月15日。

21）デジタル庁『オープンデータ基本指針』高度情報通信ネットワーク社会推進戦略本

部・官民データ活用推進戦略会議，2017 年 5 月 30 日，2020 年 6 月 7 日改正，2021 年 6 月 15 日改正。

22) 電子計算機とは Computer の邦訳であり，現在では法律等でその名を残すのみで一般的にはもちいられない。これは Computer がもともと計算をするために開発されたことによるものである。しかし Computer の利用が多岐にわたる現在では誤解を招きやすいことばでもある。ちなみに電卓とは電子卓上計算機の略であり，英語では Calculator と呼ぶ。

23) 令和 2（2020）年 6 月 12 日公布，令和 4（2022）年 4 月 1 日施行の「個人情報の保護に関する法律等の一部を改正する法律」と，令和 3（2021）年 5 月 19 日公布，令和 4（2022）年 4 月 1 日施行の「デジタル社会の形成を図るための関係法律の整備に関する法律」がある。前者は 3 年ごとの見直し規定に基づく改正で，後者はデジタル社会形成整備法に基づく改正である。

24) 「リクナビ問題　個人情報，危うい『活用』」『朝日新聞』2019 年 8 月 12 日。

25) 「LINE 問題，自治体困惑　各地で活用，事実確認追われる」『朝日新聞』2021 年 3 月 18 日。

26) 現在も多くの自治体が公式 LINE アカウントを開設している。
　　たとえば諫早市は「新型コロナウィルス」「防災」「子育て」「ごみ出し」「イベント」などの情報を届けている。
　　諫早市ウェブサイト『諫早市公式 LINE』，https://www.city.isahaya.nagasaki.jp/post03/51951.html，〔2022 年 12 月 19 日閲覧〕。

27) 熊本市ウェブサイト『熊本市公式 LINE アカウント』，https://www.city.kumamoto.jp/hpkiji/pub/Detail.aspx?c_id=5&id=29800，〔2022 年 12 月 19 日閲覧〕。

28) 本書筆者が学生にアンケートをとったところ，コンビニにおける就業中に年齢別ボタンを操作している学生がいた。まだそのボタンがあるレジも存在していることがうかがえる。

29) 菊地崇仁「ポイントをもらえる理由　個人情報と交換も」『日本経済新聞』2022 年 7 月 20 日。

30) Adam D. I. Kramer, Jamie E. Guillory and Jeffrey T. Hancock, "Experimental evidence of massive-scale emotional contagion through social networks," *PNAS*, Vol.111, No.24, June 17, 2014, pp.8788-8790.

31) ニュースフィードとは，ニュース（新着情報や更新情報など）をある決まった形式で配信するための仕組みや，それを通じて配信されるニュースのことである。たとえば，Facebook では，ホーム画面に「ニュースフィード」と呼ばれる機能が用意されている。ここでは，友人・知人によるウォールへの投稿などの更新情報が一覧で表示できるようになっている。ニュースフィードから直接「いいね！ ボタン」によってコンテンツを評価したり，またはコメントを送ったりすることもできる。
　　ニュースフィードという呼び名は通称として用いられていることも多い。たとえばニュースの更新情報を取得する RSS フィードを指してニュースフィードと呼んでいる場合も多い。
　　Weblio 辞書ウェブサイト『ニュースフィード』，https://www.weblio.jp/content/%E3%83%8B%E3%83%A5%E3%83%BC%E3%82%B9%E3%83%95%E3%82%A3%E3%83%BC%E3%83%89，〔2022 年 12 月 19 日閲覧〕。

32) Facebook は 2021 年 10 月 28 日に社名を Meta に変更した。これはザッカーバーグ社長のコメントによれば，SNS の企業からメタバースの企業へ変換することの意思表示であるとされる。しかし，2016 年の米大統領選で同社が集めた大量の個人情報が不正使用されたケンブリッジ・アナリティカ事件等多くの批判にさらされている企業イメージを刷新する意味合いが強い。
　　「Facebook, 社名を『メタ』に変更　仮想空間に注力」『日本経済新聞』2021 年 10 月 29 日。

33)「日 EU 間の相互の円滑な個人データの移転〜ボーダレスな越境移転が実現〜」『個人情報保護委員会ニュースリリース』2019 年 1 月 22 日。

34)「英国の EU 離脱後においても日英間の相互の円滑な個人データ移転を図る枠組みは維持」『個人情報保護委員会ニュースリリース』2020 年 1 月 31 日。

35) Google ウェブサイト「Google のビジネスの仕組み」『Google について』, https://about.google/intl/ja_JP/how-our-business-works/,［2022 年 12 月 19 日閲覧］。

36) 小林泰裕「米グーグル親会社 14％減益，マイナスは 2 四半期連続...インターネット広告の成長が鈍化」『読売新聞』2022 年 7 月 27 日。

37) Google ウェブサイト「ライセンス」『Google ポリシーと規約』, https://policies.google.com/terms, 2022 年 1 月 5 日［2022 年 12 月 19 日閲覧］。

38) Google ウェブサイト「権利」『Google ポリシーと規約』, https://policies.google.com/terms, 2022 年 1 月 5 日［2022 年 12 月 19 日閲覧］。

39)「特定電子メールの送信の適正化等に関する法律」平成 14（2002）年法律第 26 号。

40) Jessica Thomas, "22,000 people willingly agree to community service in return for free WiFi," *Purple Website*, https://purple.ai/blogs/purple-community-service/, July 11, 2017［2022 年 12 月 19 日閲覧］.

────── 第３章 ──────

AI 時代の税理士業務と簿記会計教育

1 ── 高校教員アンケート調査結果とその分類

（1）アンケート項目

　2019 年 8 月に商業を教える高等学校の教員にアンケートを実施した（有効回答数 53）[1]。そのアンケート項目は**図表３−１**のとおりである。

図表３−１　アンケート項目

設　　立：	県立　　市立　　私立
形　　態：	商業高校　　普通科高校　　総合学科　　商業科併設校
課　　程：	全日制　　定時制　　通信制
クラス規模： （1 学年あたり）	6 クラス以上　　3 〜 5 クラス　　1 〜 2 クラス
性　　別：	男　　女

① 　AI の発展により，「税理士・公認会計士の業務が AI によって代替される」と予測されていることを知っていますか。
　　　　　　　　　　はい　　　　　　　　いいえ
② 　あなたは「税理士・公認会計士の業務が AI によって代替される」と予測されていることについてどう思いますか。
　　　　　　　　　そう思う　　　　　　　そう思わない
③−1 「そう思う」と答えた人にお聞きします。それはなぜですか（自由記述）。
③−2 「そう思わない」と答えた人にお聞きします。それはなぜですか（自由記述）。
④ 　現在，高校における簿記・会計教育は検定中心です。上記のことをふまえてこのままでよいと考えますか。
　　　　　　　　　　はい　　　　　　　　いいえ
⑤−1 「はい」と答えた人にお聞きします。そのまま継続するのか，内容を変更するのかなど，具体的内容を含めてお書き下さい（自由記述）。
⑤−2 「いいえ」と答えた人にお聞きします。どのような授業内容がよいと思いますか。またすでに検定を離れた授業を実施されている方はその実践をお答え下さい。（自由記述）。

　まず基礎データの結果について記述する。

・設立：県立 51，市立 2，私立 0

・形態：商業 46，普通科 1，総合学科 1，併設 5

・課程：全日制 50，定時制 2，通信制 1
・性別：男 35，女 15，無回答 3

（2）アンケート結果（税理士の将来）

　税理士が消滅するという予測を知っていた教員は 73.6％であり，そしてその予測が正しいと考えている教員は 58.5％であった。その理由について自由記述で回答してもらったものを分類し，考察することとする。

　「税理士・公認会計士の業務が AI によって代替されるかどうか」という問いにたいし，もっとも多かった回答が「税理士業務には定型業務が多いから」という税理士業務の特性に言及したものである。それに類似するものとして「ほぼルーティンでできるから」「会計処理のルールが決まっていればそれに基づいた処理が可能になるから」等があり，一歩進んで「会計士がいらないソフトを使用している企業が実際にあるから」という回答もあった。後述するが，従来税理士がおこなっている業務の大半は税務書類の作成，財務書類の作成，会計帳簿の記帳代行等の書類作成業務である。そしてそれらの作成業務は定型的であるため，AI と親和性が高いと判断しての回答である。つぎに多かったのが「業務効率化が図られるから」というものである。類似のものに「AI のほうが正確にできる」「ビッグデータを処理するには効率的である」等があった。これらは AI をもちいた書類作成のことに言及しているため，（A 群）「書類作成業務」に焦点を当てた分類とする。

　2 番目に多かったのが AI ならびにコンピュータの特性に言及したものである。「AI のほうがデータ分析を得意とするから」「多量のデータを処理するには人間よりも AI のほうが向いているから」等である。当然，AI ならびにコンピュータは多量のデータであっても正確に速く処理することが可能である。これらを（B 群）「データ分析・監査」に焦点を当てた分類とする。

　3 番目に多かったのが人間の特性に言及したものである。「クライアントへの提案等については人のほうが適している」「企業と税理士が今後の話をすることに意味があるから」「コミュニケーションが必要な分野においては，税理士等の存在が大きいから」「税についての相談や相続など人が関係するような業務については，人の心が汲めない AI には難しい」等であった。人と人との対話を重視

せずに何の感情も入れずに判断されることに危惧を抱いたのであろう。これらは（C群）「税務相談（コンサルティング業務）」に焦点を当てた分類とする。

　そして「最終的な判断については人がおこなうべきである」「最終的には人が処理するべきだと思う」とAIの実力を認めつつも人が介入すべきというものも多くの回答を占めた。これらは（D群）「最終チェック」とする。

　「税務代理業務」をAIに代行させようという回答はなかったが「税理士等の業務は知識や技術だけの仕事ではないから」というのはもしかするとこの業務を念頭に置いた回答なのかもしれない。また（A群）「書類作成業務」ならびに（B群）「データ分析・監査」をAIに代替させることができないという回答はなかった。

　AIに代替可能であると回答した人，代替できないと回答した人のどちらにも「ほとんどの業務はAIに代替可能であるが，すべての業務を代替することは不可能である」「税理士の仕事のある部分はAIに取って代わられるかもしれませんが，すべての税理士の仕事が代替されるとは考えにくい」といった内容の回答が多くあったのが印象的であった。

（3）アンケート結果（簿記教育の将来）

　「検定中心の授業を続けてよいか」という問いにたいし，検定中心の授業を続けてよいと回答した人が22.0％，続けるべきではないとした人が78.0％であった。これも自由記述による回答を分類して考察してみたい。その際に（A群）深い学習（B群）財務諸表分析へシフト（C群）進学・就職の3群に分類して考察することとする。

　（A群）「深い学習」については「検定中心だと授業にゆとりがなく，知識の詰め込みになるだけだから」「『簿記の仕組み』『情報を読み取る力，まとめて表現する力』が必要」という回答が多かった。これは限られた単位数のなかで，検定合格という結果を求められて思うような授業が展開できていない教員の心の叫びだと推察される。時間がないとどうしても検定に出やすいところだけを指導することとなり，その結果，簿記の流れや仕組みについての学習が疎かになる傾向がある。

　つぎに「実践を通して，生徒に『社会に生きる』ことを意識させる」「社会に出てからの実践的な部分は教える必要がある」等の実践的な内容を教えたいとい

う回答が目立った。これはせっかく1級を取得させても，就職させた企業から「簿記ができるというから採用したのにまったく使い物にならない」といわれた苦い経験をしたことがベースになっていると推察される。パターン学習や反復学習が合格への近道であるとわかっていても，考えさせる授業を展開しなければ，生徒に考える力がつかないという反省もあろう。

　(B群)「財務諸表分析にシフト」については「実際の企業のデータを使用した財務諸表分析や従業員，経営者の立場から収益や費用を考えるなどの実践的な活動を取り入れるべきである」等の回答が多かった。なかでも「実務に役立つ」「社会に出て役立つ」と回答している人は，財務諸表を読み解き，分析し，それを経営に役立てることを考えていることが読み取れる。それをさらに進めて，「思考，判断，表現といった力を育成するためには，財務諸表をたくさん読むこと（資料を読み取る力）が必要だから」というところまで到達できれば理想といえるであろう。

　(C群)「進学・就職」については「検定合格が進路の手立て（推薦入試の要件等）になっているうちはこれを外すことは難しい」「就職や進学の際の条件項目に入っていたりするので，やむをえない」という回答が的を射ているであろう。

　検定の是非については「検定を取得させても就職後に役に立たない」という回答がある一方で「検定を取得するプロセスに意味がある」という回答もある。結局，教員が何を教えようとしているかに依存しているともいえる。

2── 分類の定義について

（1）税理士業務の定義

　Osborne and Frey の予測について，Arntz, Gregory and Zierahn は，職業というものは単一のジョブタスクではないために，タスクごとに検討しなければ過大評価につながる可能性があると指摘している[2]。そこで，まず税理士の業務について確認するとともに論点を整理することとする。日本において税理士の業務は税理士法において税務代理，税務書類の作成，税務相談と定められている（第2条第1項）。そしてこれらの業務は税理士の業務独占があることも規定されている（第52条）。また付随業務として，財務書類の作成，会計帳簿の記帳代行等の業務をおこなうこともできる（第2条第2項）。これらのことを踏まえて上記の業務を分

類しなおし，税務書類の作成，財務書類の作成，会計帳簿の記帳代行等をまとめて書類作成業務とし，税務代理（申告・申請・請求の代行，税務調査の立ち会い，不服申し立ての代行），税務相談を加えた計3つをこの論における税理士業務とすることとする。

（2）Osborne and Frey の定義の検証

つぎに税理士を消滅する職業に分類するといったとされる Osborne and Frey の論文を原著で確認すると税理士や会計士という文言はどこにも記述されていない。そこに記されているのは，Tax Preparer（税務申告書作成者；消滅可能性99％）および Bookkeeping, Accounting, and Auditing Clerks（簿記，会計，監査の担当者；同98％）という職業である。

その一方で野村総合研究所（以下 NRI）が Osborne and Frey と共同研究によって発表した結果は多少意味が異なる。AIによる代替可能率が行政書士（93.1％），税理士（92.5％），弁理士（92.1％），公認会計士（85.9％），社会保険労務士（79.7％），司法書士（78.0％）等，職業を具体的に列挙しているからである。わたしはこの発表は NRI が一般国民に理解しやすくしようとしたあまりの勇み足だと考える。

（3）記帳技術と AI 作業

「統一した経理ルールがある」「ルーティンワークが多い」という性質がある経理業務は，実は AI（人工知能）で置き換えやすい仕事と一般的にいわれている。このことはアンケートにおいて多くの教員が述べている通りである。仕訳は勘定科目という記号と数字から成立し，反復的で一定の法則を持っている。スプレッドシートや会計ソフトによって記帳の効率化が図られてきた過去を見ても，IT化しやすい現実を否定することはできない。その視点で税理士業務を見てみると，書類作成業務はまさにこれに当てはまる。どのような導入のされ方をするのかは不明瞭であるものの，「技術的には自動作成が可能なレベルになって[3]」おり「税理士が『単なる申告書作成代行者』ととらえた場合，代替可能な職業である，という厳しい現実を示してい[4]」ることは間違いない。

（4）税理士業務の業務割合について

　前述のように，税理士の業務は書類作成業務，税務代理，税務相談であると定義した。実際にその業務割合について推計してみる。

　税理士業務は，大企業と中小企業において依頼される業務が異なる場合が多いことから，まずその割合を調べることとする。日本において大企業は約1.1万者（0.3%），小規模事業者が約304.8万者（84.9%），中規模企業が約53.0万者（14.8%），合計で中小企業が約357.8万者（99.7%）となる（**図表3－2**）。

　現在，日本において中小企業の範囲は中小企業法第2条第1項により定められているが，業種によって資本金や従業員の数が異なっている（**図表3－3**）。しかし本書では便宜上，100人以下を中小企業の範囲とする。また全企業における中

図表3－2　中小企業・小規模事業者の企業数・従業者数・付加価値額

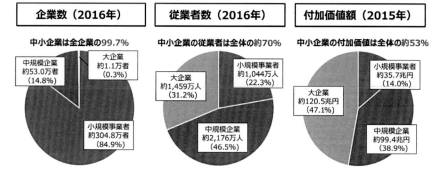

（出典）中小企業庁『2020年版中小企業白書・小規模企業白書（講演用資料）』中小企業庁調査室，2020年6月，4頁。

図表3－3　中小企業基本法における中小企業者ならびに小規模企業者の範囲

業　　種	中小企業者 （下記のいずれかを満たすこと）		小規模企業者
	資本金の額又は 出資の総額	常時使用する 従業員の数	常時使用する 従業員の数
①製造業，建設業，運輸業 　その他の業種（②〜④を除く）	3億円以下	300人以下	20人以下
②卸売業	1億円以下	100人以下	5人以下
③サービス業	5,000万円以下	100人以下	5人以下
④小売業	5,000万円以下	50人以下	5人以下

（出典）中小企業庁ウェブサイト『中小企業基本法における中小企業者ならびに小規模企業者の範囲』，https://www.chusho.meti.go.jp/faq/faq/faq01_teigi.htm，[2022年12月19日閲覧]。

図表 3 － 4　従業員規模別に見る仕訳入力状況

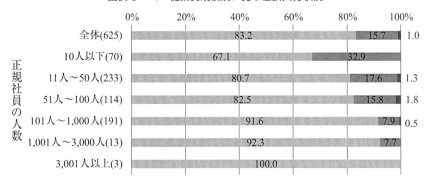

■仕訳入力（経理入力）は，自社内でおこなっている
■顧問税理士や外部仕訳入力会社に入力を依頼している
■その他

（出典）山田コンサルティンググループ株式会社「我が国を支える中堅・中小企業の経営実態調査」『アンケート報告書』2019 年 6 月 14 日，21 頁，図Ⅱ－5。

小企業の割合は異様に高いが，従業員数ならびに，付加価値額はそれに比して高くないのが日本の特徴である。

　一般に自社内で仕訳入力をおこない，毎月の試算表，決算書などを作成することを自計化という。従業員規模による帳簿作成割合を見ると，全体で 83.2％が自社で作成しており，15.7％が業務委託している（図表3－4）。

図表 3 － 5　顧問先で自計化している顧客の割合

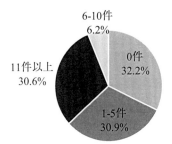

（出典）株式会社ミロク情報サービス「税理士・公認会計士編」『2019 年会計事務所白書詳細版』2019 年 9 月。

自社作成の割合は大企業になるほど高く，業務委託する割合は小規模企業になるほど高い。このデータに先ほどの企業規模割合のデータを組み合わせ，自社で仕訳をしない割合を算出すると，大企業は 0.02％，中小企業は 20.9％となる。したがって全体で見ると約 8 割の法人で自計化が進んでいると推察される。

　会計事務所における顧客調査のアンケート結果においても似たような結果が出ている（図表3－5）。

図表 3 － 6　経営者の年代別にみた会計ソフト変更理由（複数回答可，有効回答数 82）

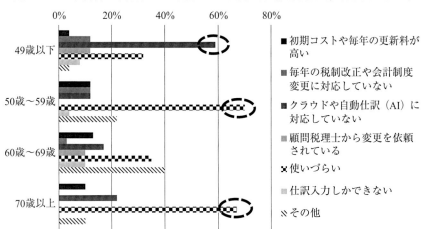

（出典）同上ウェブサイト，2019 年 6 月 14 日，9 頁，図Ⅱ － 17［2022 年 12 月 19 日閲覧］。

　全企業における大企業の比率は低いうえ，自社で書類作成等すべてをおこなう部署を持っている比率も高い。その結果ほとんどの税理士事務所が中小企業を相手にしている蓋然性が高い。実際に書類作成業務が全業務の大半を占める税理士事務所も多く存在し，そのような事務所が消滅危機であることは間違いない。

　またコンピュータが一般に広く浸透したのは Microsoft-Windows95 が発売された 1995 年ごろからであるが，物心がつく前からパソコンが出回っていた世代はコンピュータにたいする抵抗感がないと推察される。**図表 3 － 6** は経営者の年代別にみた会計ソフト変更理由である。50 歳〜 59 歳，ならびに 70 歳以上においては，会計ソフトの変更理由が「使いづらい」が突出している。その一方で 49 歳以下では「クラウドや自動仕訳（AI）に対応していない」が突出している。新しい会社を起業した経営者，もしくは親の基盤を引き継いだ経営者はクラウドや自動仕訳（AI）に対応している会計ソフトを支持していることが読み取れる。

3―― クラウド会計ソフトの利用について

（1）クラウド会計ソフトの利用率
　会計ソフトに占めるクラウド会計ソフトの利用率は上昇の一途をたどり，2021

図表 3 － 7　会計ソフトに占めるクラウド会計ソフトの利用率の推移

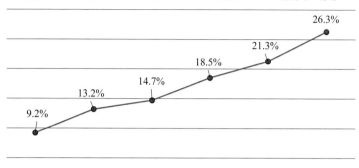

2016年3月	2017年3月	2018年3月	2019年3月	2020年4月	2021年4月
（n＝6,404）	（n＝5,662）	（n＝4,841）	（n＝4,282）	（n＝7,122）	（n＝7,695）

（出典）「クラウド会計ソフトの利用状況調査（2020 年 4 月末）」『株式会社
　　　　MM 総研プレスリリース』2021 年 5 月 20 日。

年には 2016 年の 3 倍近くの利用率となっている（**図表 3 － 7**）[5]。これは政府が
2017 年に発表した未来投資戦略において，「今後 5 年間（2022 年 6 月まで　※本書
筆者加筆）に，IT 化に対応しながらクラウドサービス等を活用してバックオフィ
ス業務（財務・会計領域等）を効率化する中小企業等の割合を現状の 4 倍程度にし，
4 割程度とすることを目指す[6]」と明示したことも大きく関与していると推察さ
れる。
　そして個人事業主へのアンケートによれば，会計ソフトの利用率は 39.3％に達
し，そのうちの 24.9％はクラウド会計ソフトが占めるまでになっている（**図表 3
－ 8**）。
　前述のように，若い世代においてクラウド会計ソフトが支持されているため，
世代交代により利用者が増加する流れは止まらないであろう。さらに新型コロナ
ウィルスの影響でオンライン会議やクラウドサービスの利用が激増したこと，さら
にはそのことで会議や仕事をクラウドでおこなうことへの抵抗感が薄まってきたこ
とも，クラウド会計ソフト市場の拡大を加速させる蓋然性が高い（**図表 3 － 9**）。
　そしてその導入において，スマートフォンで顧客の業績がすぐにみられ，リア
ルタイムで経営状況が読み取れるなど非常に便利だが，使いこなすにはパソコン
やスマホを活用するチカラ，「IT リテラシー」が必要であるとの声もある[7]。

図表3－8　会計業務等におけるITの導入状況

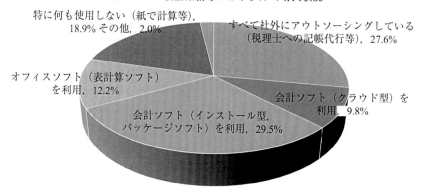

（出典）つぎの資料をもとに本書筆者作成。
　　　経済産業省「会計業務等におけるITの導入状況」『平成29年度小規模事業者等の事業活動に関する調査に係る委託事業報告書』三菱UFJリサーチ＆コンサルティング，2018年3月，39頁。

図表3－9　国内クラウド市場　実績と予測

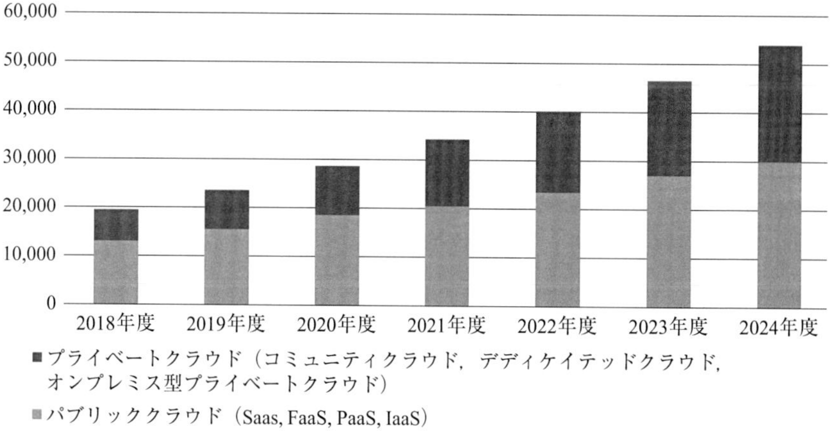

- ■プライベートクラウド（コミュニティクラウド，デディケイテッドクラウド，オンプレミス型プライベートクラウド）
- ■パブリッククラウド（Saas, FaaS, PaaS, IaaS）

（注意）単位：億円
（注意）2020年度以降はMM総研の予測である。
（出典）「国内クラウドサービス需要動向調査（2020年5月時点）」『株式会社MM総研プレスリリース』2020年6月18日。

（2）税理士の関与割合

　中小企業の決算書の作成方法についてのアンケート結果がある（図表3－10，図表3－11）。2010年度と2014年度の結果を比較すると，つぎのようになる。「一

図表 3 － 10　決算書の作成方法（2010）

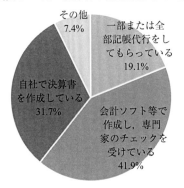

図表 3 － 11　決算書の作成方法（2014）

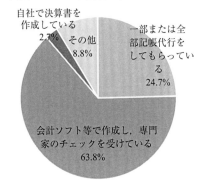

（注意）図表 3 － 11 と比較を容易にするため
　　　　に項目を再構成している。
（出典）中小企業庁『平成 22 年度中小企業の
　　　　会計に関する実態調査事業集計・分
　　　　析結果【報告書】』, 2011 年 3 月, 17 頁。

（出典）中小企業庁『平成 26 年度中小企
　　　　業における会計の実態調査事業報
　　　　告書』2015 年 3 月, 21 頁。

部または全部記帳代行をしている」（5.6pt 増加）,「会計ソフト等で作成し, 専門
家のチェックを受けている」（21.9pt 増加）,「自社で決算書を作成している」（29.0pt
減少）,「その他」（1.4pt 増加）。これらのアンケート結果から, 中小企業においては,
クラウドを中心とした会計ソフトで入力をおこない, その結果を税理士等にチェ
ックしてもらう企業の割合が増加していることが読み取れる。その一方で業務の
スリム化のためか自社で決算書を作成する割合も激減している。ここに税理士の
生き残る道があるのではないだろうか。

（3）人口減少と AI 利用

　日本において, 人口減少は歯止めが効かず, 2050 年には人口が約 1 億人になり,
生産年齢人口比率は 52％程度になると推定されている[8]。このような状況のな
かで, 人口減少対策として移民政策とともに考えられているのが, AI の利用で
ある。その際に,「AI に代替しやすい業務」という観点はすでに論じてきたが,
「興味はあるが取り組みづらい人手不足への対応策」として AI の利用を考える
取り組みもある（**図表 3 － 12**）。

図表 3 − 12　興味はあるが取り組みづらい人手不足への対応策の状況

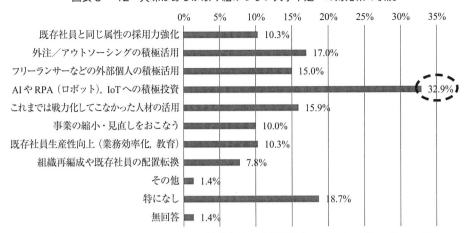

（出典）山田コンサルティンググループ株式会社，前掲報告書，2019 年 6 月 14 日，21 頁，図Ｉ − 6。

（4）AI の進展は悪いことなのか

　国立がんセンターは人工知能（AI）による，早期胃がんの高精度な自動検出法を確立した[9]。以前から内視鏡画像をみて判断することは人間よりも AI に適した業務として医療従事者の間で認識されてきたが，それがようやく実用化されたことになる。しかしこれをもって医師が不必要だという議論になるだろうか。医療の一部が AI に代替されるだけだという認識なのではないだろうか。また中国では無人クリニック，派出所等多くの無人施設が設置されている[10]。それをもって有人の派出所やクリニックが不必要だと考える人はいないであろう。AI による代替は人口減少や業務効率化を目指してのことであり，必ずしも悪いことばかりではない。

4 ── アンケート結果からの知見

（1）税理士の将来

　税理士業務によって分類したアンケート結果の検証をする。分類する際に，群をまたがった回答も多く存在しているため，おおまかな分類になっていることを改めて記しておく。また最初に消滅すると回答していても自由記述では税理士の

存在意義を述べていたり，消滅しないと回答していても，業務の一部は代替されると回答したりしたものも多かった。

　書類作成業務がAIに代替されることは抗いがたい流れである。そして書類作成業務を事実上の主要業務としている税理士は廃業せざるをえないであろう。しかし，それだけではない税理士は消滅せずに存在意義を持つことであろう。結局のところArntz, Gregory and Zierahnが論じたようにタスクごとに検討すれば，誰しもが冷静に判断できる結果に落ち着くのではないかと判断する。

（2）簿記教育の将来

　簿記教育をおこなっているほとんどの教員の頭を悩ませているのが簿記嫌いの学生を生むことではないだろうか。これはAIでも代替可能である無味乾燥な定型業務を勉強することにたいしてのアンチテーゼではないかと推察している。わたしもモノポリーをもちいたゲーミフィケーション，実際の有価証券報告書をもちいた財務諸表分析等，さまざまな工夫を凝らした授業を実践しているが，検定を取得し履歴書に書きたいという学生の希望から検定向け授業を廃止できないジレンマはいつも抱えている。

　多くの回答にあるように，簿記検定偏重教育をよいと思っている教員は多くない。むしろ変更したいと思っている教員のほうが多いであろう。1990年代後半に実業高校から専門高校へと呼称が変更され，専門教育という側面が強調されるようになった。スペシャリストの養成ということばが盛んに使用されていたことを思い出す人もおられよう。そして少子化の流れと相まって，専門高校から大学への進学が増加し，大学進学に対応すべき教育も必要となっていった。専門高校生に進学の道が大きく開かれたのは非常に意義のあることであるが，そのことによって専門教育が窮屈になった側面は否定できない。専門高校から大学進学時にしばしば必要とされる検定の内容について，吟味する時期にきているのではないだろうか。

5── 本章における結論

　税理士が消滅するというのは，税理士にとって事実上の主要業務となっている

書類作成業務について限定的に論ずるならば事実である。しかし，すべての業務がなくなるわけでは当然ありえない。Osborne and Frey によって消滅する職業の筆頭に挙げられた Order Clerks という職業にしても，ファミリーレストランのアルバイトウェイトレスかもしれないし，高級レストランのプロのウェイターかもしれない。日本ではあまりなじみがないが，本来ウェイターの仕事は，お客の名前や好みを憶え，天気や社会情勢まで考え，楽しい会話で盛り上げた後におすすめの料理や飲み物を提案するような職業である。彼らの研究結果は「ファミリーレストランで操作盤をもちいて料理を注文することは技術的に可能である」といっているだけで，その選択は利用者側の判断に委ねられる。

　しかし人口の減少もあり，Society 5.0 の実現に向けて国が舵を切っている現状もある。労働力不足を補うためにも AI を利用する流れは進んでおり，税理士業務の一部，特に書類作成業務がすでに AI に取って代わられていることは事実である。そのうえ，クラウド会計ソフトなどの躍進により，今後その流れが加速することに異論はないだろう。そのときに AI の是非を論ずるのではなく，どうすれば AI が導入された後に必要とされる人間となれるのかという視点で行動することが肝要であろう。

　AI の導入議論においてよくいわれるのが，代替されるのは中間層であるということである。定型的で誰でもできる業務は代替されやすいが，高度な知識や判断を必要とする業務や非定型の雑務のような業務は AI が不得意な分野である。そのときに自分がどちらの層に属することを希望するのか，その判断が迫られている。

　定型化された業務は AI がおこない，知識さえも検索すれば容易に取得できるとなれば，わたしたちに必要なものは何であろうか。税理士業務でいえば，どのような経営をおこなうかの提案や税務相談等の業務であろう。そのためには，財務諸表を作成する能力ではなく，読み解き顧客に提案する能力を涵養すべきであろう。わたしの知り合いの税理士数人にそのことを聞くとやはり書類作成業務中心の業務をコンサルタント業務へと移行すべく準備を進めていた。変化に対応できる税理士は当然そういう行動をとると推察される。

　教員にとって生徒の就職や進学において検定合格が条件として課されている現状もあり，頭では理解できていてもなかなか変更できないジレンマもある。しか

し検定を取得させるプロセス等学ぶものは非常に大きい。そうであれば，検定そのものを財務諸表作成から財務諸表分析へと変更することは可能なのではないだろうか。また国策として進めているデータサイエンス教育と関連させて簿記教育をおこなうのも一案である。問題は山積しているが，専門教育の発展を願ってやまない。

【注】
1） 2019 年度広島県商業教育研究大会参加者および関係者にたいしてアンケートを実施した。
2） M. Arntz, T. Gregory and U. Zierahn, "The Risk of Automation for Jobs in OECD Countries: A Comparative Analysis," *OECD Social, Employment and Migration Working Papers*, Vol.2 No.189, June 16, 2016, pp.47-54.
3） 師岡　徹「AI 時代の到来から税理士業務を考える」『税経新報』第 670 号，2018 年 10 月，8 頁。
4） 同上論文。
5） 「クラウド会計ソフトの利用状況調査（2020 年 4 月末)」『株式会社 MM 総研プレスリリース』2021 年 5 月 20 日。
6） 内閣府『未来投資戦略 2017 — Society 5.0 の実現に向けた改革—』2017 年 6 月 9 日，60 頁。
7） 「国内クラウドサービス需要動向調査（2020 年 5 月時点)」『株式会社 MM 総研プレスリリース』2020 年 6 月 18 日。
8） 経済産業省「将来人口の予測」『日本の将来推計人口（平成 29 年推計)』国立社会保障・人口問題研究所第 1 回産業構造審議会，2018 年 9 月 21 日，4 頁，資料 4。
9） 「AI で早期胃がん領域の高精度検出に成功　早期発見・領域検出で早期治療に大きく貢献」『国立がん研究センタープレスリリース』2018 年 7 月 20 日。
10） 岡山県ウェブサイト『多方面に進む無人化』岡山県上海事務所，https://www.pref.okayama.jp/uploaded/life/330057_5835369_misc.pdf，[2022 年 12 月 19 日閲覧]。

第Ⅱ部　お互いを理解するために

　長い文章を読むのが苦手な学生がいることは教員の間でも以前からよく知られていた。数学の問題であろうと国語の問題であろうとその内容が理解できないのではなく、長文を読む根気がないだけであると推察していた。しかしそれらが AI 読みに起因している可能性は否定できない。数学の問題で、問題文中の数字を適当に拾い、掛けたり割ったりして解答したり、問題文を読むこともせずに図やグラフだけ眺めて解答を導き出す学生も同様である。

　RST（Reading Skill Test：リーディングスキルテスト）の結果によれば、こうした教科書の文章を読解できない子どもは、全体の半分近くにのぼると推測されている。こうした問題で誤読をする学生は、目立つ単語を目で拾っているだけで、その単語と単語の結びつきや関係、それがどう機能しているかを読み取っていないのではないだろうか。

　2011 年に新井紀子が東ロボくんプロジェクトの結果発表をして以来、中高生の読解力低下にたいする議論が巻き起こっている。現場でも教科指導や論文指導をおこなうなかで、文章を皮相的にしか読み取れず、読解力に乏しいと感じる局面が数多くある。これは詰め込み教育を是正し「ゆとり」を持たせた学習指導要領に改訂しようとして 2000 年前後に起こった低学力論争を彷彿とさせた。この読解力低下の原因はどこにあるのだろうか。

　一方で、小学校から大学まで Web 調べ学習は多くの場面で取り入れられているが基本的な知識のなさから十分な成果を得られていない場面も多い。新井は「AI が検索を支援してくれれば問題解決はできる」という結果を求めて検索力検査を実施した。しかし思い通りの結果を得られなかったために RST をしなければならないと考え始めたそうである。

　そこで**第 3 章**では 2004 年に本書筆者が実施した基礎学力テストを 2018 年に再び実施するとともに新井の RST の追検査を実施し、低学力の原因分析を試みる。そして**第 5 章**では RST 作成の要因となった新井の検索力検査を追検査することによって、Web 調べ学習の問題点ならびに読解力低下についての原因分析を試みる。多くの学習場面等で利用されている Web 調べ学習は実施することが容易であるがために、あまりにもずさんに実施され効果的に実施されていない例も多い。もう少し丁寧におこなうために、問いにたいする検索ワードの立て方、検索後のウェブサイトの利用の仕方、Web サイトの表示順にいたるまでさまざまな視点から考察してみたい。

　そして**第 6 章**では**第 4 章**、**第 5 章**における追検査の結果を踏まえて、どのようにすれば読解力が涵養されるのかについて、本学においておこなっているさまざまなアクティビティを例に取りながら考察していく。

——— 第4章 ———

基礎学力論争

1 —— 低学力論争

（1）低学力論争とゆとり教育

　2011年の東ロボくんプロジェクトの結果発表以来，中高生の読解力低下にたいする議論が巻き起こっている。現場でも教科指導や論文指導をおこなうなかで，文章を皮相的にしか読み取れず，理解が乏しいと感じる局面が数多くある。「低学力論争」といえば，2000年頃のものが記憶に新しい。

　論争の直接のきっかけは2002年からの導入が目前となっていた学習指導要領にある。学校への週休2日制の導入もあり，教育内容を3割削減して「ゆとり」をつくろうという学習指導要領だった。しかし，それが日本の子どもたちの学力低下に拍車をかけるのではないか，との不安が広がった。

　当初は文系大学において数学ができないという論理だったが，次第に広がり理数教育の当事者である教官たちが火付け役を担ったのである。1998年，1999年に，日本数学学会が，日本のトップ大学（京都大学や慶応義塾大学など）の大学生に小中学校レベルの数学（算数）のテストを実施したが，その結果は惨憺たるものだった。彼らはその原因として大学側の問題（私大でおこなわれる少数科目入試など入試の軟化と教養教育の崩壊）と文科省の「ゆとり」教育の問題をあげている。大学生の学力低下のデータは，数学以外の理系の教員からも出され，予備校からも示された。苅谷剛彦らは1989年と2001年に小中学生にたいして同一問題による学力調査を実施し，基礎学力の低下を指摘した[1]。

　この頃は，ニート（NEET：Not in Employment, Education or Training）という言葉が巷間でしばしば使われるようになった時代でもある。厚生労働省の『2004（平成16）年版労働経済の分析』によると，就労対象人口における15歳～34歳の男女のうち2003年で52万人が無業者であるニートに属していた。何がその原因なのだろうか。

（2）基礎学力テストの実施

　そこで低学力論争の巻き起こっていた 2004 年に本書筆者は，当時の勤務校において基礎学力テストを試みた。その内容が，**図表4－1**，**図表4－2** である。

図表4－1　漢字チェックテスト

てんき	おとこ	ひゃくえん	ろく	むし	くるま	はやし	いと	たけ	あめ
ごねんせい	みぎて	いぬ	あおぞら	まち	がっこう	おと	さん	みみ	あし
のはら	かたな	まいにち	とうばん	こうつう	ごぜん	けいかく	どくしょ	きたかぜ	さんかく
あたま	おんがくしつ	あしくび	じかん	しゃかい	ちょくせん	せいかつ	えほん	おとうと	こうえん
ものがたり	じめん	ようふく	びょういん	じょうきゃく	ようす	てつどう	しょうてん	れんしゅう	けっしん
のうぎょう	はんたい	しょうぶ	しゃしん	けんきゅう	ぎょうれつ	こうたい	しごと	ふで	むかしばなし
もくひょう	かんさつ	ふしぎ	しゃりん	ほうかご	きこう	れきし	いちょう	ひつよう	えいよう
せいこう	しゅるい	さんぽ	ひこうき	ざんねん	むり	けんこう	ちょきん	なんきょく	いんしょう
けんさ	ゆしゅつ	けいけん	ぎじゅつ	じょうしき	かくにん	ぼうりょく	きょうみ	ざっし	じゅんび
きんぞく	せいぎ	しょくいんしつ	せいけつ	せいせき	ひょうばん	おうふく	きそく	はんだん	ぼうえき
こんなん	ぎもん	きぬおりもの	ゆうびん	ゆうしょうき	すいじょうき	けいざい	そんざい	しゅうしょく	れいぞうこ
もけい	さとう	ぎろん	ふくざつ	たんじょう	たんけん	ごかい	こくもつ	だんらく	さいばん

（出典）陰山英男・小河　勝『学力低下を克服する本』文藝春秋，2003 年，巻末チェックシート。

図表4－2　算数チェックテスト

☆計算問題は，計算しなさい。ただし，途中の式も消さず残しておくこと。
☆□の中には，あてはまる数字や記号を書き込みなさい。

（1）ア，2635　イ，3562　ウ，6352　エ，5623 の4つの数のうち3番目に大きい数はどれか，記号で答えよ。　　答え□

（2）
```
   364
   258
   946
 ＋872
```
（3）
```
   826
   987
   256
 ＋814
```

（4）
```
   521
 －235
```
（5）
```
  2015
 － 813
```
（6）
```
  4802
 －3395
```

（7）28700 は□の 100 倍です。

（8）23×4 の答えは□×4 と□×4 の答えをあわせたものです。

（9）
```
   386
 ×473
```
（10）
```
   975
 ×367
```
（11）
```
   691
 ×274
```

（12）$26\overline{)1014}$

（13）$17\overline{)1649}$

（14）$68\overline{)5372}$

（15）$400 - 9 \times (4 + 36) =$

（16）$49 - 35 \div 7 =$

（17）次の数を小さいものから順にア～エの記号で並べて書け。
ア，0.9　　イ，1.2　　ウ，0.1　　エ，1.0

□ → □ → □ → □

（18）0.1 を 27 個あわせた数を書きなさい。　　答え□

（19）$10.8 - 1.2 =$

（20）$10.1 - 8.9 =$

（21）$201.1 - 199.8 =$

（22）$18.2 \times 0.2 =$　（23）$40.6 \times 1.3 =$　（24）$17.6 \times 10.9 =$

（25）$1.2\overline{)4.56}$　（26）$0.8\overline{)6.32}$　（27）$0.09\overline{)2.61}$

（28）$2.8 \times 1.7 = 28 \times \square$

（29）$1.4 \div 0.35 = \square \div 35$

（30）489.2 を 10 の位で四捨五入すると□

（31）1.62 を小数第一位で四捨五入すると□

（32）右の図のように，ようかんを食べました。
食べた分は，分数であらわすといくらになるでしょう。
答え□

食べた分

◀── 1本 ──▶

（33）$\frac{1}{7} + \frac{4}{7} =$

（34）下の数直線（ア）の位置を小数であらわすと□です。

（35）下の数直線（ア）の位置を分数であらわすと□です。

0 ──────（ア）────── 1

（36）32 と 48 の最大公約数はいくつですか。　　答え□

（37）6 と 4 と 9 の最小公倍数はいくつですか。　　答え□

（38）次の数を小さいものから順に，ア～エの記号でならべなさい。
ア，$\frac{7}{12}$　　イ，0.6　　ウ，$\frac{11}{18}$　　エ，$\frac{5}{9}$

答え □ → □ → □ → □

（39）$\frac{7}{12} + \frac{2}{15} =$

（40）$\frac{3}{8} + \frac{1}{4} - \frac{1}{12} =$

（41）$\frac{1}{3} = \frac{\square}{12} = \frac{8}{\square}$　（答えは整数）

（42）$6 \div \frac{5}{7} = 6 \div \square \times \square$　（答えは整数）

（43）$\frac{3}{14} \times \frac{7}{12} =$

（44）$\frac{16}{21} \div \frac{4}{7} =$

（45）$\frac{9}{32} \div \frac{3}{8} \times \frac{5}{12} =$

（46）4 割 6 分を小数であらわすと□です。

（47）1200 円の 23％は□円です。

（48）濃度が 20％の食塩水が 35g ある。この中の食塩の量は何 g か。
答え□g

（49）下の表でxとyが正比例しているものの記号に○をつけなさい。

		x	3	6	9	12	15
ア	弟の年れい	x	3	6	9	12	15
	兄の年れい	y	6	9	12	15	18
イ	画用紙の枚数	x	4	6	8	10	12
	画用紙の代金	y	60	90	120	150	180
ウ	横の長さ	x	1	2	3	4	5
	長方形の面積	y	8	16	24	32	40
エ	かかった時間	x	1	2	3	4	5
	速　さ	y	120	60	40	30	24

（50）音楽会の入場券 40 枚を，男子と女子で 2：3 の比で分けることにしました。
男子の分は何枚ですか。

□枚

（注意）算数の1年生は設問なし。
（出典）同上書，巻末チェックシート。

（3）基礎学力テストの経年比較

　本書筆者が 2004 年に小学校 1 年から小学校 6 年までの漢字と算数についての定着率を，当時の勤務校において調査した結果が**図表 4 − 3** ならびに**図表 4 − 4**である。2004 年に実施した漢字テストにおいては緩やかな下降曲線となっているだけであるが，算数については小学校 4 年と小学校 5 年のあいだに大きな隔たり，いわゆる 10 歳の壁があることが読み取れる。

　つぎに苅谷に倣って経年比較を実施するために，現在の勤務校において同様の

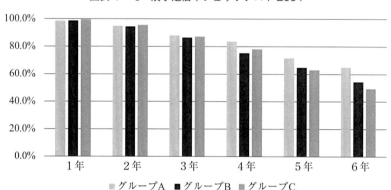

図表 4 − 3　漢字定着率チェックテスト 2004

（出典）礒本光広「基礎基本の習得とコミュニケーション能力」『日本科学教育学会報告』第 19 巻第 5 号，2005 年 4 月，26 頁。

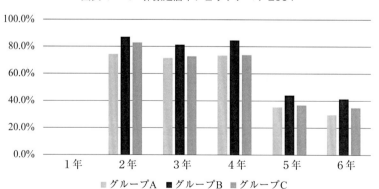

図表 4 − 4　算数定着率チェックテスト 2004

（注意）1 年については設問なし。
（出典）同上論文，26 頁。

調査をおこなった結果が，**図表4－5**および**図表4－6**である。2004年の結果と比較して，被験者が違うとは思えないほど同様の曲線を描き，算数テストの結果では前回同様に10歳の壁が認識できる結果となった。漢字テスト，算数テストの両方とも全体的に結果が向上しているようにも読み取れる。

図表4－5　漢字定着率チェックテスト2018

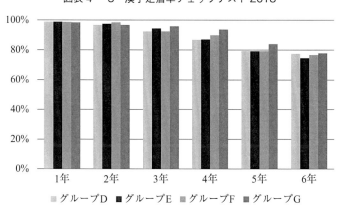

（出典）本書筆者作成。

図表4－6　算数定着率チェックテスト2018

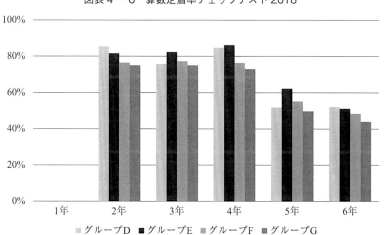

（注意）1年については設問なし。
（出典）本書筆者作成。

（4）誤答率の高い問題

　漢字の誤答率の高い順にあげていくと，「成績」，「往復」，「優勝旗」，「清潔」，「郵便」となる。いずれも「へん（偏）」を間違えている例が圧倒的である。前後関係のない小テスト形式でおこなったため，同音異義語の書き間違いも多くあったが，正答とされているものと同水準の回答は正答とした。またテレビやマンガの影響を受けている回答も散見された[2]。

　算数の誤答率の高い順にあげていくと，つぎのようになる。

①下の表で x と y が正比例しているものはどれか。

②つぎの数を小さい順に並べなさい。

$$\frac{7}{12}, \ 0.6, \ \frac{11}{18}, \ \frac{5}{9}$$

③ 23×4 の答えは□× 4 と□× 3 の答えをあわせたものである。

④ $2.8 \times 1.7 = 28 \times$□

⑤ 489.2 を 10 の位で四捨五入するといくらか。

　①は正比例ということばの意味を理解していれば容易に解ける問題である。②は最小公倍数の理解があるか，または地道に筆算をすれば解ける問題である。③と④は位の重みを理解しているかどうかの問題である。

　その他の視点から算数テスト全体を見ると，筆算のできが非常に悪い。正答率を列挙すると，3 桁の足し算が 84％，3 桁の引き算が 95％，3 桁の掛け算が 71％，4 桁の割り算が 84％である。さらに悪いのが小数の計算であり，小数の引き算が 90％，小数の掛け算が 64％，小数の割り算が 65％である。

　1992 年度学習指導要領で学んだ生徒は 3 桁どうしの筆算まで，2002 年度指導要領で学んだ生徒は 2 桁どうしの筆算までしか学んでいない。しかし多くの桁数まで学ぶかどうかは関係ない。どの計算法においても，わたしたちはいくつかの例を経験するだけで，あらゆるケースについて計算できるようになるはずだからである。それは「『同様に繰り返す』という数学的手順」にある[3]。

　そこで，上記内容を全問誤答した比率を集約するとつぎのようになる。3 桁の足し算が 1.6％，3 桁の引き算が 0.0％，3 桁の掛け算が 9.4％，4 桁の割り算が

9.4％, 小数の引き算が4.7％, 小数の掛け算が23.4％, 小数の割り算が28.1％である。この結果からいえることは, 小数は理解できていないが, それ以外は能力のなさというよりも注意力のなさや根気のなさに起因することであり, その結果として小学校2, 3年生の数値が低くなっている蓋然性が高い。

　ゆとり世代とはいえ筆算学習が削減されていない年代の学生であることから, 算数の授業への電卓利用の導入が原因の1つであろう。これをもって基礎学力の低下を主張することも可能であるが, 一方で諸外国では小学校から電卓利用を認めているとの報告[4]もあり一概にはいえないのかもしれない。

（5）学習指導要領による授業時数の変化

　図表4－7はこのチェックテストに関連する学習指導要領による授業時数の変化である。総授業時数が大きく減少していることが読み取れる。ちなみに学習指導要領の改訂は最近では1980年, 1992年, 2002年, 2011年, 2018年におこなわれた。2002年の改訂は「ゆとり教育」と呼ばれ, 賛否両論の大きな議論を生んだことは記憶に新しい。

図表4－7　学習指導要領による授業時数の変化

各学年の総授業時数						
	1年	2年	3年	4年	5年	6年
1992年度版	850	910	980	1015	1015	1015
2002年度版	782	840	910	945	945	945

（注意）出典では学習指導要領の告示年が書かれているが, 小学校における導入時に変更した。
（出典）大日本図書ウェブサイト『教科書いまむかし』, https://www.dainippon-tosho.co.jp/math_history/history/age07_el/index.html, ［2022年12月19日閲覧］。

　2004年のテストを実施した学生は1992年学習指導要領による授業を受けた学生であり, 今回のテスト受験者は2002年学習指導要領（ゆとり教育）による授業を受けた学生である。教材の精選により, 学習内容が少なくなったために基礎学力の定着率が向上した可能性もあるが, ただ単に被験者の違いかもしれない。この結果をもって学習指導要領の改訂が成功した, あるいは10歳の壁がなくなったと判断するのは早計であろう。また, グループ間で正答率に差がありすぎるの

もまた実施面で問題があった可能性は否定できない。

2 ── 読解力についての検証

（1）RST の利用

　新井紀子は生徒や学生の読解力の有無をはかるために RST（Reading Skill Test：リーディングスキルテスト）をもちいている。RST とは「教科書や新聞，マニュアルや契約書などのドキュメントの意味およびその意図を，どれほど迅速かつ正確に読み取ることができるかの能力を測定するため」のテスト[5] である。

　RST の正式版を入手して実施したかったが，ちょうど RST テスト運営業務が新会社への移行期だったこともあり，インターネット上および書籍から入手できる範囲の簡易版でテストを実施することにした[6]。受験者総数は 173 人であり，**図表４－８**がその全体結果である。グループ E の結果が突出しているのは，難易度の高い授業選択者のグループであり，授業を選択した時点で，すでにスクリーニングがおこなわれていた蓋然性が高い。しかし漢字および算数定着率テストでは結果が突出していないため，一概に決め付けるわけにはいかない。

図表４－８　RST【簡易版】の正答率

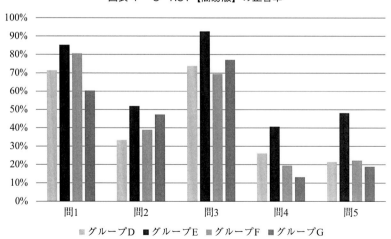

（出典）本書筆者作成。

（2）調査結果の検討（係り受け）

つぎにそれぞれの設問の結果を検討していくことにする。

新井の問1についての調査結果は**図表4－9**であり，本書筆者の調査結果は**図表4－10**である。

問1　【係り受け】

　仏教は東南アジア，東アジアに，キリスト教はヨーロッパ，南北アメリカ，オセアニアに，イスラム教は北アフリカ，西アジア，中央アジア，東南アジアにおもに広がっている。

　この文脈において，以下の文中の空欄にあてはまるもっとも適当なものを選択肢のうちから1つ選びなさい。

　オセアニアにひろがっているのは（　　　　）である。

①ヒンドゥー教　②キリスト教　③イスラム教　④仏教

図表4－9　新井の実施したRST・問1の解答割合

	中1	中2	中3	高1	高2	高3	中学生平均	高校生平均
①	4%	6%	7%	2%	2%	2%	5%	2%
②	63%	55%	70%	73%	73%	66%	62%	72%
③	16%	13%	5%	5%	4%	9%	12%	6%
④	16%	25%	17%	20%	21%	22%	20%	21%

（出典）新井紀子『AI vs. 教科書が読めないこどもたち』東洋経済新報社，2018年，197頁，表3－2。

図表4－10　本書筆者の実施したRST・問1の解答割合

	グループD	グループE	グループF	グループG	平均
①	5%	4%	6%	8%	6%
②	73%	85%	81%	60%	72%
③	5%	0%	8%	19%	10%
④	18%	11%	6%	13%	12%

（出典）本書筆者作成。

　グループによってばらつきは見られるものの，特に大きな差異は見られず約70％の正答率となっている。新井はRSTの正答率にたいして，約7割が正答できたと理解するのではなく，「高校生の10人に3人近くが正解できなかったと理解すべき[7]」だと述べている。そのことばは問題文を読めば一目瞭然であり，こ

れが解けないならば専門書が読めないのは道理であるといっても過言ではない内容である。またこの問題を解いた高校生は「進学率ほぼ100％の進学校である」とも述べている。これは受験者のほぼ全員が大学に入学することを意味する。

　一方で，新井はこのテストの答え方によって生徒・学生が真面目に解答したかどうかの判別をおこなっている[8]。新井によれば不真面目に解答すれば数理統計的に「①ヒンドゥー教」を選ぶ答案が多くなるそうだが，本書筆者の調査結果は新井の結果と比べても大差はない。この問題におけるグループGの正答率が低いようだが，このグループは問2の正答率が飛びぬけて高いなど，グループ差はあるものの不真面目に受けている様子はない。

問2 【係り受け】

　つぎの文を読みなさい。

　Alex は男性にも女性にも使われる名前で，女性の名 Alexandra の愛称であるが，男性の名 Alexander の愛称でもある。

　この文脈において，以下の文中の空欄にあてはまるもっとも適当なものを選択肢のうちから1つ選びなさい。

　Alexandra の愛称は（　　　）である。

　① Alex　② Alexander　③男性　④女性

　新井の問2についての調査結果は**図表4－11**であり，本書筆者の調査結果は**図表4－12**である。

図表4－11　新井の実施した RST・問2の解答割合

	中1	中2	中3	高1	高2	高3	中学生平均	高校生平均
①	23％	31％	51％	65％	68％	57％	38％	65％
②	12％	16％	8％	3％	3％	8％	11％	4％
③	16％	16％	7％	3％	6％	6％	12％	5％
④	49％	37％	33％	28％	23％	29％	39％	26％

（出典）新井紀子，前掲書，201頁，表3－3。

図表 4 − 12　本書筆者の実施した RST・問 2 の解答割合

	グループD	グループE	グループF	グループG	平均
①	33%	52%	39%	47%	43%
②	3%	0%	0%	4%	2%
③	3%	0%	6%	13%	6%
④	63%	48%	56%	33%	49%

（出典）本書筆者作成。

　係り受けの問題の正答率が，新井の結果と比べて全体的に低い。このような場合には，全学をあげて何らかの手立てを講ずる必要性があるであろう。

（3）調査結果の検討（同義判定文）

> 問 3【同義文判定】
> 　つぎの文を読みなさい。
> 　幕府は，1639 年，ポルトガル人を追放し，大名には沿岸の警備を命じた。
> 　つぎの文があらわす内容と以下の文があらわす内容は同じか。「同じである」「異なる」のうちから答えなさい。
> 　1639 年，ポルトガル人は追放され，幕府は大名から沿岸の警備を命じられた。

　新井の問 3 についての調査結果は**図表 4 − 13** であり，本書筆者の調査結果は**図表 4 − 14** である。

図表 4 − 13　新井の実施した RST・問 3 の解答割合

	中 1	中 2	中 3	高 1	高 2	高 3	中学生平均	高校生平均
②	56%	61%	55%	71%	71%	76%	57%	71%

（出典）新井紀子，前掲書，206 頁，表 3 − 4。

図表 4 − 14　本書筆者の実施した RST・問 3 の解答割合

	グループD	グループE	グループF	グループG	平均
②	78%	93%	69%	84%	80%

（出典）本書筆者作成。

　問 2 は正答率が低かったものの，逆に問 3 は正答率が高い。前の問題とあわせて，誤差の範囲内といえるのではないであろうか。

（4）調査結果の検討（イメージ同定）

問4 【イメージ同定】

　つぎの文を読み，メジャーリーグ選手の出身国の内訳をあらわす図として適当なものをすべて選びなさい。

　メジャーリーグの選手のうち，28%はアメリカ合衆国以外の出身の選手であるが，その出身国を見ると，ドミニカ共和国がもっとも多くおよそ35%である。

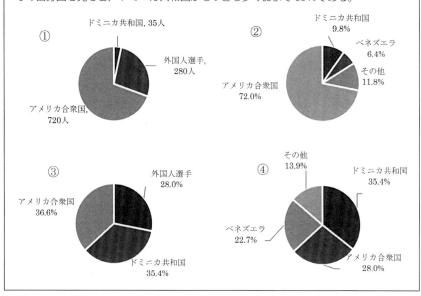

　新井の問4についての調査結果は**図表4－15**であり，本書筆者の調査結果は**図表4－16**である。

図表4－15　新井の実施したRST・問4の解答割合

	中1	中2	中3	高1	高2	高3	中学生平均	高校生平均
②	9%	13%	15%	23%	37%	36%	12%	28%

（出典）新井紀子，前掲書，表3－5。

図表４－16　本書筆者の実施した RST・問４の解答割合

	グループ D	グループ E	グループ F	グループ G	平均
①	0%	4%	6%	6%	4%
②	28%	41%	19%	13%	23%
③	25%	19%	28%	26%	25%
④	33%	30%	33%	43%	36%
①②	0%	4%	0%	0%	1%
①④	0%	0%	0%	4%	2%
②③	3%	0%	3%	2%	3%
②④	3%	0%	6%	0%	2%
③④	8%	1%	6%	6%	4%
①②③	0%	0%	0%	0%	0%
①③④	3%	0%	0%	0%	1%

（出典）本書筆者作成。

　新井によれば，AI 読みとはキーワードを拾い読みし，文章を理解しない AI に近い読み方をいう。AI はご存知の通り文章を理解できない。そこで，「長崎のおいしいフランス料理の店を教えて」といっても「長崎のまずいフランス料理の店を教えて」といっても検索結果は同様となる。なぜなら「長崎」「フランス料理」の検索ワードでもっともよく検索されたものを解答するのみである。「……のうち」とか「……の時」「……以外」といった機能語が正確に読めないからである[9]。

　この問題でいえば「28%」と「35%」に着目して③と解答した人が AI 読みに該当する。本書筆者の調査では③と解答した学生は 25%，③を含む解答ならば 33% がこれに該当する。

問5　【イメージ同定】

　つぎの文の内容をあらわす図として適当なものを，A～D のうちからすべて選びなさい。

　原点 O と点（1，1）を通る円が X 軸と接している。

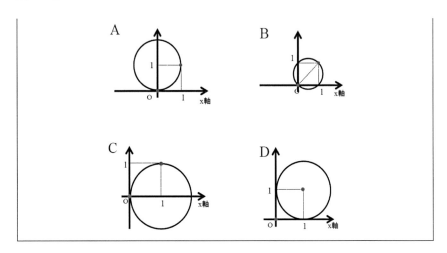

新井の問5についての調査結果は**図表4－17**であり，本書筆者の調査結果は**図表4－18**である。

図表4－17　新井の実施したRST・問5の解答割合

	中1	中2	中3	高1	高2	高3	中学生平均	高校生平均
A	10%	22%	25%	29%	30%	45%	19%	32%

（出典）新井紀子，前掲書，211頁，表3－6。

図表4－18　本書筆者の実施したRST・問5の解答割合

	グループD	グループE	グループF	グループG	平均
A	23%	48%	22%	18%	25%
B	5%	4%	14%	13%	9%
C	10%	11%	31%	18%	18%
D	18%	15%	14%	13%	14%
AB	8%	0%	0%	21%	9%
AC	0%	0%	3%	2%	1%
AD	8%	4%	3%	0%	3%
BC	10%	0%	0%	0%	3%
BD	0%	0%	0%	4%	1%
ABC	13%	11%	8%	4%	8%
ACD	0%	0%	0%	2%	1%
BCD	8%	7%	0%	5%	5%
ABCD	0%	0%	6%	2%	2%

（出典）本書筆者作成。

　この問題の分析として，「原点 0 と点（1，1）を通る」「X 軸と接している」の
2 点に注目して解答割合の再構築を試みる。「原点 0 と点（1，1）を通」っているのは ABC である。そこで D を選んでいるものとそうでないものに分類した表が**図表 4 − 19** である。

　この結果を見ると「原点 0 と点（1，1）を通る」が理解できている学生は 91％，
理解できていない学生が 9％いることが読み取れる。

　一方，「X 軸と接している」のは AD である。そこで BC を解答の一部にしているものとそうでないものに分類した表が**図表 4 − 20** である。

図表 4 − 19　問 5（D を選択したか否か）の解答割合

	グループ D	グループ E	グループ F	グループ G	平均
D 非選択者	85％	89％	92％	94％	91％
D 選択者	15％	11％	8％	6％	9％

（出典）本書筆者作成。

図表 4 − 20　問 5（BC を選択したか否か）の解答割合

	グループ D	グループ E	グループ F	グループ G	平均
BC 非選択者	48％	67％	39％	39％	44％
BC 選択者	53％	33％	61％	61％	56％

（出典）本書筆者作成。

　この結果を見ると「X 軸と接している」が理解できていない学生は 56％と半
数を超えていることが読み取れる。よってこの問題における誤答の理由は「接点」
についての理解のなさに起因していると判断できる。

　本書筆者の経験によれば，算数でつまずいた学生は X や Y という記号を異様
に嫌う。苦肉の策として□（しかく）を書いて「□ ÷ 4 ＝ 8」などと説明していたものである。誤答した学生の考え方を想像するに，X 軸といわれた瞬間に問題
文を読む気力が失せたのではないだろうか。

3── 本章における結論

　授業をするなかで，「比と割合」を理解していない学生が多いことは経験的に
知っていた。しかしそのつまずきのもとが，小学校低学年のときに，学校生活の

面だけでなく，科目の課題を解決する際にも有用だったパターン認識や暗記の力をもってその考え方で高校生，大学生になっても課題解決することに起因しているとは思い至らなかった。実際に問題を解くときに，キーワードとパターンで解いている学生，読んでいる学生が意外にいる。「『前の問題と同じような手順で解く』という帰納だけに頼る問題解決法でそれまで学んできたツケによるものだ[10]」という新井の指摘には納得させられるものがある。学力という言葉の定義も難しい。詰め込み教育が問題にされたかと思うとゆとり教育にたいする批判も起きる。読み・書き・計算をしっかりさせることが大事だという意見がある一方で，AIが発展してきた現代において，計算ができることや物事を記憶していることに価値はないとの意見もある。

　本書筆者が学生に接するなかで感じることは，基礎基本ができていない学生は理解力に乏しいという現実である。表面的に理解しているように見えても深いところまで理解はしていない[11]。それゆえに突拍子もないミスや単純ミスが頻発すると思われる。電卓が計算するから大丈夫という考えではなく，概数の概念[12]があることは大事なことである。物事を記憶しなくてもインターネットを検索すれば大丈夫という考えではなく，検索するための単語は適切に選択できるか，漢字を含め適切に入力できるかということは大事である。

　ただ勉強が嫌いだという学生に問いたい。勉強とは何なのか。生徒，学生に聞くと覚えること，座って授業を受けることというのではないだろうか。決してそうではない。勉強とは知的好奇心を満たすための楽しい営みであり必ずしも机についておこなう必要はない。推論，実践，検証があれば立派な勉強である。今後はビジネスの世界で，最低限，必要となる読解力，コミュニケーション力とは何かを模索するとともに，どのような学習行動を取れば読解力を涵養できるかについて検討課題とする。

【注】
1）苅谷剛彦，清水睦美，志水宏吉，諸田裕子『調査報告「学力低下」の実態』岩波ブックレット，2002年。
2）「焦点」を「笑点」，「男」を「漢（おとこ）」とする回答は明らかにテレビやマンガの影響を受けていると考えられる。
　　「笑点」（日本テレビ，1966-）とは落語や大喜利を中心とした長寿娯楽番組である。

「漢（おとこ）」とは「北斗の拳」（武論　尊原作，原　哲夫作画，『週刊少年ジャンプ』集英社，1983-1988）においてもちいられ流行となった読み方であり，いまでもマンガやインターネットの世界においてしばしばもちいられる。

当然両者とも漢字辞書には掲載されていない。

3 ）新井紀子「言語としての数学」『数理科学』第 49 巻第 5 号，2011 年，p.16。
4 ）清水克彦「初等中等段階の算数・数学教育における電卓の活用の現状と課題」『コンピュータエデュケーション』第 13 号，2002 年，pp.13-20。
5 ）当初は，国立情報学研究所　社会共有知センターが考案したテストであるが，現在はそれを引き継いで一般社団法人教育のための科学研究所が提供している。

一般社団法人教育のための科学研究所ウェブサイト『「読む」力をはかるリーディングスキルテスト』，https://www.s4e.jp/，［2022 年 12 月 19 日閲覧］。

「リーディングスキルテストとは」『国立情報学研究所ニュースリリース（別紙 1 ）』大学共同利用機関法人　情報・システム研究機構　国立情報学研究所　社会共有知研究センター，2016 年 7 月 26 日。
6 ）この設問ならびに結果については以下の文献による。

新井紀子『AI が大学入試を突破する時代に求められる人材育成』文部科学省中央教育審議会提出資料 3-1，国立情報学研究所社会共有知研究センター，2016 年 10 月。

新井紀子『AI vs. 教科書が読めないこどもたち』東洋経済新報社，2018 年，184-218 頁。
7 ）同上書，196 頁。
8 ）同上書，197 頁。
9 ）同上書，122 頁，209 頁。
10）同上書，204-205 頁。
11）映画「海賊と呼ばれた男（2016 年，東宝）」のなかで，主人公国岡鐵造が海上でポンポン船に軽油を売り同業者から嫌がらせを受けたときにいった「あまっとる軽油を売るんじゃけえ，国のためにもなるじゃろうが」というセリフがある。これは精製所で原油を沸点の違いによって石油ガス，ガソリン，灯油，軽油，重油に分類して販売するために，バランスよく売れなければいけないことを指摘している。しかし知識がなければ「売れ残りをただ単に売っている」というように皮相的にしか理解できないであろう。

同じことが生乳から抽出されるバターと脱脂粉乳にもいえる。バター不足は脱脂粉乳の需要の減少から生乳が生産調整された結果でもある。基礎知識がないと理解が困難であることは多い。
12）カーナビなどに 700m 先を右折してくださいといわれて，すぐに曲がろうとする間違いなどがあげられる。

───── 第5章 ─────

Web 調べ学習における問題点の検証

1 ── 読解力と検索能力

（1）調べ学習の問題点

　文部科学省ウェブサイト『学習指導要領の見直しに当たっての検討課題』のなかに「社会科で諸外国について調べるのは，小学校6年生の3学期で，都道府県の学習についても，たとえば九州と北海道の風土の違いを学習する時間が少なく，総合的な学習の時間に調べ学習をおこなおうとしても，基本的な知識が十分でない状況である[1]」などと調べ学習の問題点について記載されている例もある。しかし，多くの学習局面において調べ学習は安易に実践されている。

　新井は調べ学習の問題点に直面し「AIが検索を支援してくれれば問題解決はできる」という結果を求めてテストを実施した。しかし思い通りの結果を得られなかったためにRST[2]（Reading Skill Test：リーディングスキルテスト）をしなければならないと考え始めたそうである。それはある県のいわゆる進学高校において「平安時代の貴族社会では，女性の地位も重要だった理由を，当時の家族習慣および政治の構造から50字以内で述べよ」という問いをAIと同じ条件，つまり教科書とかWikipediaを検索できる状態で実施された。IBMのワトソン[3]なら「平安時代　女性　地位」と適切にキーワード検索して重みもつけるのに，高校生は単語1つで検索をしようとした結果，検索できない生徒が多くいたことで愕然としたとのことである[4]。

　多くの学習場面等で利用されている調べ学習であるが，Web調べ学習に焦点をあてて，問いにたいする検索ワードの立て方，検索後のウェブサイトの利用の仕方，Webサイトの表示順にいたるまでさまざまな視点から考察していく。

（2）新井の検索力検査の追検査

　前項であげた新井の検索力検査を，実際に本書筆者も授業で 20 分間の時間を取って追検査した。教科書は利用できる状態ではない点，ならびに 50 字から 100 字程度で解答しなさい，と指示を出したことが，新井の検索力検査と異なっている点である。実施方法は，学生の理解を段階的に把握するために，まず，①問題文から検索ワードを作成させ，記載させる。②つぎに検索で出てきたウェブサイトのいくつか（制限なし）を数分の時間を取って流し読みさせる。③そしてその中から自分の解答を導くに足るウェブサイトを選択させ，ウェブサイトのタイトル，URL を記載させる。④そして最後にそのウェブサイトをみながら問題に解答をさせるという流れで実施した。

　被験者 181 名のうち，検索ワードが1つだった学生は 22 名（12.7%）と比較的少ない印象であり，新井の検索力検査とは異なる結果となった（**図表5−1**）。新井の検索力検査は，被験者が高校生なのにたいして，本書筆者のものは大学生であるという差異がある。いままではググる（google で検索する）とい

図表5−1　検索時に利用した検索ワードの数

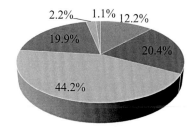

■1つ　■2つ　■3つ　■4つ　■5つ　■6つ

（出典）アンケート結果をもとに本書筆者作成。

うことばも市民権を得てきたうえ，大学生のほうが検索に慣れているからかもしれない。

　一方で，新井の言葉と同様に「平安時代，女性，地位」という検索ワードをもちいた学生は 34 名（18.9%）と少なかった。類似のものには「平安時代，女性の地位，貴族社会」20 名（11.1%）や「平安時代，女性，地位，貴族社会」13 名（7.2%）などがある。

　検索ワードは3つ程度をもちいるのが一般的だと思われるが，そこから大きく外れている学生もいるのでそれについて検証する。検索ワードが1つだった学生が 22 名いる。その内容は，「平安時代の貴族社会」4 名，「貴族社会の女性の地位」3 名，「平安時代の女性の地位の重要性」「平安時代の貴族社会における女性の地位の重要性」「平安時代で女性の地位も重要だった理由」「平安時代の貴族社会に

おける女性の地位」各 2 名,「女性の地位」「平安時代の貴族の女性の地位と政治」
「日本貴族の女性の地位」「貴族社会」「平安時代」「平安貴族の生活」「平安時代
の女性の地位」各 1 名であった。多くの学生が長文の検索ワードをもちいている
のが特徴的である。

(3) 検索ワードの内容

　つぎに個々の検索ワードについて詳細な分析を試みる。もっとも多かったの
は「平安時代」(「平安」も含む) 139 名である, 続いて「女性の地位」(「女性地位」
も含む) 72 名,「女性」59 名,「地位」24 名,「貴族社会」(「貴族」も含む) 56 名,
重要 (「重要性」「なぜ重要」も含む) 29 名, 家族習慣 (「当時の家族習慣」も含む) 12 名,
「政治の構造」(「政治構造」も含む) 7 名となる。

　つぎに検索ワードの一部に「平安」を含みながら「平安時代」または「平安」
以外の検索ワードをもちいた学生について整理してみる。「平安時代の貴族社会」
15 名,「平安貴族」7 名,「平安時代の女性の地位」4 名,「平安時代の貴族社会
の女性地位」3 名,「平安時代の女性の地位の重要性」2 名,「平安時代の女性の
地位と政治」「平安時代の貴族社会で女性の地位が重要だった理由」「平安時代で
女性の地位も重要だった理由」「平安貴族の生活」「平安時代の貴族社会では女性
の地位とは」「平安時代の女性の地位の重要性」各 1 名となった。

　一方で, 検索ワードに「平安」をまったく含まなかった学生は 5 名 (2.8%) い
たが, その検索ワードは,「日本史, 女性, 社会地位」「日本貴族の女性の地位」「貴
族社会の女性地位」「貴族社会」「女性の地位」であった。5 名のうち 4 名 (80%)
において検索ワードが 1 つというのも暗示的なものがありそうである。

　逆に「平安時代の貴族社会」「平安時代の女性の地位」「平安時代の家族像」と
すべての検索ワードに「平安時代」を付けた学生も 1 名いた。また「平安時代」「女
性」「地位」「貴族社会」「重要」「なぜ」と文章中の目についた名詞をすべて記載
したのかと思わせる学生もいた。

(4) 検索したウェブサイトについて

　前述の検索ワードをもちいて, どのようなウェブサイトを検索したのかについ
て検証する。検索したウェブサイトのうち選択した学生数の多かった順に示す

と，つぎのようになる。

1）シャジニナ・ハンナ「日本女性の社会地位に関する歴史的研究[5)]」総文字数：12,089。選んだ学生の数 58 名。

論文の体裁を保持しているが「日本語・日本文化研修プログラム研修レポート集」に収録してある留学生のレポートである。

解答例 1「家族は女性中心で，生活は女性の家でおこない，男性は夜に通って朝に帰り，昼は男女ともにそれぞれの家で働いた。子供の養育，娘の結婚，宗教上の地位などから母系社会ということもあり女性の地位は高かった」95 文字。

解答例 2「家は女性が受け継ぐと考えられており，宗教の面でも巫女は神の声を聞くことができるとして高く評価を受けたから」52 文字。

解答例 3「巫女は神の声を聞くことができ，また人間の希望を神に伝える重要な仕事であり，地位も高かった。女性が社会的な活動をする社会で，女性の地位は重要だった」72 文字。

解答例 4「家は女性が継ぐ風習があり，男性が女性の家に住む構造だったため，女性の地位が重要だったから」44 文字。

解答例 5「平安時代の貴族は，自分の家系を継いでもらう必要があったため，地位の高い女性を求めた」41 文字。

標準解答例「分業により，男性が外での仕事，女性が家事，子供の養育とかいう家庭の仕事を分業していた」42 文字。

2）服藤早苗「権力を発揮していた平安の女性たち——性差を超えた，歴史の見方とは——[6)]」総文字数：2,989。選んだ学生の数：51 名。

大学教授の執筆したものである。

解答例 1「摂関政治の全盛期，天皇の母親である『国母』は政治の表舞台には出ない代わりに，父や兄弟を摂関として代行させていた。つまり裏でかなりの権力を持って国をコントロールしていたから」85 文字。

解答例 2「この頃の貴族の家はいまでいう会社みたいなもの。女性は政治の立場である朝廷ではなく，家という会社を支える副社長や専務として腕を振るっていたから」65 文字。

解答例3「家という概念が生まれた平安時代において，夫は『朝廷』で働き，女性は『家』を支えることとなったから」48文字。

3）「平安時代の女性は，どんな生活を送っていたの⁉[7]」総文字数：3,016。選んだ学生の数：25名。

歴史の人物，城，戦，ミステリーを平易な文章で説明してあるサイトである。

解答例1「平安時代の貴族社会では，一夫多妻ですが本妻は一人しか持てません。そして官位が高く権力を持った家柄の女性と結婚すれば地位を得られるために女性の地位は重要である」78文字。

解答例2「一夫多妻の世だが，正妻は一人だけしか許されておらず，正妻として選ばれるには，家柄や知性が重視だった」49文字。

解答例3「平安時代は一夫多妻の世でした。多くの女性を養うことができることこそが，当時の社会ではステータスとなっていたから」55文字。

4）平安時代Campusウェブサイト『平安時代の貴族たちはどのような暮らしをしていたのか？[8]』総文字数：1,552。選んだ学生の数：4名。

目次をもち，多くの項目に分かれ，平安時代の内容を網羅して説明している。

解答例1「一夫多妻制で，正妻は一人のみでした。家柄や知性が重視され，天皇家に近かったり官位が高かったりする家柄の女性は，正妻として迎えられてそれなりの地位を得た」75文字。

解答例2「一夫多妻制で，通い婚でした。正妻は一人のみでそれ以外は「めかけ」でした。家柄や知性が重視され，天皇家に近かったり官位が高くて権力を持っていたりする家柄の女性は，正妻として迎えられてそれなりの地位を得た」100文字。

5）④BUSHOOO!JAPANウェブサイト『平安時代の女官って？ 尚侍・典侍・掌侍や女孺・女蔵人などを解説[9]』総文字数：3,298。選んだ学生の数：4名。

日本初の戦国ポータルサイトであるが，このページでは尚侍，典侍，掌侍，女孺，女蔵人など平安時代の女官についての説明をおこなっている。

解答例1「女官とは『女性の官僚』のことで，江戸でいう大奥みたいなもので

ある。身分の高い人に仕えていた女性使用人を女房と呼んだ」57文字。

　解答例2「基本的に天皇の事務を補助したり，祭事に携わったりする女性もいるので地位は高い」38文字。

　6）終活ねっとウェブサイト『平安時代の女性はどんな生活をしていた？　お風呂には入らない?![10]』総文字数：2,147。選んだ学生の数：3名。

　株式会社終活ねっとは教養講座的に平安時代について解説しているサイトである。

　解答例1「女性は，蝶よ花よと育てられ，自由に動くことができなかった。平安時代は一夫多妻制であり，男たちの嫉妬が渦巻くほど女性を求めていたから」45文字。

　解答例2「一夫多妻制であり，正妻以外は妾と呼ばれた。正妻になるには家柄，知性といった要素が重視されたから」47文字。

　標準解答例「一夫多妻制であり，正妻と妾が存在し，正妻は邸内に住むことが許され，妾は通い婚で結婚していたから」47文字。

　7）向井啓二「〜古代の女性史（2）〜—平安時代の女性たち—[11]」morikadoネットウェブサイト，総文字数：2,488。選んだ学生の数：2名。

　守口市・門真市を中心に，京阪沿線に縁のあるお店・会社，イベント，人々の投稿などを集めたサイトである。向井啓二が執筆していることも明記してある。

　解答例1「貴族の婚姻は，妻問い婚，つまり，家は母から娘（とその夫）さらに孫娘へと受け継がれていくことになっていました。同居する場所は妻の家ですから，女性の地位が高いことに変わりはありません。ですから財産は妻と娘に譲られるのです」108文字。

　解答例2「妻問い婚であり，娘から孫娘へと受け継がれていく。同居する場所は妻の家で，財産は妻と娘に譲られるのだから，女性の地位は高い」62文字。

　8）Exciteニュースウェブサイト『日本では女性の地位が低いって？「レディースデー」や「女性専用車両」があるのに・・・＝中国[12]』総文字数：991。選んだ学生の数：1名。

サーチナに掲載されたニュースを再掲したものであり，男性が不便や不利益を被っているケースが多いことを紹介し，海外のイメージがどうであれ，日本は女性にとって過ごしやすい社会であると結論付けている。

解答例「女性専用フロア，男女兼用トイレ，メンズデー，電車の男性専用車両など，日本において男性差別は多く存在する。したがって男女差別はいまでも存在する」69文字。

9）honcierge ウェブサイト『5分でわかる平安時代！政治や文化の特徴は？主な人物もわかりやすく解説！[13]』総文字数：1,958。選んだ学生の数：1名。

平安時代の政治，文化，主な人物を簡単に説明したサイトである。

解答例「多くの貴族は白米や魚を食べ，寝殿造りという立派な屋敷に住んでいた。一方，庶民はヒエやアワ，雑草などを食べ，竪穴式住居に住んでいた。貴族との生活に差があった」77文字。

10）学研キッズネットウェブサイト『平安時代の貴族は，どんなくらしをしていたの[14]』総文字数：2,498。選んだ学生の数：1名。

平安時代の貴族のくらしについて平易な文章で書かれたサイトである。

解答例「貴族社会で生きていくには男性も女性もいろいろな教養を身に付けておくことが必要だった。遊びや宴会で集まるとき，和歌や楽器，演奏，舞いを披露しあっていたため，紫式部や清少納言のような才女が現れた」95文字。

論文等に引用できそうなウェブサイトを利用した学生は計150名（82.9％）であった。つぎに，それ以外の31名について説明する。

11）Yahoo! 知恵袋ウェブサイト『平安時代，女性の地位はどのようなものであったのでしょうか？扱いはどうでしょうか？江戸時代とは違いますよね？詳しく教えて下さい[15]』総文字数：317。選んだ学生の数：12名。

Yahoo! 知恵袋ウェブサイト等の解答は，解答者の知識レベルや本気度に左右される傾向があり，当たり外れが非常に大きいため過度な信用は禁物である。解答数の多寡についても留意し，解答数が少ない場合には気を付ける必要がある。

　解答例「息子 → 相続権なし。金持ち娘と結婚して妻に生活の面倒を見てもらい，親と妻の親に協力してもらって出世させてもらう。

　娘 → 相続権あり。親から財産を受け継ぎ，そのお金で夫を養う。生活費は全額妻負担のため，夫に従う必要なし。嫌になったら別れる。再婚は自由。同じように新しい夫の面倒を見る」137 文字。

　12）Hatena ブログ「女性の地位と結婚の形」『凡人は歴史に学ぶ [16]』総文字数：837。選んだ学生の数：2 名。

　ブログも執筆者の知識レベルに依存するため，当たり外れが大きい。そのため，過度な信用は禁物である。

　解答例 1「男性が女性の家を訪問するようになった理由は，大切な労働力である女性を実家から出さないという考え方である。その扱いから女性が大切な存在であることがわかるから」77 文字。

　解答例 2「妻問い婚とは，夜になって男性が女性の家を訪問し，翌朝の暗いうちに帰るという結婚の形だが，それを正式に認めた上での婿取り婚に変わっていった。これは，朝になると帰ってしまう男を昼間も居続けさせ，労働力として使おうという発想」109 文字。

　13）Biglobe ウェブリブログ，山口藤造「平安時代の女性の地位は低かった [17]」総文字数：7,959。選んだ学生の数：2 名。

　このウェブサイトの内容は今昔物語集や大和物語のなかから悲惨な女性の話を紹介している。

　解答例「女性の地位は低い」8 文字。

　14）Excite ブログ「日本人の家族形態の特徴である『母系家族』の由来と経過 [18]」『コンセプト思考術オープンソース』総文字数：18,192。選んだ学生の数：1 名。

　解答例「命を生み出す女性である母が家長であり，成人すると男子が家を出ていき，娘が家に残って跡を継いだから」48 文字。

　平安時代だけでなく，内容が先史時代から延々と続くため非常に長文であり読

94 ──◎

みづらい。しかし，18,192 文字を丹念に読む根気があれば以下のような解答を導きだすことも可能である。

解答例 2「貴族社会では我が子を英才教育するよりも，朝廷で官職につく男を獲得して出世しようとした。通い婚で結婚に至るまでの経過では，複数の婿候補の夜這いが受け入れられ，子供の本当の父親かどうかに関わらず，一番有望な男を娘の婿とした」109 文字。

Wikipedia を利用した人が 3 名。最近の Wikipedia は内容もよいため，必ずしも悪いとはいえない。ただ単語単体の意味を調べる場合ならいざ知らず，このような文章問題では利用が難しいと思われる。

15) Wikipedia ウェブサイト「貴族 [19]」総文字数：7,374。選んだ学生の数：1 名。「貴族社会」を検索ワードにしたが，Wikipedia 内にそのような言葉が存在しないため「貴族」しか閲覧できなかったものである。

解答例「貴族とは，特権を備えた名誉や称号を持ち，それ故に他の社会階級の人々と明確に区別された社会階層に属する集団」52 文字。

16) Wikipedia ウェブサイト「平安貴族 [20]」総文字数：2,486。選んだ学生の数：1 名。

解答例「平安時代の貴族をさす概念で，平安中期，後期にかけて貴族層による政治的，社会経済的，文化的支配が展開したため，女性も同時期の貴族を表すための用語として使われることが多い」83 文字。

17) Wikipedia ウェブサイト「平安時代 [21]」総文字数：11,937。選んだ学生の数：1 名。

解答例 1「平安時代とは，延暦 13 年（794 年）から文治元年（1185 年）または建久 3 年（1192 年）頃のことであり，日本の歴史の時代区分の一つである」60 文字。

11,937 文字を丹念に読む根気があれば以下のような解答を導きだすことも可能である。

解答例 2「枕草子や源氏物語に代表される女性貴族の時代で，摂関家の娘と天

皇との婚姻で外祖父の藤原氏の女系が重視される女性の時代だった。和歌・貴族
生活の日記・恋愛物語の女流貴族文学の隆盛などの国文学が繁栄して貴族文化が
誕生した」106 文字。

18）解答なし，11 名。

問いにたいする解答を導き出すために有用かどうかを問題にしており，ウェブ
サイトの優劣について論じているわけではないことを重ねて断わっておく。

（5）解答の分類と考察

　新井は簡単に解答できそうに記していたが，なかなかの難問であることが読み
取れる。この問題は「女性の地位も重要である理由」を聞いているのであって，
「女性の地位が高い理由」や「女性の地位が低い理由」などは聞いていない。
　平安前期は女性の地位が高かった時代としてわたしは認識しているが，明治時
代以降の印象が強いためか女性の地位は低いはずであるとの思いこみからの解答
が目につく。わたしの学生時代にはエジプトのピラミッドは奴隷が建設したと授
業で習ったが，いまは労働者に収穫がない時の社会保障として王がおこなったと
いう説が有力である[22]。思い込みで解答するのは厳に慎むべきである。
　学生たちの解答を分類すると以下のものになる。

A）「結婚制度が整い分業化され，女性はいまでいう会社のような「家」を支
　　える役目を担ったから」42 文字。
B）「母系社会であり，財産相続はすべて女性だったから」23 文字。
C）「巫女は神の声を聞けるとして，とても高い地位だったから」26 文字。
D）「摂関政治の全盛期，天皇の母親である『国母』は政治の表舞台には出な
　　い代わりに，裏でかなりの権力を持って国をコントロールしていたから」
　　64 文字。
E）「男性の地位は女性の家柄によってすべて決まっていたから」26 文字。
F）「貴族社会で生きていくには男性も女性もいろいろな教養を身に付けてお
　　くことが必要だった。遊びや宴会で集まるとき，和歌や楽器，演奏，舞い

を披露しあっていたため，紫式部や清少納言のような才女が現れた」95
文字。

G）「男性が女性の家を訪問するようになった理由は，大切な労働力である女
性を実家から出さないという考え方である。その扱いから女性が大切な存
在であることがわかる」75 文字。

これらの解答を見ると，「女性の地位も重要だった」という文言を「女性の地
位は高かった」「女性には立派な人がいた」「女性は大切な存在だった」などと解
釈しているかのような解答もある。これらは探すべきものを錯誤したまま検索し
た蓋然性が高い。

調べ学習においてまず気を付けなければならないのは，問題文をきちんと理解
しているかどうかである。当然であるが，題意を取り間違えていては正答を導き
出すことはできない。またウェブサイトの速読および理解が困難な学生も多かっ
た。11 人の無解答の学生のうち，正しいウェブサイトにたどりつけそうな検索
ワードをもちいた学生は 8 人（72.7％）である。彼らにとっては図書館で調べ物
をしてもよいといわれても糸口がつかめない状態なのかもしれない。Web 調べ
学習をするには多くの能力が必要なことが読み取れる。

「一夫多妻制であり，側室ではなく正妻になるには容姿よりも家柄や知性とい
った要素が重要だった」という文章は正答に近いとは思うが，厳密にいえば正し
くない。これを女性目線から男性目線の文章に変え，内容を平易な文章に改め
るとつぎの文章となる。「自らの家柄が高い場合を除けば，出世の道はほとんど
ない。身分や家柄の高い女性を妻にめとることが生き残る唯一の道であったため
（結婚相手の）女性の地位は重要であった」79 文字。

2── 検索方法について

（1）検索技術について

Web 検索において，知っておいたほうがよいと思われる機能について紹介する。

① AND 検索

検索をするときに「平安時代　女性」のように，スペースを空けて検索ワード

を並べると AND 機能になり，検索範囲が狭まる。検索ワードを多くすると，より検索範囲を狭めることができる。

② OR 検索

徳川家康か豊臣秀吉のどちらでもいいからよさそうな文献を調べたい場合には「徳川家康　OR　豊臣秀吉」のように OR 機能をもちいるとよい。

③ マイナス検索

徳川家康以外の戦国武将を調べたい場合は「戦国武将 - 徳川家康」のようにマイナス検索をもちいるとよい [23]。

④ 完全一致検索

Web 検索は基本的に部分一致検索（あいまい検索）であり，ゆらぎを持っている [24]。そこできちんと完全一致させたい場合は「"徳川家康"」のようにダブルコーテーションで囲むとよい。

⑤ ワイルドカード

滝川一益を検索するのに「滝川〇益」としか覚えていなかった場合に，「滝川*益」とアスタリスクをもちいてワイルドカード検索をもちいるとよい [25]。

（2）検索結果一覧について

実際の検索ワードを入れて検索した結果どのようなウェブサイトが出現したのかを検証する。

「平安時代　女性　地位」を Google 検索ならびに Yahoo 検索した結果が**図表5－2**であり，約4か月経過して表示順がどのように変化したのかを調査した結果が**図表5－3**である。大きく様変わりし，3つのウェブサイト等が入れ替わっている。新しく入ってきたのが，5) 日本での男女不平等問題の歴史，現状，そして今後の展望 [26]，7) 平安時代。日本の女性相続，女流作家，母系相続図 [27]，9) おけいはんネット「第 66 回　京の女流文学 [28]」，である。

検索結果をもちいるのであれば，表の作成等は同時期にすることが肝要であり，いつ検索したのかを明記する必要もある。

これだけ極端な検索ワードをもちいるとさすがに検索結果に変化がみられる。Google 検索と Yahoo 検索によって若干の差異はあるもののほとんど表示順が同じであった。**図表5－2**において上位 10 位までに入っていたウェブサイト等が

図表5－2 「平安時代　女性　地位」による検索結果【2019年7月検索】

No.	タイトル	学生数	種別	検索3	検索4
1	1 ②シャジニナ・ハンナ「日本女性の社会地位に関する歴史的研究」	57	論文	2	2
2	中学校社会歴史／平安時代─ Wikibooks	0	ウィキブックス		
3	2 ①服藤早苗「権力を発揮していた平安の女性たち──性差を超えた, 歴史の見方とは──」at home こだわりアカデミー	51	ウェブサイト	1	1
4	Wikipedia ウェブサイト「平安時代」,	1	ウィキペディア		
5	平安時代の貴族が日記を書いた理由とは？─Z会	0	ウェブサイト		
6	「ヘンタイよいこ」新井紀子は明日への希望を忘れない	0	ウェブサイト		
7	サブテキスト　奈良大学	0	ウェブサイト		
8	文学科　歴史文化コース専門教育科目（3年次編入　東京聖徳学園）	0	ウェブサイト		
9	「読み比べ」の一試案─山梨県総合教育センター	0	ウェブサイト		
10	社会科授業のあらゆる場面へのサポートをご紹介します。─帝国書院	0	ウェブサイト		

（注意）検索1とは Google をもちいて検索した結果である。
（注意）検索2とは Yahoo をもちいて検索した結果である。
（出典）本書筆者作成, 2019年7月14日検索。

図表5－3 「平安時代　女性　地位」による検索結果【2019年11月検索】

No.	タイトル	学生数	種別	検索1	検索2
2	服藤早苗「権力を発揮していた平安の女性たち──性差を超えた, 歴史の見方とは──」at home こだわりアカデミー	51	ウェブサイト	1	1
1	シャジニナ・ハンナ「日本女性の社会地位に関する歴史的研究」	57	論文	2	2
9	BUSHOOO!JAPAN ウェブサイト「平安時代の女官って？尚侍・典侍・掌侍や女孺・女蔵人などを解説」	2	ウェブサイト	3	4
8	morikado ネットウェブサイト「〜古代の女性史（2）〜─平安時代の女性たち─」『向井啓二の日本史』	2	ウェブサイト	4	5
17	日本での男女不平等問題の歴史, 現状, そして今後の展望…	0		5	3
10	Biglobe ウェブリブログ「平安時代の女性の地位は低かった」	2	ブログ	6	6
18	平安時代。日本の女性相続, 女流作家, 母系女系図…	0		7	7
6	終活ねっとウェブサイト「平安時代の女性はどんな生活をしていた？お風呂には入らない?!」	5	ウェブサイト	8	8
21	おけいはんねっと「京の女流文学」	0		9	10
4	Yahoo! 知恵袋ウェブサイト「平安時代, 女性の地位はどのようなものであったのでしょうか？扱いはどうでしょうか？…	12	知恵袋	10	11

（注意）検索1とは Google をもちいて検索した結果である。
（注意）検索2とは Yahoo をもちいて検索した結果である。
（出典）本書筆者作成, 2019年11月17日検索。

図表5－4では2つしか入っていない。代わりに入ってきたのが, 2) 中学校社会歴史／平安時代 [29], 5) 平安時代の貴族が日記を書いた理由とは？[30], 6)「ヘンタイよいこ」新井紀子は明日への希望を忘れない [31], 7) サブテキスト奈良大学 [32], 8) 文学科歴史文化コース専門教育科目 [33], 9)「読み比べ」の一試案 [34], 10) 社会科

図表 5 － 4　「平安時代の貴族社会では，女性の地位も重要だった理由を，当時の家族習慣
　　　　　　および政治の構造から述べよ」による検索結果【2019 年 11 月検索】

No.	タイトル	学生数	種別	検索 3	検索 4
1	1 ②シャジニナ・ハンナ「日本女性の社会地位に関する歴史的研究」	57	論文	2	2
2	中学校社会歴史 / 平安時代 -Wikibooks	0	ウィキブックス		
3	2 ①服藤早苗「権力を発揮していた平安の女性たち──性差を超えた，歴史の見方とは──」at home こだわりアカデミー	51	ウェブサイト	1	1
4	Wikipedia ウェブサイト「平安時代」.	1	ウィキペディア		
5	平安時代の貴族が日記を書いた理由とは？─ Z 会	0	ウェブサイト		
6	「ヘンタイよいこ」新井紀子は明日への希望を忘れない	0	ウェブサイト		
7	サブテキスト　奈良大学	0	ウェブサイト		
8	文学科　歴史文化コース専門教育科目（3 年次編入　東京聖徳学園）	0	ウェブサイト		
9	「読み比べ」の一試案─山梨県総合教育センター	0	ウェブサイト		
10	社会科授業のあらゆる場面へのサポートをご紹介します。─帝国書院	0	ウェブサイト		

（注意）検索 3 とは Google をもちいて検索した結果である。
（注意）検索 4 とは Yahoo をもちいて検索した結果である。
（出典）本書筆者作成，2019 年 11 月 17 日検索。

授業のあらゆる場面へのサポートをご紹介します [35)]，の各サイトである。

（3）表示順についての考察

　ここで 1 つの疑問を抱く。なぜ Google や Yahoo 等の検索サイトによるウェブ検索はコンピュータ等での検索結果とは大きく異なっているのか。長文ワードによる検索結果の表示順で新しく出現したウェブサイトの内訳は，大学通信教育学部のシラバスが 2 つ，通信教育のサイトが 1 つ，出版社の商品カタログが 1 つ，教育センターの教材まとめが 1 つ，そしてウェブサイトが 1 つである。内容の偏りにも違和感はあるが，もっとも疑問に感じるのは検索ワードとまったく同じ文章を含む新井紀子の記事が 6 位にしかエントリーされていないことである。完全一致で検索すれば当然 1 つしかでてこない。しかしあいまい検索とはいえ 6 位という結果は腑に落ちない。ホテルを予約しようと「じゃらん」と Yahoo 検索してもなぜか 1 番上ではなく，3 番目にしか表示されない（**図表 5 － 5**）[36)]。これはなぜだろうか。

　図表 5 － 6 ならびに**図表 5 － 7** は「平安時代の貴族社会では，女性の地位も重要だった理由を，当時の家族習慣および政治の構造から述べよ」という長い 1 語で検索した結果のスクリーンショットの一部である。途中が省略され，一部しか

図表 5 − 5 「じゃらん」と検索したときの表示順【Yahoo 検索】

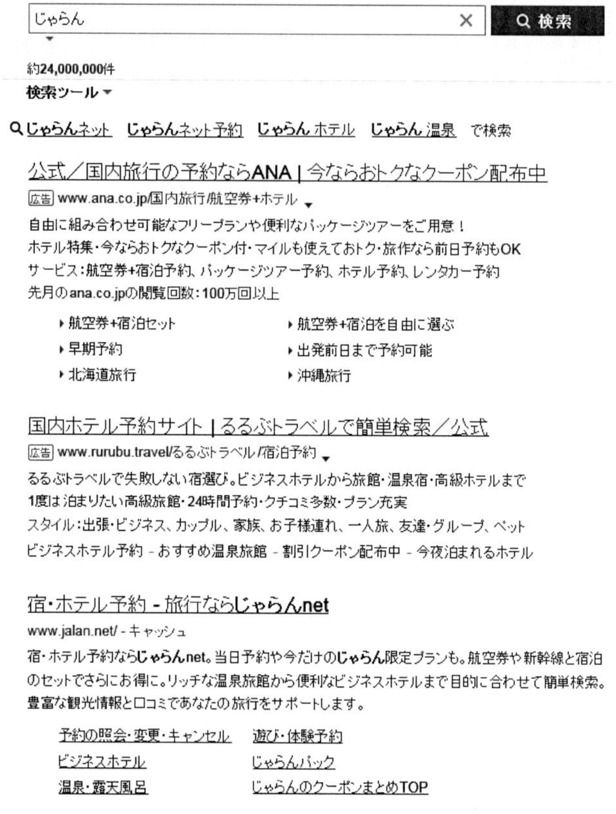

（出典）本書筆者作成。2019 年 11 月 23 日検索。

　見ることはできないが太字の箇所が検索の結果ヒットした箇所だと推察される。
　Google 検索においてヒットしたワードは，最初のウェブサイトが順に「女性」「家族」「社会」「習慣」「理由」「地位から」「平安時代」「貴族」「政治」であり，もう 1 つのウェブサイトが「平安時代」「貴族」「時代」「から」「政治」「理由」「では」である。一方で Yahoo 検索においてヒットしたワードは，最初のウェブサイトが順に「女性」「家族」「社会」「習慣」「理由」「地位から」「貴族」「政治」「では」であり，もう 1 つのウェブサイトが「平安時代」「貴族」「時代」「から」「政治」「だった」「理由」「では」である（重複を除く）。Yahoo 検索のほうが多くヒットしているが大差はない。両者ともに「から」「では」「だった」などの検索

図表５－６「平安時代の貴族社会では，女性の地位も重要だった理由を，当時の家族習慣および政治の構造から述べよ」で検索した場合のスクリーンショットの一部【Google 検索】

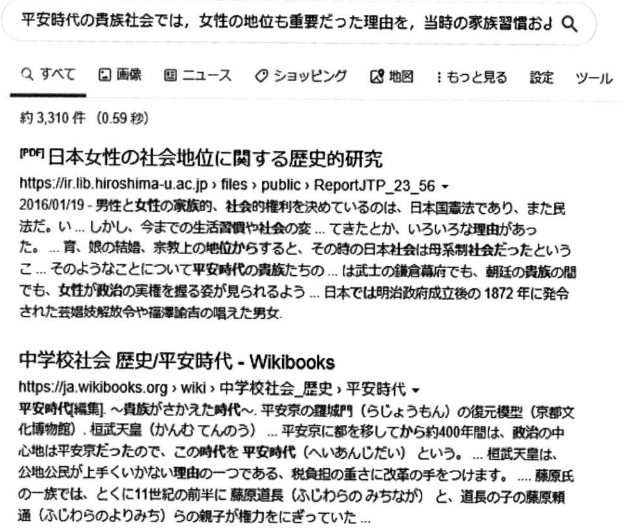
平安時代の貴族社会では，女性の地位も重要だった理由を，当時の家族習慣およ

すべて　画像　ニュース　ショッピング　地図　もっと見る　設定　ツール

約 3,310 件（0.59 秒）

[PDF] 日本女性の社会地位に関する歴史的研究
https://ir.lib.hiroshima-u.ac.jp › files › public › ReportJTP_23_56
2016/01/19 - 男性と女性の家族的、社会的権利を決めているのは、日本国憲法であり、また民法だ。い ... しかし、今までの生活習慣や社会の変 ... てきたとか、いろいろな理由があった。 ... 育、娘の結婚、宗教上の地位からすると、その時の日本社会は母系制社会だったというこ ... そのようなことについて平安時代の貴族たちの ... は武士の鎌倉幕府でも、朝廷の貴族の間でも、女性が政治の実権を握る姿が見られるよう ... 日本では明治政府成立後の 1872 年に発令された芸娼妓解放令や福澤諭吉の唱えた男女.

中学校社会 歴史/平安時代 - Wikibooks
https://ja.wikibooks.org › wiki › 中学校社会_歴史 › 平安時代
平安時代[編集]. ～貴族がさかえた時代～. 平安京の羅城門（らじょうもん）の復元模型（京都文化博物館）. 桓武天皇（かんむ てんのう） ... 平安京に都を移してから約400年間は、政治の中心地は平安京だったので、この時代を 平安時代（へいあんじだい） という。 ... 桓武天皇は、公地公民が上手くいかない理由の一つである、税負担の重さに改革の手をつけます。 .... 藤原氏の一族では、とくに11世紀の前半に 藤原道長（ふじわらの みちなが） と、道長の子の藤原頼通（ふじわらのよりみち）らの親子が権力をにぎっていた ...

（出典）本書筆者作成，2019 年 11 月 17 日検索。

図表５－７「平安時代の貴族社会では，女性の地位も重要だった理由を，当時の家族習慣および政治の構造から述べよ」で検索した場合のスクリーンショットの一部【Yahoo 検索】

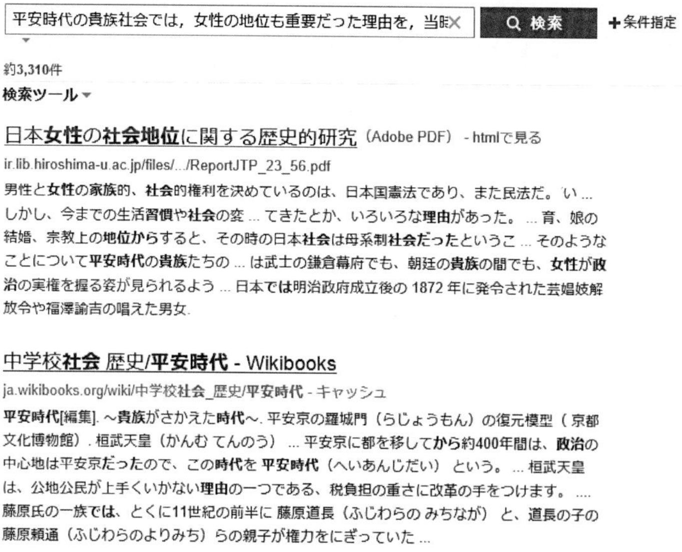
平安時代の貴族社会では，女性の地位も重要だった理由を，当時　検索　＋条件指定

約3,310件
検索ツール

日本女性の社会地位に関する歴史的研究（Adobe PDF） - htmlで見る
ir.lib.hiroshima-u.ac.jp/files/.../ReportJTP_23_56.pdf
男性と女性の家族的、社会的権利を決めているのは、日本国憲法であり、また民法だ。い ... しかし、今までの生活習慣や社会の変 ... てきたとか、いろいろな理由があった。 ... 育、娘の結婚、宗教上の地位からすると、その時の日本社会は母系制社会だったというこ ... そのようなことについて平安時代の貴族たちの ... は武士の鎌倉幕府でも、朝廷の貴族の間でも、女性が政治の実権を握る姿が見られるよう ... 日本では明治政府成立後の 1872 年に発令された芸娼妓解放令や福澤諭吉の唱えた男女.

中学校社会 歴史/平安時代 - Wikibooks
ja.wikibooks.org/wiki/中学校社会_歴史/平安時代 - キャッシュ
平安時代[編集]. ～貴族がさかえた時代～. 平安京の羅城門（らじょうもん）の復元模型（ 京都文化博物館）. 桓武天皇（かんむ てんのう） ... 平安京に都を移してから約400年間は、政治の中心地は平安京だったので、この時代を 平安時代（へいあんじだい） という。 ... 桓武天皇は、公地公民が上手くいかない理由の一つである、税負担の重さに改革の手をつけます。 .... 藤原氏の一族では、とくに11世紀の前半に 藤原道長（ふじわらの みちなが） と、道長の子の藤原頼通（ふじわらのよりみち）らの親子が権力をにぎっていた ...

（出典）本書筆者作成，2019 年 11 月 17 日検索。

ワードとして不適切なものが含まれている。これが現在の AI が持つ自動的な検索ワード作成機能の実力ともいえる。正しい結果を求めたい場合は AI 任せにせずに自分で検索ワードを適切に設定する必要があろう。

3── 表示順の恣意的な入替え問題について

（1）グルメサイト比較

　外食する際に「ぐるなび」「食べログ」「ホットペッパーグルメ」「Retty」などで検索してから食事をする人も多いだろう。そこで，4 つのグルメサイトを簡単に比較してみる（**図表 5 − 8**）。

図表 5 − 8　4 つのグルメサイトの比較表

サイト	登録店舗数	利用者数	クーポン	費用
ぐるなび	約 16 万件 ※有料店舗 約 6 万店	利用者数：6,500 人／月 会員数：1,500 万人	あり	プラン 3 種類 無料〜
食べログ	約 87 万件 ※有料店舗 約 2.6 万店	利用者数：1 億 4 千万人／月 有料会員：160 万人	あり	プラン 4 種類 10,000 円〜 100,000 円
ホットペッパーグルメ	約 9 万件	ネット予約数： 7,170 万人／年（利用者は より多いと予想）	あり	プラン 5 種類 要問合せ
Retty	約 80 万件	月間 3,000 万人 / 月	あり	プラン 3 種類 16,000 円〜

（出典）店舗経営レシピブックウェブサイト『【2019 年最新版】飲食店が登録するおすすめのグルメサイトは？ぐるなび，食べログ，ホットペッパーグルメ，Retty を比較』，https://recipe-book.ubiregi.com/articles/gourmet-site-hikaku/，［2022 年 12 月 19 日閲覧］。

（2）食べログ問題 2012

　どこのグルメサイトも一般の店の利用者から利用料金を徴収することはなく，飲食店のみから利用料金を徴収するという業務形態である。グルメサイトは基本的には，店の利用者からの 5 点満点のポイント（評点）と口コミ投稿を掲載することで，利用者のニーズにあった店舗を容易に検索できるようにして始まった。利用者からの評点と口コミで表示順が決まるという単純なシステムは非常に理解しやすい反面，不正を招きやすいという一面も持っている。その問題点が顕在化

したのが，2012 年，業者から勧誘を受けた店が業者に依頼して不正に好意的な書き込みをしてもらっていたといういわゆる「食べログ問題」である。

消費者庁は，情報操作を働きかけたとされる「口コミ代行業者」2 社に聞き取り調査を実施し，さらに書き込み依頼の可能性がある飲食店を経営する 14 事業者を調べた結果，4 事業者が書き込み依頼を認めた。この口コミ操作にたいして，消費者庁が，口コミ情報を掲載するサイトに関しては 2011 年 10 月，実際よりも「著しく優良」と誤解される書き込みは景品表示法（以下，景表法）で問題になると注意を呼びかけた[37]。

景表法上では，行政処分の対象は，不正な投稿をした業者ではなく，書き込みを依頼し「商品の役務を提供する事業者側である[38]」とされる。しかし 2012 年に消費者庁は，本件について景表法違反での処分を検討したが困難であるとの見解を示した[39]。

（3）食べログ問題 2016

この事件以来，口コミ操作は沈静化していたが，2016 年に食べログは自社の提供する予約サービスを利用しないと，サイトでの表示順が落ちると店舗に通達し，利用しなかった店舗は実際に評価を一律に 3.0 に下げたのではないかという疑惑をもたれている。運営会社であるカカクコムによると，点数は投稿者の「食通度合い」で影響度を変えるなど独自の方法で算出し，全店を対象に算出方法を見直しているため，予約サービス利用の有無には関係ないとした。しかし「食通度合い」の判断基準など詳しい算出方法は，飲食店がサクラを雇って点数を引き上げるといった「やらせ」（2012 年食べログ問題）を防ぐため，非公開になっている[40]。

騒動について，カカクコム側は取材に「説明に足りない部分があったことが一因」とし，点数の考え方・見方などについて「近日中にこれまで以上にわかりやすく説明する予定」と回答し，現在，評価点数を算出するアルゴリズム（計算手順）の見直しをおこない，つぎのような 4 つの方針を表明し，点数の見方（図表 5 − 9）について詳細に説明している[41]。

1）ユーザー影響度を加味している。

食べログの点数は単純平均ではなく，食べログで多くの投稿をしているなど経

図表 5 - 9　食べログにおける点数の見方について

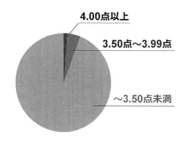

お店の点数分布

4.00点以上
3.50点～3.99点
～3.50点未満

概ね ★**4.00点以上** （全体のTOP500前後）

食べ歩き経験の豊富な食べログユーザーの多くが
高い評価をつけたお店。満足できる確率のとても高いお店。

概ね ★**3.50点以上、4.00点未満** （全体のTOP約3%）

多くの食べログユーザーに人気のお店。満足できる確率の高いお店。

概ね ★**3.50点未満** （全体の約97%）

食べログユーザーの十分な評価がまだ集まっていないお店や評価が割れているお店。
―隠れた名店も多数存在し、将来3.5以上になる可能性があります―

（出典）食べログウェブサイト『点数の見方』，https://tabelog.com/help/score/，［2022 年 12 月
　　　19 日閲覧］。

験豊富な方の影響を大きくするという考え方のもと設計。

2）評価が集まらないと点数が上がらない

　影響度を持つユーザーからのより多くの高い評価が集まることで点数が上がる
仕組み。

3）不正対策

　上記1と2を中心とする点数の算出方法は非公開とし，常に見直しをおこなう。

4）点数更新

　点数は毎月第1火曜日と第3火曜日の原則月2回更新をおこなう。

（4）食べログ問題 2019

　お店を点数化することはわかりやすい反面，誤解や不正を生みやすい[42]。そ
こでぐるなびは，約6万店が加盟料（月額1万円～数十万円）を支払って，サイト
内に各店の「公式サイト」を掲載している。プランの料金が高いと，トップペー
ジの「歓送迎会に行きたいお店特集」などの特集に多く出ることができるという
仕組みに変更した。口コミもやらせやライバル店の悪口を書き込む可能性から別
ページに少ししか掲載しておらず，利用者からの評点は完全に排除している[43]。
要するにプラン料金を多く支払ってくれた店舗の露出が増えるという単純な方針
になっている。お店の利用者や善良な店舗経営者からすれば納得できないことで
あろうが，業務形態からすればある程度は致し方ないことである。どのようにし

て作成されているのかを，きちんと理解してから利用するべきであろう。

　グルメサイトの評点や検索結果の表示順などをめぐってサイト側が不当な要求をしていないか，公正取引委員会が独占禁止法違反の疑いで「食べログ」「ぐるなび」「ホットペッパーグルメ」などに 2019 年に実態調査を実施するなど，いまだにその根は深い [44)]。

4── 本章における結論

　調べ学習をするときには，①問題文の理解，②キーワードの抽出（要約含む），③ウェブサイトの速読および理解，④ウェブサイトの選択，⑤ウェブサイトの要約，といった活動をする必要がある。これらの活動のどれかがうまくできない場合はよい結果を得ることができない。調べ学習のための準備学習も必要であろう。

　一方で，Web 検索の癖にもまた慣れる必要があろう。「元始女性は太陽であった」という文章を探そうと思っても思い出せず，間違えて「古来」「女性」「太陽」を検索ワードとして，コンピュータの一般的な検索機能である「完全一致」で検索した場合，検索結果は「該当なし」，もしくは自分の欲していない誤った情報を得ることになるだろう。プログラマがそのような試行錯誤をした結果，あいまい検索のほうが最大多数の最大幸福につながると考えたと推論づける。

　しかし，あいまい検索であるということを知らないと誤った結果にたどりつくかもしれない。たとえば先ほどの「元始女性は太陽であった」という言葉も，「青鞜」発刊の辞の題名であり，冒頭の句は「元始，女性は実に太陽であった。（以下略） [45)]」である。もし，冒頭の句を得たいのであれば丹念にウェブサイト内の文章を読む必要や，検索した結果列挙されている他のウェブサイトを確認する必要もあろう。またあいまい検索であれば，「スマフォの利用状況」と検索しても，「スマホの利用状況」「スマートフォンの利用状況」「スマホの使用状況」など自分にとって必要な可能性のある結果が表示されるだろう。このようにきちんと理解して使用することが肝要である。

　YouTube などで動画を見ることに慣れている学生は，自分ひとりで読むことに慣れていないのかもしれない。説明書や教科書を読むことが不慣れである。教科書を読めないもしくは読むことに不慣れな学生は，実際に横について教科書を読

ませると「なんだ簡単じゃないですか」といったりする。最初からできるはずが
ないとの思い込みが強いせいだと推察される。

　また 2019 年 3 月にやけどの 3 歳女児を放置してパチンコをしていた母親の事
件があったが，そのときの母親の供述が「やけどをしたらラップを巻けばいいと
ネットで調べた[46]」というものだった。大やけどをした娘を病院に連れていかず，
Web 検索によって得た知識のみで手当てしていたのである。そんなことがある
はずがないとその時は思ったが，今回の調査で知恵袋やブログの内容を解答の手
掛かりにし，簡単に結果を得ようとした学生はその予備軍といえるのかもしれな
い。Web 調べ学習は簡単なようで意外に難しい。Web 調べ学習も安易におこな
うのではなく，きちんと準備や理解をしたうえで実践すべきである。どのような
学習行動を取れば Web 調べ学習能力を涵養できるかはつぎの章において説明し
ていきたい。

【注】

1 ）　文部科学省「現行の学習指導要領の成果と課題，見直しに関する意見（例）—社会・
　　　外国語・総合的な学習の時間—」『学習指導要領の見直しに当たっての検討課題』初
　　　等中等教育局教育課程課教育課程企画室，中央教育審議会初等中等教育分科会教育課
　　　程部会配布資料，資料 6，2017 年 8 月 8 日。
2 ）　RST とは「教科書や新聞，マニュアルや契約書などのドキュメントの意味およびその
　　　意図を，どれほど迅速かつ正確に読み取ることができるかの能力を測定するため」の
　　　テストである。
　　　　「リーディングスキルテストとは」『国立情報学研究所ニュースリリース（別紙 1)』
　　　大学共同利用機関法人　情報・システム研究機構　国立情報学研究所　社会共有知研
　　　究センター，2016 年 7 月 26 日。
3 ）　ワトソン（Watson）は，IBM が開発した質問応答システム・意思決定支援システム
　　　である。「人工知能」と紹介されることもあるが，IBM はワトソンを「Augmented
　　　Intelligence, 拡張知能」，自然言語を理解・学習し人間の意思決定を支援する『コグニ
　　　ティブ・コンピューティング・システム（Cognitive Computing System)』と定義して
　　　いる。ただし，IBM は「Augmented Intelligence」とは特に断りなく Watson のことを「AI」
　　　と紹介している。
　　　　Wikipedia ウェブサイト「ワトソン（コンピュータ)」，https://ja.wikipedia.org/wiki/,
　　　[2022 年 12 月 19 日閲覧]。
4 ）　新井紀子，早野龍五，糸井重里「『ヘンタイよいこ』新井紀子は明日への希望を忘れ
　　　ない（座談会)」『ほぼ日刊イトイ新聞』，https://www.1101.com/torobo_talk_arai/，2018
　　　年 5 月 18 日 [2022 年 12 月 19 日閲覧]。
5 ）　シャジニナ・ハンナ「日本女性の社会地位に関する歴史的研究」『広島大学　日本

語・日本文化研修プログラム研修レポート集』，（https://ir.lib.hiroshima-u.ac.jp/files/public/3/38811/20160119101816722020/ReportJTP_23_56.pdf），2016 年 1 月，56-71 頁。

6）服藤早苗「権力を発揮していた平安の女性たち──性差を超えた，歴史の見方とは──」『at home こだわりアカデミー』，https://www.athome-academy.jp/archive/history/0000001033_all.html，2009 年 4 月，［2022 年 12 月 19 日閲覧］。

7）歴ペディアウェブサイト『平安時代の女性は，どんな生活を送っていたの !?』，https://rekisi-omosiroi.com/heianzidai-zyosei/，2018 年 6 月 15 日［2022 年 12 月 19 日閲覧］。

8）平安時代 Campus ウェブサイト『平安時代の貴族たちはどのような暮らしをしていたのか？』，http://heianjidai.com/kizoku.html，［2019 年 11 月 24 日閲覧］。

9）BUSHOOO! JAPAN ウェブサイト『平安時代の女官って？　尚侍・典侍・掌侍や女孺・女蔵人などを解説』，https://bushoojapan.com/jphistory/kodai/2019/05/02/110209，2019 年 5 月 2 日，［2022 年 12 月 19 日閲覧］。

10）終活ねっとウェブサイト『平安時代の女性はどんな生活をしていた？　お風呂には入らない?!』，https://syukatsulabo.jp/article/3662，2018 年 5 月 26 日［2019 年 11 月 24 日閲覧］。

11）morikado ネットウェブサイト「〜古代の女性史（2）〜─平安時代の女性たち─」『向井啓二の日本史』，http://morikado.net/culture-nihonshi/culture-nihonshi010.html，［2022 年 12 月 19 日閲覧］。

12）Excite ニュースウェブサイト『日本では女性の地位が低いって？「レディースデー」や「女性専用車両」があるのに・・・＝中国』，https://www.excite.co.jp/news/article/Searchina_20170314028/，2017 年 3 月 14 日，［2022 年 12 月 19 日閲覧］。

13）honcierge ウェブサイト『5 分でわかる平安時代！政治や文化の特徴は？主な人物もわかりやすく解説！』，https://honcierge.jp/articles/shelf_story/5737，2018 年 3 月 25 日，［2022 年 12 月 19 日閲覧］。

14）学研キッズネットウェブサイト「平安時代の貴族は，どんなくらしをしていたの」『学研教育情報資料センター』，https://kids.gakken.co.jp/box/syakai/06/pdf/B026106010.pdf，［2022 年 12 月 19 日閲覧］。

15）Yahoo! 知恵袋ウェブサイト「平安時代，女性の地位はどのようなものであったのでしょうか？扱いはどうでしょうか？江戸時代とは違いますよね？詳しく教えて下さい」，https://detail.chiebukuro.yahoo.co.jp/qa/question_detail/q1263519252，2011 年 5 月 31 日，［2022 年 12 月 19 日閲覧］。

16）Hatena ブログ「女性の地位と結婚の形」『凡人は歴史に学ぶ』，https://bonjinrekisi.hatenablog.com/entry/2019/07/12/052534，2019 年 7 月 12 日，［2019 年 11 月 24 日閲覧］。

17）山口藤造「平安時代の女性の地位は低かった」『あなたの希望に光を』Biglobe ウェブリブログ（https://jama103dajo.at.webry.info/201011/article_1.html），2010 年 11 月 8 日，［2022 年 12 月 19 日閲覧］。

18）Excite ブログ「日本人の家族形態の特徴である『母系家族』の由来と経過」『コンセプト思考術オープンソース』，https://conceptos.exblog.jp/26044300/，［2022 年 12 月 19 日閲覧］。

19）Wikipedia ウェブサイト「貴族社会」，https://ja.wikipedia.org/wiki/%E8%B2%B4E6%97%8F，［2022 年 12 月 19 日閲覧］。

20）Wikipedia ウェブサイト「平安貴族」，https://ja.wikipedia.org/wiki/%E5%B9%B3%E5%A

E%89%E8%B2%B4%E6%97%8F，［2022 年 12 月 19 日閲覧］。

21）Wikipedia ウェブサイト「平安時代」，https://ja.wikipedia.org/wiki/%E5%B9%B3%E5%A
E%89%E6%99%82%E4%BB%A3，［2022 年 12 月 19 日閲覧］。

22）ロイターウェブサイト『ギザでピラミッド労働者の墓，「奴隷が建設」の通説覆す発
見』，https://jp.reuters.com/article/idJPJAPAN-13279920100111，2010 年 1 月 11 日，［2022
年 12 月 19 日閲覧］。

23）この説明は Google 検索におけるものであり，Yahoo 検索では「戦国武将　- 徳川家康」
のようにスペースを空けてもちいる。

24）Web 検索をするときは，きちんと覚えていない場合も多いので，完全一致にしている
と検索結果がゼロになってしまう場合も想定される。そうならないように工夫されて
いると推察される。

25）Google をもちいて「滝川」を検索ワードとした場合，16,600,000 件，「滝川」「益」の
2 つの場合 721,000 件，「滝川 * 益」の場合 823,000 件となった。一方 Yahoo をもち
いて「滝川」を検索ワードとした場合，19,000,000 件，「滝川」「益」の 2 つの場合
721,000 件，「滝川 * 益」の場合 823,000 件となった。
　　検索サイトによって差異はないが，ワイルドカードをもちいても件数が少なくなら
ないことに疑問を抱く結果となった。2019 年 11 月 18 日本書筆者検索結果による。

26）袁　逸欣「日本での男女不平等問題の歴史，現状，そして今後の展望」カーネギー
メロン大学（https://www.cmu.edu/dietrich/modlang/student-organizations/polyglot/s2018/
japanese/stella.pdf），2018 年［2019 年 11 月 24 日閲覧］。

27）Hatena ブログ「平安時代。日本の女性相続，女流作家，母系相続図」『日本の祖先神・
氏神の人神崇拝と普遍宗教の隣人愛信仰による 400 年宗教戦争。天皇の人道貢献と戦
争回避の平和努力』，https://nisikiyama2-14.hateblo.jp/entry/20180625/1529931092，2018
年 6 月 25 日［2022 年 12 月 19 日閲覧］。

28）京阪電車ウェブサイト「第 66 回京の女流文学」『おけいはんネット』，https://www.
okeihan.net/navi/kyoto_tsu/tsu201310.php，［2022 年 12 月 19 日閲覧］。

29）Wikibooks ウェブサイト「平安時代」『中学校社会歴史』，https://ja.wikibooks.org/wiki/
%E4%B8%AD%E5%AD%A6%E6%A0%A1%E7%A4%BE%E4%BC%9A_%E6%AD%B4
%E5%8F%B2/%E5%B9%B3%E5%AE%89%E6%99%82%E4%BB%A3，［2022 年 12 月 19 日
閲覧］。

30）Z 会ウェブサイト『平安時代の貴族が日記を書いた理由とは？』，https://www.zkai.
co.jp/wp-content/uploads/sites/14/2019/09/r670i6000000z2mp.pdf，2019 年 9 月［2022 年
12 月 19 日閲覧］。

31）新井紀子，早野龍五，糸井重里，前掲ウェブサイト［2022 年 12 月 19 日閲覧］。

32）奈良大学ウェブサイト『サブテキスト奈良大学（奈良大学通信教育学部学習指導書，
シラバス）』，http://www.nara-u.ac.jp/about/overview/disclosure/pdf/subtext_flcd_2019.pdf，
［2019 年 11 月 24 日閲覧］。

33）東京聖徳学園ウェブサイト『東京聖徳学園通信教育学部シラバス』，http://www.
seitoku.jp/tk/shirabasu/daigaku/bungaku/2013_b_10.pdf，［2022 年 12 月 19 日閲覧］。

34）山梨県総合教育センターウェブサイト『国語力』（教育センター実践結果まとめ），
http://www.kai.ed.jp/kokugoryoku/H16/H16kokugoryoku.pdf，［2019 年 11 月 24 日閲覧］。

35）帝国書院ウェブサイト『中学校社会科サポートハンドブック』（商品カタログ），

https://teikokushoin.co.jp/textbook/tenji/pdf/social_support_350.pdf, ［2019 年 11 月 24 日閲覧］。

36） Google 検索をした結果は正しく 1 番上に表示されたが，Bing 検索した結果は 6 番目に表示された。検索サイトによってかなりの差異があるようである。2019 年 11 月 24 日，本書筆者検索結果による。

37）「ネット口コミ，苦い味『食べログ』で評価操作，39 業者特定」『朝日新聞』2012 年 1 月 27 日，30 頁。

38）「景品表示法における違反事例集」消費者庁表示対策課，2016 年 2 月，4 頁。

39）「食べログ評価操作，処分『難しい』消費者庁」『朝日新聞』2012 年 3 月 29 日。

40）「食べログ点数にお店不信感　ネットで騒動に」『朝日新聞』2016 年 9 月 21 日。

41） 食べログウェブサイト『点数・ランキングについて』，https://tabelog.com/help/score/, ［2022 年 12 月 19 日閲覧］。

42） 食べログ公式ウェブサイトに「食べログでは飲食店向けに有料の集客サービスを提供していますが，有料集客サービスを利用しているかどうかが点数に影響することは一切ありません」と明記しているにもかかわらず，「評価 3.8 以上は年会費を払わなければ 3.6 に下げられる」という，いわゆる「食べログ 3.8 問題」は風評として根強い。

43） ホットペッパーグルメや Retty も同様に，利用者からの評点は排除している。またホットペッパーグルメは口コミ欄がなく，Retty の口コミ欄は店舗紹介とは別ページに存在しているのみである。恣意性があるとの疑惑をもたれることへの懸念からであろう。

　　HotPepper グルメウェブサイト，https://www.hotpepper.jp/, ［2019 年 11 月 24 日閲覧］。Retty ウェブサイト，https://retty.me/, ［2019 年 11 月 24 日閲覧］。

44）「グルメサイト，公取委調査　評点・表示順など実態問う」『朝日新聞』2019 年 10 月 3 日。

45） 苅部　直「第 13 回平塚らいてう『元始，女性は太陽であった』」『日本思想史の名著を読む』Web ちくまウェブサイト，http://www.webchikuma.jp/articles/-/1055, ［2022 年 12 月 19 日閲覧］。

46） FNNPrime ウェブサイト『「今は子供を見ると可愛いって思う」3 歳児放置の容疑者も…相談相手はネットだけ？深夜に書き込む母たちの"孤独"』，https://www.fnn.jp/posts/00434190HDK，2019 年 3 月 7 日 ［2019 年 11 月 24 日閲覧］。

第6章

読解力を涵養するアクティビティとは
—本学の実践を中心として—
---

1 —— 読解力と検索能力

（1）調べ学習における問題点

　調べ学習の問題点は AI によって解決できない。それは検索する側に問題点があるからである。その問題点については**第3章**ならびに**第5章**において詳細に検証し，説明したところである。

　第3章における基礎学力検査における数学の結果を考察すると，小数は理解できていないが，それ以外は能力のなさというよりも注意力のなさや根気のなさに起因する誤りが多いように感じられた。そしてそのことを小学校2，3年生の問題の正答率が低くなっている要因と結論付けたがそれでよかったのだろうか。英語の長文読解で，自分の知っている数単語から解答を導き出す学生は本書筆者の学生時代にも存在していた。しかし現代では，国語の文章題についてさえも，そのような解法をもちいる学生がいることに驚きを覚える。

　第5章における学生たちの解答を見ると，調べたウェブサイトのタイトルは多岐にわたっていた。不適当なウェブサイトを選んでいる学生が多いことから，短時間でななめ読みしおおよその意味を理解することが不得手な印象を受けた。そして幸運にも適切なウェブサイトを見つけることができたとしても問題文の意味を正しく理解できていないために正答を導き出すことはできない学生もまた多く存在した。それらを踏まえると，調べ学習の問題点を改善することは多岐にわたり，新井のいうほど容易な問題ではないと感じざるをえない。

　長い文章を読むのが苦手な学生がいることは教員の間でも以前からよく知られていた。数学の問題であろうと簿記の問題であろうとその内容が理解できないのではなく，長文を読む根気がないだけであると推察していた。しかしそれら

が AI 読みに起因している可能性は否定できない。数学の問題で，問題文中の数字を適当に拾い，掛けたり割ったりして解答したり，問題文を読むこともせずに図やグラフだけ眺めて解答を導き出す学生も同様である。RST の結果によれば，こうした教科書の文章を読解できない子どもは，全体の半分近くにのぼると推測されている。こうした問題で誤読をする学生は，目立つ単語を目で拾っているだけで，その単語と単語の結びつきや関係，それがどう機能しているかを読み取っていないのではないだろうか。それらの改善のためにひとつひとつ改善策を考えていきたい。

（2）基礎知識と検索能力

　歌手のさだまさしの代表曲に精霊流し[1]（しょうろうながし[2]）という歌がある。この歌のタイトルをなんとなく覚えている学生が「灯篭流し（とうろうながし）」といっているのを聞いて，「ネット検索をすれば間違っていることが判明するので，検索した結果を教えて下さい」といって調べさせた。その結果は「正しく出ました。合っていました。」という驚くべき返事であった。学生が「灯篭流し」「さだまさし」という 2 つの検索ワードで調べたところ，最初にヒットしたので正しいと認識したようであった。

　Google 等の検索サイトによる検索方法は完全一致検索ではなく部分一致検索（あいまい検索）であることを知らないと，このような勘違いもありうる。ちなみに完全一致検索とは検索サイトなどで見たいページを検索する際，検索ワードと完全に一致する文字列を含むページのみを検索結果に表示させるやり方のことであり，部分一致検索とは検索サイトなどで見たいページを検索する際，検索ワードに近い文字列や一部を含むページも検索結果に表示させるやり方のことである[3]。

　また，文章要約力が乏しい学生は，前述のように検索をするときに検索ワードを適切に見つけられない。このことばを検索するのにどうしてこの検索ワードなのか理解に苦しむことも多い。極端な例では，設問をそのまま検索ワードとしてもちいる学生もいる。**第 5 章**においてあげた**図表 5 − 7** のように「平安時代の貴族社会では，女性の地位も重要だった理由を，当時の家族習慣および政治の構造から述べよ」で検索した例がこれにあたる。これでは当然，適切に検索はできない。これらのことはキーボード入力から音声入力に進化したとしても解消でき

るわけではない。

　話は変わるが，「メルヘン」とはドイツ語の Märchen であり，おとぎばなしを意味する。Ms-Word によるパソコン提出を義務付けられているレポートにおいて，原語のつづりを書こうと思ったが「ä」を入力できない場合，入力方法を調べるのにどうしたらよいのだろう。「ウムラウト（Umlaut）」を知っていれば容易であるが，知らなければその限りではない。検索語を特定できるかどうかは検索能力に大きく影響を及ぼす。しかし，この考察はウムラウトを知らなければ正答にたどりつくのは困難であると予想し，実際に検索サイトの Google および Yahoo で検証してみた。すると「ドイツ語　ぽちぽち」「A　てんてん」などの検索語でも容易にウムラウトにたどりつくことができた。基礎学力があることも大事だが，他人の検索しない個性的な検索語ではなく，多くの人が検索するであろう検索語を選択する能力の有無も必要かもしれない。

（3）基礎知識と板書書写能力

　漢字についても知っている漢字であれば 1 秒もかからずに理解できるだろうが，読めないもしくは意味のわからない漢字については看板やチラシに書いてあるのを読んでも正しく理解することが難しいのはおろか，検索することも容易ではない。

　板書をノートに写し取る作業を例にとっても，いままで板書の遅い学生はおっとりした性格が災いしているだけだと推察していたが，一瞥しただけで漢字の書き方や意味を理解できる学生と，1 文字の漢字を書くために何度も繰り返して見直さなければならない学生では作業量が大きく違うことはいうまでもない。漢字を，英語を，ドイツ語を，そして平家物語序文といったような，それそのものの内容等を知っているかそうでないかで作業量の相違は膨大となる[4]。そしてさらにノートに書写しても意味がわからないことも想定されるため，その差は計り知れない。

　わたしを含め教員や親というものは意味がよくわからないときには辞書をひきなさいとアドバイスをする。しかし辞書を引くと，さらに難しいことばがでてくることがしばしばある。辞書を引くことで「文を理解する」ことが助けられるどころか，かえって大変になる，という笑えない現実がある。辞書というものは，

辞書に掲載されている語彙の大半を日常的に使うことができる人が，たまに出会う未知の語の意味を調べたり，正確な定義を改めて知りたかったりするときに使う道具に過ぎないのである。文中の5割のことばを知らない，という状態の人にとって，辞書はほとんど助けにはならない[5]。「教科書に書いてあることが理解できない学生が，どのようにすれば自ら調べることができるのでしょうか[6]」という新井のことばは重くのしかかってくる。

（4）計算力と概数

　現代の学生に計算力が乏しいことは予想以上に深刻である。スーパーや小売業におけるインターンシップにおいてもモノの単価，消費税，おつりの計算など瞬時に答えを必要とするものは数多く存在する。また概数の感覚も養われていない。以前，タンザニアの大学で教鞭をとっていたときに，「一辺10cmの三角形を書きなさい」との指示に，3cmや30cmの三角形を書く学生がいて，彼らが概数の概念に乏しいことを不思議に感じていた。しかし，目の前の学生たちにその姿が重なり唖然とすることもある[7]。

　円周率とは何かという質問にたいして，学生は「3.14」とか「π（パイ）」とかしばしば返答する。しかしそれは本当の意味で正答とはいえない。「円の直径にたいする円周の割合のことを円周率という」というのが正答となる。なんとかこれを理解させたとしても，終わりではない。円の直径が2の場合に円周の長さを問うと返答できない学生がいるのである。少し考えれば正答できる問題にたいして，見た瞬間に理解できるはずがないと判断する状況を変えることは容易なことではない。

　ゆとり教育世代に，円周率が3.14ではなく3で教えることが非難されていた例[8]を出し，円周率の概数を理解させようと試みたことがある。円に内接する正六角形を書き，すべての頂点に対角線を引くことによって正三角形を6つ示した。それをもちいて円の直径は辺が2つであり，正六角形の外周は辺が6であることから，円周率は6÷2で3に近い値であると説明した。しかし途中から聞いていない学生が多くいる。説明が終わってからなぜ聞かないのかと聞くと「数学や計算はどうせ理解できないから」との返答であった。わたしが，「計算なんてまったくしていない。三角形の辺が2つと6つを数えただけだ」というと「それ

なら理解できる」と返答した。負の思い込みが学習を阻害する一例である。

　電卓やコンピュータの普及は，計算機の出した答えを鵜呑みにする人間を作り出す恐れが多く，概数概念が育ちにくい。実際にあったことだが，レジで渡した金額よりも多くのお釣りをもらいそうになったことがある。驚いた顔をしたためことなきを得たが，ありえない金額が提示されても何の疑問ももたない可能性が高いのである。また，カーナビが普及し土地勘がなくても目的地に着くことが容易になってきたが，概数の概念がない人は「700m 先を左折して下さい」とカーナビに指示されてもあわてて左折するような過ちを犯してしまう。そこで今は計算能力の向上と概数の概念の涵養に努めている。

　ナンバーセンス（Number Sense；数感覚）とは数や量にたいする基本的な感覚のことをいう。数が大きい，小さいなどに加えて，桁がいくつ増えるかという大きさの感覚のことをいう。サウダー（Judith T. Sowder）は，ナンバーセンスと密接に関連する概算や暗算をとりあげ，概算の教育はナンバーセンスや量的直観を発達させる道づけをすると述べている[9]。

2 —— 文章読解力の涵養に必要なもの

（1）タイトルのチェック

　文章読解力を身につけるにはどんな事が必要だろうか。読解力のない学生に多いのは①飛ばし読みする癖がある，②文章の要約ができない，③自分の意見を述べられない，の3点である[10]。それを矯正するために①′音読をする，②′あらすじをいってみる，③′感想をいってみる，の3点を挙げる。そして②′の補助として大切なところやおもしろいところに線を引くくせをつけるのも効果的である。

　読む力を涵養することも大事だが，文章のリード文や文章のタイトルをチェックするなど，多くのヒントがある状態で文章を読むことも肝要である[11]。これは目新しい考え方に思えるかもしれないが，TOEIC や大学入試センター試験等の時間に追われながら解答をしなければならない試験を受けるときに，事前に問題文や選択肢を読んでおくというようなテクニックとして以前からもちいられていた。

　学習指導要領は約10年ぶりに改訂され，2020年度より小学校から段階実施されているが，新学習指導要領の考え方にも通じるものがある。アクティブ・ラーニング[12]等を実践するときによくもちいられることばであるが，黒板を使った座学の授業だけが学習ではなく，屋外や読書においても「仮説－アクティビティ－検証」をおこなうことができればそれは立派な学習であるというものである。したがって，リード文やタイトルチェックをおこなう前に仮説を立て，実際に読み，内容を検証すれば学習として成立するということである。

　また，「一言でいい表すことができるかできないか」が，文章を理解できているかいないかの分水嶺である[13]。これができなければ，まず検索ワードがそのままの単語ではなく熟語等のまとめことばの場合には検索できない。調べた結果の報告においてもそうである。適切なウェブサイトを探し当てたならば，50文字等の字数制限に合う文章を抜き出す必要がある。そしてもし字数制限に合う文章が抜き出せなければ，熟語やことばの言い換えで字数を削減する等の工夫をする必要が出てくる。ことばの言い換え等により文章を短くすることは非常に大事なことである。

（2）ドリル学習の是非

　新井は，ドリルをデジタル化して，項目反応理論をもちいることで，学生の進度にあった問題を提供することに異議を唱えている[14]。その論拠は，問題を読まずにドリルをこなす能力が，もっともAIに代替されやすいからということであり，それについて本書筆者にもまったく異論はない。しかし本学においても，eラーニング教材すららを導入している。すららは動画配信型，ゲーム型，問題集型を組み合わせたeラーニング教材であり，無学年式で自らの理解が乏しい箇所から楽しく積上げられるように工夫されている[15]。条件反射的に解答をさせるような問題については新井の指摘も正しいとは思うが，読書や検索等の基礎知識となる語彙力を身に付けるためにeラーニング教材は効果的であると考えている。

　学力という言葉の定義も難しい。詰め込み教育が問題にされたかと思うとゆとり教育にたいする批判も起きる。読み・書き・計算をしっかりさせることが大事だという意見がある一方で，AIが発展してきた現代において，計算ができることや物事を記憶していることに価値はないとの意見もある。

　本書筆者が学生に接するなかで感じることは，語彙力のない学生は理解力に乏しいという現実である。表面的に理解しているように見えても深いところまで理解はしていない。たとえば，AIの意味を聞かれても答えられない人や人工知能だと知ってはいるがそれ以上のことを知らない人もいる。ことばを知らない，もしくは表面的にしか知らない人は突拍子もないミスや単純ミスを誘発する蓋然性が高い。それに対して，ディープラーニング技術等をもちいてコンピュータ自らがデータを分析し，推論，判断，学習等をおこなう技術のこと，と詳細に答える人もいる。このように語彙力があれば理解が容易で，なければ理解が困難であることは多い。

（3）精読とは

　精読といえば，「銀の匙」を題材に取りながら個性的な授業をおこなったことで有名な灘中学・高校の橋本武が思い起こされる。橋本は著書のなかで国語勉強のポイントとして「読む」「書く」「話す」「聞く」「見る」「味わう」「集める」をあげているが，最後の3つが橋本の真骨頂ともいえる。

　「見る」「味わう」とは，国語教材に戯曲やシナリオ，あるいは謡曲や狂言が出てきたら，実際に舞台を見てみるといったことである。また美術に関する評論を読んだら，美術館に行って実際にその作品を鑑賞してみることである。ただ意味だけわかればいいというのでは，本当に理解したことにはならない。「何でもみてやろう」という積極性がことばの力をつける原動力となる。「集める」もまた案外重要である。ふと気が付いた観点から「ことば集め」をやったり，気に入った表現をコレクションしてみたりすると，国語の豊かさが見え，ことばに敏感になる[16]。

　さらに橋本は「国語の基礎学力を涵養する根源は『書く』[17]」だといい切り，あらゆる機会に生徒に書かせるようつとめたと述べている。考えてみれば，書くためには，まず内容を理解することが大事であるし，それをまとめる能力も必要である。そしてその内容をきちんと伝えるためには漢字も表現方法もいいたいことを要約する能力も必要になる。効率ばかりを追い，それらの手間を惜しんだことが今日の状況を生み出したのかもしれない。

　本書筆者は「銀の匙」を教材にはしていないが，自分の専門分野の本を教材に，

意図的に本題から脱線をする授業をおこなっている。学生が卒業論文を書くのに大事だと思う考え方や引用の仕方に言及するだけでなく，外国の論文の引用の仕方でイタリック（斜体字）がでてくると，そのつながりで食器等のJapanやChinaのように国の名前がほかの意味を持つ例をあげたりしている。さらに当時のヨーロッパの状況や大航海時代にも言及するなどして，多くのことばを集め，過去の知識や他分野の知識とつなげていく。新しい学習指導要領の考え方にもあるが，「深い学び」とはいままでにいろいろな局面で学んだ断片的な「知識を関連付ける [18]」ことである。大げさにいえば教科横断型授業とでもいえるだろう。学生たちが「学んだ一つ一つの知識がつながり，『わかった』『おもしろい』と思える授業 [19]」を実践していくことは，学習に興味を持たせ，自らが成長した気持ちになるために大きな意味を持つだろう。

3── 本学における実践例

（1）音　読

　まずはテキストの音読である。最初にテキストを読むときにはまずタイトルを読んで内容を想像させることから開始する。「『行列簿記の現代的意義』というタイトルですが，『行列簿記』という意味はわかりません。しかし『現代的意義』というのですから，昔あったものだと思います。それが現在は使われてないけども現代における価値を見出すといった内容ではないでしょうか」。このような答えで十分である。また「サブタイトルに『歴史的経緯と構造の視点から』と書いてあるので，さらに内部構造のことにも触れてある本だと思います」といえればさらによい。

　まったく想像せずに読み始めるのと，わからないなりに想像してから読み始めるのでは理解度に雲泥の違いが出る。そして目次により概略をつかませてから本文に入る。そこでもまた章や節のタイトルもしっかり読ませ，また内容を想像させる。繰り返しだが内容理解が全然違うのである。

　そして音読をさせ，「て，に，を，は」等の助詞や「である，だ」等の語尾の読み間違いもすべて直させ，読めないものにはふりがなを振らせる。音読をさせたことのある教員なら理解できるであろうが，内容を教える時間を惜しむあま

り，助詞のまちがいなどはスルーしてしまうことが多いだろう。しかしそれが飛ばし読みを助長し，文章読解力を低める結果を生み出しているのである。

そして読み進めながらわかりにくそうな言葉が出てくるとまた質問してみる。「『分水嶺』とはなんでしょうか？」すると検索して回答する。「1. 分水界になっている山稜。2. 物事の方向性が決まる分かれ目のたとえ[20]」です。「なるほど，2番の説明はわかりましたが，1番の『分水界になっている山稜』とは何ですか」。これでまたしどろもどろになる。それをまた検索させて，回答させる。本人が理解できるまで延々と繰り返す。

辞書とは1度引けば自分の欲しい内容が出てくるとは限らないのである。それは辞書を引く人の能力に起因するためにある意味しょうがないことである。しかしそれが検索したくないことにつながることとなる。

（2）調べ学習1（DX）

「企業においてDX化を進めることを政府が要請しているらしい。DXって何の略語だろう？　デラックスじゃないですよ」とお題を出し，学生にスマートフォンをもちいて調べるように伝える。そして学生を指名すると「DXとは，Digital Transformation の略語です」と得意そうに回答した。

そこでわたしが聞き返す。「略語というのは一般的に頭文字等を取ることが多いですが "Digital Transformation" には "X" なんてどこにも入っていないですね。なぜですか？」。

すると学生は答えられない。そこでまた調べさせる。

「『Transformation』が『X-formation』と表記される理由は，『Trans』という言葉の由来にあります。この単語はラテン語の『trans』が由来で，『変える』や『超える』といった意味を持ちます。この場合の『trans』は，『cross』という言葉と同義です。『交差する』という意味の『cross』は省略して『X』と書かれ，同じ意味の『trans』も『X』で代用されるようになりました[21]」「デジタルトランスフォーメーションの英語表記は「Digital Transformation」です。頭文字を取ると「DT」ですが，実際には「DX」と表記されます。これは，英語圏では接頭辞の「Trans」を「X」と書く慣習があるためです[22]」。調べた後で学生が回答をしてきた。

「なるほど，略語についてはよくわかりました。ところで説明のなかにあった接頭辞とはなんですか？」。学生はまた絶句である。今度はわたしが回答することにした。

「英語において接頭辞とはベースとなる単語の前につけて，単語を形成するものです。たとえば，今回の例でいえば，formation はサッカーでも使いますよね」。ここでサッカー部の学生が少し興味を持ち始める。「それに『超えて，横切って，変換の』等を表す『trans-』という接頭辞を付けると『変容する，変革する』という意味になります」。「厳密には『formation』は『form（形式）』という単語に『-ion（こと）』という接尾辞がついたものですけどね」。などというと納得したようなしないような顔をしている。そこで接頭辞や接尾辞をいくつか調べさせ，覚えやすそうなものをいくつか覚えさせてみた。

そして再び本論に戻って DX について回答させてみた。

「デジタル技術をもちいることで，生活やビジネスが変容していくことを DX といいます 23)」「DX とは，進化したデジタル技術を浸透させることで人々の生活をよりよいものへと変革することを指します 24)」などと検索結果を得意そうに回答する。

それにたいし「それで本当に自分が納得できますか？　理解できましたか？　もしそうなら例をあげて説明してください」。というと答えに窮している。更に検索をかけて周りの友人たちと議論を始める学生も多数である。

なかなかうまくまとまらないようなので，「DX を推進するには 3 つのステップがあるらしい。それを検索してみたらよいのではないでしょうか？」と助け船を出してみる。

机間を歩いていると，学生たちが「これですか？」とスマートフォンの画面を見せてくるので「わたしが正解を持っているわけじゃないので，自分が正しいと思ったことに自信を持てばよいです」とアドバイスする。

その後，発言を求めたところ「デジタイゼーション（Digitization），デジタライゼーション（Digitalization），デジタルトランスフォーメーション（DX）」ですとの回答がある。そしてそれぞれを説明させたところ「デジタイゼーションはアナログ情報の局所的なデジタル化，デジタライゼーションはビジネス・プロセス全体のデジタル化で，新たな価値や利益を創造すること，デジタルトランスフォー

メーションはデジタルテクノロジーをもちいて，企業の業務や組織，プロセス，ユーザー体験や価値観に根本的な変革をもたらすこと²⁵⁾」ですとのこと。

そこで例を挙げて説明するように促すとまたしどろもどろになる。「ロボットにやらせる」などと回答する学生も散見されるが，「それは3つのステップのどこなのでしょうか？」と質問すると後が続かない。また周りの学生と相談しながらあれこれと考え始める。それを発表させて，またヒントを出したり質問をしたりする。それを学生が飽きるか時間がなくなるまで繰り返す。わたしはそのやりとりが貴重な学習であり，必ずしも正答を求める必要はないと考えている。

（3）調べ学習2（円周率）

つぎは趣向を変えて数学の基礎で「円周率とは何かを答えてください」である。

学生は自信満々に「3.14です」と答える。他の人を当てると「π（パイ）です」と回答する。ここでわたしは「間違いだとはいいませんが，わたしの期待する回答ではありませんね」「それでは問題を変えます。『率』のついたことばをこたえてください」すると「失業率」「打率」「防御率」「」「」などとどんどん回答が出る。

「いま回答してもらったものを少していねいに説明してください」。すると「打率とは打数と安打の割合です」と答えが返ってくる。「その通り，すべての『率』とは何かと何かの割合ですね」「それではまた円周率にもどりましょう。これは何と何の割合ですか？」すると途端に回答がなくなるので，スマートフォンをもちいて調べ学習をさせる。すると「円の直径と円周の長さの割合（比）です」と回答する。「そうですね。正しいですね。それでは3.14という数字をもちいて，再び回答してください」。かなり困っている。また調べさせてみる。

いろいろな説明が出るうちに，正答に近づいていく。「直径と円周の割合が1：3.14になるということです」「直径が1のときに円周の長さが3.14になるよということです」「円周の長さは，円の直径の長さの何倍かということです」。

「それでは質問です。直径が2のときに円周の長さはいくらですか？」「6.28です」「正解です」。「それでは直径が538のときに円周の長さはいくらですか？」「電卓がないので計算できませんが，538×3.14です」「正解です。そのような回答でまったく問題ありません」。

数学とは計算をする学問ではなく，物事を定式化して論理的な構造を組み立て

るための学問です。物事を抽象化する学問ということもできるでしょう。だから
円周を求める式は，半径を r，円周率を π とおいて，2πr と回答すれば何の問題
もないんですよ。半径の2倍が直径（2r）だからこのような式になっていますの
で，そこさえ間違えなければ大丈夫ですね。ちなみに円の面積は πr² となります。
このような考え方だから数学者は計算が苦手で，飲み会にいっても割り勘ができ
ないという話もあります。

　つぎに超文系的に円周率のおおよその数字（概数）を求めてみましょう。学生
は何をいっているんだという顔をしている。それでは始めます。「1辺が 1cm の
正四角形を書き，そのなかにぴったりと収まるように円を描きます（**図表6－1**）。
円の直径はいくつですか？」「1cm です」その通りですね。それでは正四角形の
外周は？「4辺なので 4cm です」素晴らしいです。

　つぎに同様の円を描き，なかにぴったりと収まるように正六角形を描きます
（**図表6－2**）。そして対角線を3本引くと，正三角形が6つできますね。正三角
形の1辺を 1cm とすると正6角形の外周は6辺あるので 6cm。直径は 2cm なの
でちょうど3倍になります。よって直径と外周の割合は 2：6，換言すると，直
径を1としたときには3となります。

図表6－1

図表6－2

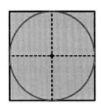

（出典）Z会ウェブサイト『円の演習と直径』，https://www.
zkai.co.jp/wp-content/uploads/2020/03/03115026/fa8
d8073caa4fe2a7b5c1127afd0b9e7.pdf，2020年3月
［2022年12月19日閲覧］。

（出典）同左ウェブサイト。

　この2つのことから，円周率は3と4の間になることがわかりますね。理系学
生は精緻な計算で証明するのでしょうが，実社会では概算で考えることが大事な
ことが多いです。丸覚えではなく，円周率とはこういうものだときちんと理解し
ておきましょう。

4 —— 諸テストとの相関関係

　本学においては学生の能力を伸ばすために，すらら，PROG テスト，CASEC，英検，文章読解・作成能力検定（以下，文章検），JLPT など多くの取組みをおこなっている。そのなかでいくつかの取組みと RST との相関関係を順次調べていく。

（1）RST と文章検

　文章検とは公益財団法人日本漢字能力検定協会が実施する検定であり，本学でも実施している。文章検の出題は，誰にでもわかりやすく伝わる文章作成のルールを身につけながら，段階的に「論理性」を伸ばすように構成されている。文章作成はどうあるべきかが順序立てて理解できるようになると同時に，論理的でわかりやすい文章が書けるようになるステップアップ式の問題構成である[26]。「論理性」を"育てる"問題を練習することで，相手に伝えることができる「文章力」が効率よく身につく。

　新井が AI にできないこととしてあげた「ではなく」「のうち」「のとき」「以外の」といった機能語が正確に読めていないことや語句の間にある，「修飾する」（係り）と「修飾される」（受け）の関係「係り受け」が理解できていないことへの対策も学習内容および試験問題のなかに入っている。文章検の問 1 は熟語や慣用句の意味の知識を問う問題，係り受けの問題，問 2 は段落ごとの要約力，グラフの読み取り問題，問 3 は段落ごとの位置関係を問う問題，問 4 は手紙文の基礎知識（頭語，結語等），ならびに係り受けのねじれの訂正問題，問 5 は小論文の作成，という構成になっている。

　本学において実施した文章検との相関関係を調べてみたい。対応のある t 検定をおこなうと文章検の点数（200 点満点）：data1（N = 59, M = 121.2881, SD = 29.3812）と RST の正答率：data2（N = 59, M = 0.5887, SD = 0.1666）の 2 つのグループの平均の差について有意水準 5% で t 検定（両側検定）をおこなったところ，2 つのグループの平均には有意差があるとはいえなかった（df = 58, t = 31.3834, p = N.S.）。対応のない検定で実施しても，設問ごとに相関を調べても有意差があるとはいえなかった（**図表 6 − 3**）。

図表6－3 RSTと文章検の相関関係

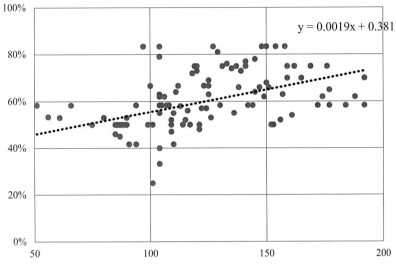

（出典）本書筆者作成。

（2）RSTとPROGテスト

　PROGテストは，河合塾とリアセックが共同開発したジェネリックスキルの成長を支援するアセスメントプログラムであり，本学においてもおこなっているテストである。ウェブサイトによれば，専攻・専門にかかわらず，社会で求められる汎用的な能力・態度・志向＝ジェネリックスキルを測定・育成する。テストでは，リテラシーとコンピテンシーの2つの観点から測定し，自身の現状を客観的に把握することができる。リテラシーとは実践的に問題を解決する力を指し，情報収集力，情報分析力，課題発見力，構想力で測られる。またコンピテンシーとは周囲の環境とよい関係を築く力を指し，対人基礎力，対課題基礎力，対自己基礎力で測られる[27]。

　本学において実施したPROGテストのなかからリテラシー部門との相関関係をみてみたい。PROGテストのリテラシー点数（1から8の8段階評価）：data1（N = 168, M = 3.601, SD = 1.708）とRSTの正答率：data2（N = 168, M = 0.5794, SD = 0.1677）の2つのグループの平均の差について有意水準5％で対応のあるt検定（両側検定）をおこなったところ，2つのグループの平均には有意差がある

124 ——◎

とはいえなかった (df = 167, t = 23.8345, p = N.S.)。対応のない検定で実施しても，設問ごとに実施をしてもコンピテンシーで実施しても有意差があるとはいえなかった。

　情報収集力とは，課題発見・課題解決に向けて，幅広い観点から適切な情報元を見定め，適切な手段をもちいて情報を収集・調査し，それらを適切に整理・保存する力であり，情報分析力とは，事実・情報を思い込みや憶測ではなく，客観的にかつ多角的に整理・分類し，それらを統合して隠れた構造をとらえ，本質を見極める力であり，課題発見力とは，さまざまな角度，広い視野から現象や事実をとらえ，それの背景に隠れているメカニズムや原因について考察し，解決すべき課題を発見する力であり，構想力とは，さまざまな条件・制約を考慮しながら問題解決までのプロセスを構想し，その過程で想定されるリスクや対処方法を構想する力である。これらを伸ばすことで文章読解力を間接的に伸ばすことも可能であるといえる。

（3）有意差があるの反対は

　ここで統計的検定について考察してみる。統計的検定を実施するにあたって，まずデータの種類，正規性，標本数などからどの統計的検定を選択するかを考える必要がある。入手した標本をもとに，母集団の特性値（母平均や母分散など）を探るのが統計的推定であり，点推定と区間推定がある。点推定は1つの値で，区間推定はある区間（幅）で値を推定することが相違点である。点推定ではその判断がどれくらいの確率で正しいのかわからないため，「社会人の小遣いの平均値は1.8万円から4.6万円の間であり，その判断の正確率は95％である」のように区間推定をもちいる。区間推定においては，信頼度と信頼区間はトレードオフの関係にある。推定は母集団が正規分布に従うという仮定のうえに成立している。統計学の世界では average と mean を使い分けており，いわゆる平均値には mean をもちいるのが一般的である。average（代表値）には mean（算術平均値），median（中央値），mode（最頻値）がある，と理解するとよい。

　統計的検定においては，なんらかの仮説を立てて検定する。そのときにわざと反対の説（帰無仮説）を唱え，その仮説が矛盾する例をあげて，最終的に対立仮説（自分が信じる説）を採択する方法である。これを背理法という。帰無仮説と対

図表6－4　5％の棄却域

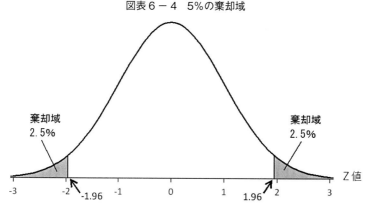

棄却域
2.5％

棄却域
2.5％

Z値

-3　　-2　-1.96　-1　　0　　1　　1.96　2　　3

（出典）総務省統計局ウェブサイト「統計的推定と統計的仮説検定」『なるほど統計学園』，
　　　　https://www.stat.go.jp/naruhodo/11_tokusei/kentei.html，〔2022 年 12 月 19 日閲覧〕。

立仮説は互いに否定の関係にある。統計的検定は，母集団に関するある仮説が統計学的に成り立つか否かを，標本のデータを用いて判断することで，以下の①〜④の手順で実施する[28]。①仮説を設定する，②有意水準を決定する，③検証する，④結論を導く。細かい数値は使用しないが，標本平均，分散をもちいて正規分布を示したのが**図表6－4**である。このとき正規分布の性質から，確率変数が母平均 μ（ミュー）を中心に左右標準偏差の 1.96 倍の範囲の値をとる確率は 0.95 となる。

　統計的検定では「起こりにくいこと」「起こりにくい範囲」のことを棄却域と呼ぶ[29]。ここで勘違いしてはならないのが，棄却域は検定者の主張である対立仮説に有利となる範囲に取ることである。しかし帰無仮説が棄却できない現象に出会えば，検定者は対立仮説を取り下げることとなる。その場合に，積極的に帰無仮説を認めるのではなく，棄却できなかったという立場をとる。

　ここで帰無仮説を棄却した場合は「有意差がある」であるが，その反対は何だろうか。答えは「有意差があるとはいえない」であり，「有意差がない」では決してない。アムルヘインら（Valentin Amrhein, et al）の研究によれば「有意差があるとはいえない」という結果を「有意差がない」または「効果がない」と間違った推論をする論文も多く存在し，5 つの論文誌で実際に調査したところ 791 文献のうち 51％に誤りがみられたとされる[30]。

統計的検定は論文の信頼性を高めるために多くの論文でもちいられているが、逆の効果にならないよう注意することが肝要である。

5 —— 本章における結論

入試が暗記を求めるから暗記をするという考え方もあるが決してそうではない。入試は読解力を求めているのに、読解力が不足している人は（AIと同じように）暗記に走らざるを得ないというのが事の真相ではないだろうか[31]。

新井が埼玉県の戸田市教育委員会といっしょにRSTの研究をおこなった結果をまとめた国立情報学研究所の報告によれば、効果的だと考えられるものとして以下の4点があげられている[32]。①比較的長い文章を読み取り、自分の考えを書く活動を設定する。②「条件不足・条件過多」の問題文を提示する。③文章を読み取り考えていく過程で、読み取ったことを整理するため図的表現をもちいるようにする。④主語が書かれていない文章は、教員が意図的にその文章の主語を問うたり、補うように指示したりする。学生の読解力を教員が認識して、それらのことを教員が適切な時期に適切な指導をすればよくなる蓋然性が高いという認識である。

そして2019年に新井は一定の処方箋を出した。それが正しく伝える授業の提案である。見たことを正しく伝える練習等の具体的なサンプル授業を提示し、丁寧に理解することが子供たちの読解力を培うとしたのである[33]。これらの流れのなかで文部科学省も学習指導要領改訂に合わせ、文学偏重の国語教育を改め、「論理国語」を創設することによって読解力の向上に本腰を入れ始めたようである[34]。

読解力の涵養に効果的なのはやはり「精読」と「調べ習慣」であろう。わからない用語がある文章をそのまま読み進めていけば意味が取れなくなるのは当然のことである。小学校段階に何らかの理由で授業についていけなくなり、そのままリカバリできずに現在に至っている学生は本当に残念である。文章を読むことは知的好奇心を刺激する楽しいものであり、嫌々するようなものではない。本人に強い動機があれば、ドリル学習は「情報」を習得する手段として非常に効率がよい。その後「情報」を「知識」にする作業を確実におこなえば、意味のある活動になる蓋然性は高い。

　またテレビや読書に限らず，インターネットや SNS をしていてもわからないことがあればすぐに意味を調べる習慣を持つことは非常に効果的である。別に高校時代に買った国語辞典を引かなくてもスマートフォン等による検索でも何の問題もない。わからなくてもなんとかなるというその考えをやめればすぐにでもできることであり，必ずしも机についておこなう必要はない。「仮説－アクティビティ－検証」があれば立派な学修である。

　新井の「読解力」を敷衍していけば，橋本が国語勉強のポイントとしてあげた7つの項目になるのではないか。火という文字を見れば，キャンプに行って火をおこしたことを思い出したり，とうもろこしという文字を見れば，早朝に畑で収穫したときの衝撃的な甘さを思い出したりと，五感で理解するものではないだろうか。体験に根差した知識や，それに根差した理解がもっとも深いことは間違いないであろう。

　残念ながら RST と文章検，RST と PROG テストの結果のあいだに有意差があるとはいえなかった。しかし，文章検や PROG テストの結果と学力とのあいだに何らかの相関関係があるように感じている教員は多いと思われるし，検定の実施方法によっては相関関係が出る蓋然性は高い。今後の研究を待ちたい。

　10歳の壁でつまずいたため，授業についていけなかったからといって，大学生や社会人にたいして算数ドリルや小学生の漢字ドリルをやらせることは現実的とはいえないだろう。いままでとは違った学習方法を提示し，学生に過度なストレスを感じさせずに知識の習得をめざすのが真のリメディアル教育だと考える。さまざまなアクティビティをおこなわせ，学生が努力をしただけ結果が出るような素養を身につけさせてやりたいものである。

【注】
1）毎年8月15日におこなわれる精霊流しは，盆前に死去した人の遺族が故人の霊を弔うために手作りの船を造り，船を曳きながら街中を練り歩き極楽浄土へ送り出すという長崎の伝統行事である。当日は夕暮れ時になると町のあちらこちらから「チャンコンチャンコン」という鐘の音と，「ドーイドーイ」の掛け声，耳をつんざくほどの爆竹の音が鳴り響き，行列は夜遅くまで続く。長崎市公式観光サイト「精霊流し」『あっ！とながさき』，https://www.at-nagasaki.jp/event/51798/，［2022年12月19日閲覧］。
　せつない歌詞や悲しげな曲調から県外在住者が抱くイメージとは程遠く，非常に賑やかな伝統行事である。

2） Ms-Word では「せいれい」と入力すれば「精霊」という漢字に変換されるが，「しょうろう」と入力しても正しく変換されない。これは「しょうろう」と読むのは仏教用語であり，一般的な用法ではないからだろうと推察される。

3） Weblio 辞書サイト『完全一致検索』, https://www.weblio.jp/content/%E5%AE%8C%E5%85%A8%E4%B8%80%E8%87%B4%E6%A4%9C%E7%B4%A2，〔2022 年 5 月 28 日検索〕。
Weblio 辞書サイト『部分一致検索』, https://www.weblio.jp/content/%E9%83%A8%E5%88%86%E4%B8%80%E8%87%B4%E6%A4%9C%E7%B4%A2，〔2022 年 5 月 28 日検索〕。

4） 以前，会議内でグループに色を付けていく作業があった。そのときにある一人が「1組は白，2 組は黒，3 組は赤，・・」というと，まわりの人が何も聞かずにどんどん先を書き始めた。わたしがびっくりして「なんでわかるんですか？」と聞くと，「そんなの決まっている」との返事。よくよく聞けば競馬における帽子の色は決められているそうだ（1 枠＝白，2 枠＝黒，3 枠＝赤，4 枠＝青，5 枠＝黄，6 枠＝緑，7 枠＝橙，8 枠＝桃）。そのようなことも知っているのと知らないのでは作業量に差がつくことに変わりはない。

5） 新井紀子『AI に負けない子どもを育てる』東洋経済新報社，2019 年，33-34 頁。

6） 新井紀子『AIvs. 教科書が読めないこどもたち』東洋経済新報社，2018 年，235 頁。

7） 礒本光広「基礎基本の習得とコミュニケーション能力」『日本科学教育学会研究会研究報告』（日本科学教育学会）第 19 巻第 5 号，2015 年 4 月，27 頁。

8） 平成 10 年度告示小学校学習指導要領・小学校 5 年・算数の「数量の取り扱い」において「（4 内容の「B　量と測定」の（1）のイ及び「C　図形」の（1）のエについては，円周率としては 3.14 をもちいるが，目的に応じて 3 をもちいて処理できるよう配慮するものとする。」と記載されたのが，誤解されて独り歩きしたものである。いままで学習指導要領において円周率を 3 として教えるように記載されたことは一度もない。
　　　文部科学省「第 2 章各教科第 3 節算数」『小学校学習指導要領（平成 10 年告示）』1998 年 12 月。

9） Judith T. Sowder, "Estimation and number sense. In D. A. Grouws（Ed.），" *Handbook of research on mathematics teaching and learning: A project of the National Council of Teachers of Mathematics*, Macmillan Publishing Co, Inc., 1992, pp.371-389.

10） 齋藤　孝『子どもの学力は「読解力」で決まる！小学生のうちに親がゼッタイしておきたいこと』朝日新聞出版，2012 年，44-76 頁。

11） 西岡壱誠『「読む力」と「地頭力」がいっきに身につく東大読書』東洋経済新報社，2018 年，24-27 頁。

12） 2012 年 8 月に登場して以来ずっと「アクティブ・ラーニング」という呼称であったが，2017 年 2 月に出された学習指導要領改訂案では「アクティブ・ラーニング」という用語がすべて「主体的・対話的で深い学び」という言葉に置き換わった。しかし「主体的・対話的で深い学び」ということばもなかなか浸透しづらかったためか，最終的には混乱をさけるために併記という形式に落ち着いている。それを踏まえたうえで，本書ではアクティブ・ラーニングという呼称を使用することとする。

13） 西岡壱誠，前掲書，105 頁。

14） 新井紀子，前掲書，230 頁。

15） すららウェブサイト『すららの特徴』, https://surala.jp/home/about/feature/，〔2020 年 9 月 7 日閲覧〕。

16)　橋本　武『《銀の匙》の国語授業』岩波書店，2012 年，124-125 頁。

17)　同上書，131 頁。

18)　『新しい学習指導要領の考え方—中央教育審議会における議論から改訂そして実施へ—』文部科学省，2017 年 9 月 28 日，22 頁。

19)　政府広報オンラインウェブサイト『「どのように学ぶか」も重視？』，https://www.gov-online.go.jp/useful/article/201903/2.html，2019 年 3 月 13 日［2022 年 12 月 19 日閲覧］。

20)　goo 辞書ウェブサイト『分水嶺』，https://dictionary.goo.ne.jp/word/%E5%88%86%E6%B0%B4%E5%B6%BA/，［2022 年 12 月 19 日閲覧］。

21)　KDDI ウェブサイト『デジタルトランスフォーメーションはなぜ DX と略されるのか？』，https://www.kddimatome.com/magazine/210201134321/，2021 年 2 月 1 日［2022 年 12 月 19 日閲覧］。

22)　大塚商会ウェブサイト『デジタルトランスフォーメーションはなぜ DX と略す？ 推進させる重要性』，https://www.otsuka-shokai.co.jp/erpnavi/topics/dx-mikata/archive/why-dx.html，［2022 年 12 月 19 日閲覧］。

23)　Brain Pad ウェブサイト『DX（デジタルトランスフォーメーション）とは？「DX = IT 活用」ではない。正しく理解したい DX の意義と推進のポイント』DOORS 編集部，https://www.brainpad.co.jp/doors/news_trend/dx_it/，2022 年 4 月 11 日［2022 年 12 月 19 日閲覧］。

24)　Monster lab ウェブサイト『DX（デジタルトランスフォーメーション）とは？』，https://monstar-lab.com/dx/about/digital_transformation/，2020 年 7 月 17 日，2022 年 5 月 9 日最終更新［2022 年 12 月 19 日閲覧］。

25)　KGI ウェブサイト『デジタル化の初めの一歩，デジタイゼーション』，https://kg-innovation.jp/blog/?p=515，2020 年 12 月 18 日［2022 年 12 月 19 日閲覧］。

26)　日本漢字能力検定協会ウェブサイト『文章検の出題の工夫』，https://www.kanken.or.jp/bunshouken/about/ingenuity.html，［2022 年 12 月 19 日閲覧］。

27)　リアセックウェブサイト『PROG テストについて』，http://www.riasec.co.jp/progtest/test/，［2022 年 12 月 19 日閲覧］。

28)　総務省統計局ウェブサイト「統計的推定と統計的仮説検定」『なるほど統計学園』，https://www.stat.go.jp/naruhodo/11_tokusei/kentei.html，［2022 年 12 月 19 日閲覧］。

29)　標準正規分布の確率密度関数を -1.96 から 1.96 まで積分した値が約 0.95 なので，棄却域はその外側となる。1.96 という値は Ms-Excel 等で計算することもできるが，標準正規分布表を参照して求めることも可能である。

30)　Valentin Amrhein, Sander Greenland, Blake McShane, "rise up against statistical significance," *Nature Scientists*, Vol.567, March 2019, pp.305-307

31)　新井紀子『AI に負けない子どもを育てる』東洋経済新報社，2019 年，148 頁。

32)　新井紀子「リーディングスキルの共同研究」『平成 29 年度戸田市教育委員会集録』戸田市教育委員会，2018 年 3 月 22 日，5 頁。

33)　新井紀子『AI に負けない子どもを育てる』東洋経済新報社，2019 年，202-259 頁。

34)　文部科学省『高等学校学習指導要領（平成 30 年告示）解説国語編』2019 年 7 月。

第Ⅲ部　AIを理解するために

　シンギュラリティが起こるかどうかの議論は結論をだすことが困難であるが，業務の一部がすでにAIに取って代わられており，今後ますますその流れが加速することに異論はないだろう。仕事を効率よくこなす人は，業務を定型化する能力に長けていることが多い。しかし定型化された業務はAIのもっとも得意とするところであるため，その能力が発揮される場面はどんどんなくなっていくだろう。定型化された業務はAIがおこない，知識さえも検索すれば容易に取得できるとなれば，わたしたちに必要なものは何であろうか。

　AIの導入議論においてよくいわれるのが，業務代替されるのは中間層であるということである。定型的で誰でもできる業務は代替されやすいが，高度な知識や判断を必要とする業務や非定型の雑務のような業務はAIが不得意な分野である。そのときに自分がどちらの層に属することを希望するのか，その判断が迫られている。そのことへの対抗策として，大学入試も知識量を問う設問から考えることを重視した設問へと変わってきている。税理士を頂点とした簿記会計の分野でも，検定中心の学習により修得した技能ではAIに代替されてしまうであろう。そこで，さまざまなことを考える体験をするためにモノポリー，カンパニーゲームという2種類のゲーミフィケーションをもちいて覚える学習から考える学習への転換を企図する。

　わたしはいま「Coke on」というアプリをダウンロードしたiPhoneを持ち歩いている。運動不足を解消するために，少し楽しみを加味して意識的に歩こうとしているのである。これも歩数計にゲーム性を持たせたゲーミフィケーションの1つであるが，まったく歩く動機のない人にこれを持たせると歩くようになるわけではなく，その人のモチベーションをちょっとアシストして盛り上げたり，維持させたりする程度のものである。ゲームを学習機会として実施することに抵抗のある人も多いであろう。しかしアニメがクールJAPAN戦略の一翼を担い，国が積極的に推進する時代である。頭を柔軟にして効果的であれば，なんでも取り入れていく必要がある。

　またデータサイエンス教育の必要性が叫ばれ，大学においても実施する必要に迫られている。プログラミングが小学校でさえ必修化されている一方で，本学学生は入学前にプログラミングの経験がないことが明らかとなった。これは恐らく全国的な流れではないかと推察される。高校時代に数学を積極的に学習しておらず，プログラミングもおこなっていない文系大学生にたいしてブロックプログラミングをもちいて数学的思考とプログラミング的思考を涵養できるかを探っていく。

―――――― 第7章 ――――――
モノポリーによる経営戦略の涵養

1 —— シンギュラリティとゲーミフィケーション

（1）シンギュラリティ

　人工知能の権威であるカーネギーメロン大学のハンスモラベックが，1998年にコンピュータ性能とコストの発展度合いについての予測を論文として発表している。この論文では，AI研究者がより高速なハードウェアにアクセスするのと同じペースでAIマシンのパフォーマンスが向上する傾向について説明している。人間の脳の一般的な知的パフォーマンスに合わせるために必要な処理能力とメモリ容量が推定される。過去の傾向の推定と開発中の技術の検討に基づいて，必要なハードウェアは2020年代に安価なマシンで利用できるようになると結論づけられている。

　ハンスモラベックはコンピュータ処理速度の費用対効果を経年比較し，コンピュータが人間を超える日（シンギュラリティ；Technological Singularity）が来るとした。同等の脳（brain equivalent），最初の類似生物（first similar organisms），同等のマシン（comparable machine）等とともに記され興味深い（**図表7－1**）。シンギュラリティが起こるかどうかの議論はさておき，業務の一部がすでにAIに取って代わられており，今後ますますその流れが加速することに異論はないだろう。

　仕事を効率よくこなす人は，業務を定型化する能力に長けていることが多い。しかし定型化された業務はAIのもっとも得意とするところであるため，その能力が発揮される場面はどんどんなくなっていくだろう。定型化された業務はAIがおこない，知識さえも検索すれば容易に取得できるとなれば，わたしたちに必要なものは何であろうか。

　AIの導入議論においてよくいわれるのが，業務代替されるのは中間層であるということである。定型的で誰でもできる業務は代替されやすいが，高度な知識

図表 7 － 1　収穫加速の法則

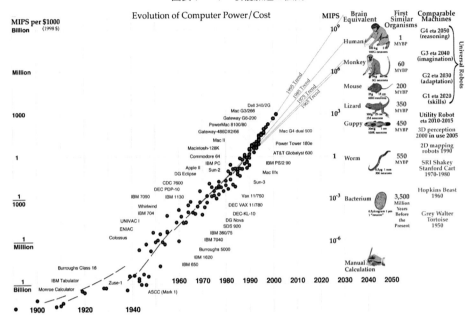

（注意）図中の絵の右側は，モラベックが講演をするにあたって論文資料に加筆修正をした
　　　ものである。
（出典）Hans Moravec, "When will computer hardware match the human brain?", *Journal of Evolution and Technology*, Vol.1, 1998.

や判断を必要とする業務や非定型の雑務のような業務は AI が不得意な分野である。そのときに自分がどちらの層に属することを希望するのか，その判断が迫られている。そのことへの対抗策として，大学入試も知識量を問う設問から考えることを重視した設問へと変わってきている。

　簿記会計の分野でも検定中心の学習により修得した技能では AI に代替されてしまうであろう。そこで，さまざまなことを考える体験をするためにモノポリーをもちいたゲーミフィケーションを実践することとする。

（2）モノポリーの先行研究

　世界的に有名なゲームであるモノポリーを題材にした研究は多岐にわたっている。3 冊もの本を執筆し，自らもゲームデザイナーであるオルベーンズ（Philip E. Orbanes）によれば，ゲームデザインの原則とはつぎの 6 つとなる[1]。①シンプル

で明確なルールを設計すること，②カジュアルなプレイヤーをイライラさせない
ようにすること，③リズムを確立して，ゲームの序盤，中盤，終盤を直観的に把
握できるようにすること，④ボード外で何が起こっているのかを調整すること，
⑤後ろからくる機会を提供すること，⑥潜在的な才能の出口を提供すること。

　そしてそれらを具備したモノポリーは財務，交渉，経営戦略，そしてアクティ
ブ・ラーニング等のゲーミフィケーションとして利用可能であり，研究も国内外
に多く存在する。先行研究の主なものをいくつかあげると，財務は工藤[2]，ター
ナー＆リンドクイスト（Margaret M. Tanner and Tim M. Lindquist）[3]，交渉は吉川[4]，
経営戦略は林[5]，経済シミュレーション演習はシャンクリン＆エレン（Stephen B.
Shanklin and Craig R. Ehlen）[6]，アクティブ・ラーニングは桃井[7]，アルゴリズムの
研究としては野中[8]，シミュレーション研究には安村ら[9] がある。モノポリーの
攻略法としては大森田[10] ならびにオルベーンズ[11] に詳しい。

　今回は簿記会計の基礎教育ということで工藤の実践および記録表を参考とし，
徐々に改良を加えていくこととした。

（3）ゲーミフィケーションとは

　身近になったゲームの要素や特徴を他の分野で活かすことをゲーミフィケーシ
ョンという。ゲーミフィケーションは「ゲームの考え方やデザイン・メカニクス
などの要素を，ゲーム以外の社会的な活動やサービスに利用するもの[12]」とし
て一般には定義される[13]。しかし広義にはゲームが社会的な活動にとって役に
立つこと全般についてのことを指す。たとえば，すでに現実に存在している株取
引，受験勉強などのゲームとしての形式も持っているといえるすべての形式・社
会活動，シリアス・ゲームすべてを含む概念である[14]。本稿においては広義の
意味におけるゲーミフィケーションとして論を進める。

　簿記会計の学習においては，取引および勘定科目はあらかじめ提示されている
ことが多い。そのため検定向けの学習ばかりをおこなった結果，正答はできるも
のの実際の取引をまったくイメージできない学生も多く存在する。その弊害を除
去するべく，最近の簿記検定においては勘定科目を考えさせる問題[15] も出題さ
れるようになってきたがまだまだ十分とはいえない。時間とお金が許せば，学生
一人ひとりに実際に経済活動をおこなわせ，その事象について仕訳をさせれば学

習効果は高いのだろうが，そのような時間やお金を投入することは困難である。何よりも未成年にそのような危険なことをさせるわけにはいかないであろう。そこでゲームによって取引を模擬的におこない，具体的な取引から仕訳を考えさせるのがゲーミフィケーションのよさである。したがって，学生に「この場合はどうしたらよいですか」と聞かれて，安易に教員の考えを与えることは好ましくない。可能な限りさまざまなことを学生に考えさせ，なかには失敗をさせたうえで何かを発見させることに主眼を置くべきであろう。

　ゲーミフィケーションをおこなうにあたって，どのゲームで実践するかを考えてみる。やはり入手が簡単で安価であるもの，そして経済取引が学べるものということでモノポリーとなった。日本でいえば人生ゲームも有名であるが，人生ゲームは現金の多さのみで競うゲームであり，ゲームの性質上運の占める要素が多い。その一方で，モノポリーは土地や家を売買し，他人からレンタル料を受け取ったりするなど，資産運用の性格が強い。ある程度の年齢になればモノポリーくらいでなければ物足りないと思うであろう。

　わたしがモノポリーを導入する目的は，2点ある。1つめは金銭授受を正確におこなわないと計算が合わないことを体験してもらうこと，そして2つめはさまざまな帳簿があるが，なぜこのような帳簿を必要とするのかを自分で発見してもらうこと，である。いままで意味がないと思っていた帳簿に自分で重要性を認めたならば，それは素晴らしいことである。

2── モノポリーの実践

（1）ルールと目標設定

　モノポリーは20世紀初頭にアメリカで発祥したボードゲームの一種である。順番決めは全員がサイコロを振り，もっとも大きな目が出た人から時計回りとする。最初に1,500ドルを全員に配り，スタート位置（GO）から始める。自分の番が来たら，サイコロを同時に2つ振って出た目の合計の数進む。止まったマスにある物件の購入や競売などをおこない，購入した土地の通行料や，家やホテルを建て，資産を増やしていくゲームである。勝者の決定は自分以外のすべてのプレイヤーが倒産した場合に決定する。すべての権利の独占（monopoly）をめざすこ

とからゲーム名がついている。

　モノポリーは土地の権利書を買い，家やホテルを建て，相手から多くのレンタル料を受け取るための作戦を練る戦略ゲームである。経営的な内容であることからそこに帳簿記入という作業を加味することにより，簿記の基礎知識の涵養を目標とした。またゲームを実践する前に今次の目標を設定することで学生がなすべきことを明確にした。

（2）ゲーミフィケーションの実践

　簿記学習の未経験者が大半である２年基礎ゼミの授業においておこなった。世界的なボードゲームであるがゲームをした学生が一人もいなかったため，まずはモノポリーに慣れさせること，金銭授受を記帳することの重要性を体感させること，の２点を目的とした。

　１回目の取り組みに向けての授業目標は，「ゲームを理解すること」「イベント数を多くすること」「帳簿有高と実際有高を一致させること」の３点とした。途中で実際有高をチェックすることを避けるために財布と称した封筒の中にお金を入れさせた。参加者13人だったため，３グループとし，準備と感想を書く時間を除いて実質65分で実施した。

　ゲームを始めると，和気あいあいと楽しんでいるようだ。いざ記帳の段になると，「最初にお金をもらったのはどのように書けばよいですか」「刑務所に入ったのも書くんですか」などと多くの質問が出る。しかし「後からどのようなイベントがあったかを説明できればよい」という指示のみとし具体的にはいわないように心がけた。記録表は意図的に簡素化し，学生の自由度を高くした（**図表７－２**）。

　イベント数は最小が６，最大が23（平均13.8）であった。イベントの数を多くするように指示を出したが，なかなか思うようにいかないのであろう。現金の帳簿残高と実際有高が合致した学生は４人（30.8％）と簡単なようでなかなか金額は一致しない。最後に感想を書かせ終了する。学生の雰囲気は上々である。

　記録表をならべてみると，それぞれに個性がうかがえる。最初に手持ちとして＄1,500与えられているが，a-1）＄1,500もらった，a-2）モスバーガーのオーナーから＄1,500受け取った，などと架空の取引先をイメージしている学生もいる。またb-1）テネシー通りを＄180で買った，b-2）テネシー通り購入＄180－，

図表７－２　記録表①－１

＊ どのような内容であったかを記録します。自由に書いてください。

番号	できごとの内容
1	$1500　もらった。
2	チャンス　刑務所に入った。
3	パークプレースで家を1つ買った。$350
4	チャンス　GOに進み$200 受取った。
5	オリエンタル通りでレンタル料 $6 払った。
6	刑務所見学をした。
7	バージニア通りでレンタル料 $12 払った。
8	生命保険満期により $100 受取った。
9	アトランティック通りで家を$260 で買った。
10	刑務所に入った。
11	パークプレースに立ち寄った。

などと記帳の手間を省いている学生，そして b-3）スラーツ通りレンタル料
$180＋　計$1,320，などとイベントごとに累計額を記入している学生もいた。

　感想は以下の通りである（一部）。

・今回のゲームでどうすればお金が増えるのかが漠然と理解できた。

・取引のたびに記帳するのは初めてだったので何度か記録を忘れてしまった。

・ゲーム感覚でお金の受け払いを体験していく中でメモを取ることの難しさを感じた。

・自分だけでなく多くの人の帳簿残高と実際金額が違っていたことに驚いた。

・マス目やチャンスカード等の文章をきちんと読まないと支払いもうまくできないことがわかった。

・ルールがよくわかっていなかったため，作戦をうまく立てられなかった。

・自分でお金を管理したことがなかったのでよい経験になった。

・記録忘れがあると最後に金額が合わない。記帳は大事だと思った。

・手作業は大変なのでコンピュータのありがたみがわかった。

・レシートをかざせば仕訳してくれるアプリがあるので自分で書くことは必要ではない。

（3）第2回実践

　1回目の記録表や感想を共有した結果，記録表を変更することで意見がまとま

った。そこで今回使用するのが**図表7-3**である。また，ルールを覚えているチームとそうでないチーム，イベント数が多いチームと少ないチーム等の不均衡があったので，平均的になるようにチーム編成を考えた。

　今回は記録表が書きやすくなったこと，2回目でルールが多少理解できていることからイベント数も最小が15，最大が26（平均20.9）と激増した。現金の帳簿残高と実際有高が合致した学生は4人（30.8％）と変化はないが，差額絶対値の平均は158.8から101.3へと改善されている。記帳ミスが減っていることの証左であろう。最後に感想を書かせ終了する。

　記録表をならべてみると，前回と違い整然と記帳されていることが読み取れる。学生たちも雑然と記帳するよりも，容易にしかも間違いなく記入できることが体感できたようである。

　感想は以下の通りである。

・前回よりも記録表が記入しやすかった。

・ルールがわかってきて楽しくなった。

・前回と比較して細かく記帳することができたため，帳簿残高と実際有高の差額を少なくすることができた。

図表7-3　記録表①-2

* 以下のポイントに気をつけて内容を記録して下さい
* 現金の「入」(+)「出」(△)を記録します
* そのときどきの現金の「残高」を記録しておきます

番号	できごとの内容	現金出納「入」(+)「出」(△)	現金残高
1	1500 もらった	+1500	1500
2	レンタル料 22 へった	△22	1478
3	権利書大 400 へった	△400	1078
4	刑務所よりぬけ 50 へった	△50	1028
5	レンタル料 25 へった	△25	1003
6	銀行からもらった 200もらった	+200	1203
7	はじから 50 もらった	+50	1253
8	権利書 280 へった	△280	973
9	レンタル料 28 もらった	+28	1001
10	レンタル料 25 へった	△25	976
11	レンタル料 25 へった	△25	951
12	もりから 50 もらう	+50	1001
13	権利書 320 へった	△320	681
14	レンタル料 25 へった	△25	656
15	権利書買った 140へった	△140	516
16	銀行 200 もらった	+200	716

・もっと交渉をするなどうまく投資できればよかった。

・今回は両替を多くしたためか誤差が出た。

・両替時にお金が多くなったような気がした。

・チャンスカードをよく読んでおこないたい。

・以前学習した簿記のことを思い出して懐かしく感じた。

・土地の交渉や家の購入タイミングを考えるなど，戦略的なことを考えるのが楽しかった。

・時間があればもっと土地や会社のやりとりをしたかった。

（4）第3回実践

　表面を記録表，裏面を感想用にしていたが，イベント数が増加し記入欄が足りなくなった学生がいたため，イベント記入欄を25から40に増加させ，裏面にまで記入できるようにした。今次の授業目標は「自分の戦略を立てること」である。

　今回は3回目ということでルールについてはかなり理解していた。そこでイベント数も最小が15，最大が35（平均25.1）とさらに増加した。現金の帳簿残高と実際有高が合致した学生は3人（21.4%），絶対値差額の平均も93.5とわずかながら減少している。最後に感想を書かせ終了する。

　記録表をならべてみると，あせらせて進行させているにもかかわらず整然と記帳されていることが読み取れる（**図表7−4**）。学生たちもかなり慣れてきたようである。実践後に「もしわたしが就職活動の面接官であれば，この実践を見ただけで性格や取り組みが判別できるため，採用可否を決定することができる」という話をした。協働の視点もとりいれながら実践をしてほしいと感じている。

　感想は以下の通りである。

・前回よりも多くのイベント数となり，お金の受け払いが多くなった。そのことにより正確な記帳が大事になると感じた。

・投資は前回よりもうまくできたが，限られた時間なのでもう少し早く積極的に売買すればよかった。

・今回の目標は「多くのお金を持つこと」だったが達成できた。

・勝負をかけるタイミングが遅かったことが悔やまれる。

・今日は権利書を他の人から買う交渉を積極的に試みた。

図表7－4　記録表①－3

* 以下のポイントに気をつけて内容を記録して下さい
* 現金の「入」(＋)、「出」(△)を記録します
* そのときどきの現金の「残高」を記録しておきます

番号	できごとの内容	現金出納「入」(＋)「出」(△)	現金残高
1	1500 すに入れた	＋1500	1500
2	権利書 120 払った	△120	1380
3	20ドル 受取る	＋20	1400
4	25ドル 受取る	＋25	1425
5	200ドル 受取る	＋200	1625
6	権利書 220 払った	△220	1905
7	権利書 300 払った	△300	1105
8	所得税 200 払った	△200	905
9	権利書 150 払った	△150	755
10	〃 200 払った	△200	555
11	200 受取る	＋200	755
12	権利書 200 払った	△200	555
13	〃 260 支払った	△265	295
14	はじめ 100 受取った	＋100	395
15	25 もらった	＋25	420
16	28 支払った	△28	392
17	50 〃	△50	342
18	22 もらった	＋22	364
19	25 もらった	＋25	389
20	200 もらった	＋200	589
21	28 支払った	△28	561
22	22 支払った	△22	539
23	権利書 350 売った	＋350	889
24	〃 300 買った	△300	589
25	家を建てた	△450	139

現金帳簿残高　89　　　　　現金実際有高　89

・交渉をおこない，カラーグループを2種類そろえることができた。

・ルールを理解し，他人に協力するなどグループにも貢献できた。

・自分のことだけでなく，全体を見ながらゲームを進めることができた。

・自分のことだけでなく周りを見ながら進めるという視点に欠けていた。次回はぜひ取り組みたい。

・短時間で実施するのだから，まずはカラーグループをそろえるのではなく，さまざまな色を多く持ち，交渉することでそろえたほうがよいと感じた。

・カラーグループをそろえようと強引に交渉してみたが，レンタル料を稼ぐ前に終わり，赤字になってしまった。

142 ——◎

（5）第4回実践

　イベント数が増加し記入欄が足りなくなった学生がいたため，イベント記入欄を40から45に増加させた。今次の授業目標は「グループ全体を見ながらおこなうこと」である。今回は，ゲームを速く進行させるために，ローカルルールとして全員に1枚カードを配布した。必要に応じてローカルルールを設定することは有効である。

　今回は4回目ということで，かなりスムーズに進行させていた。イベント数も最小が21，最大が45（平均30.4）とさらに増加した。現金の帳簿残高と実際有高が合致した学生は4人（30.8％），差額絶対値の平均も71.1と少しずつではあるが順調に減少している。最後に感想を書かせ終了する。

　記録表をならべてみると，前回よりもさらに整然と記帳されていることが読み取れる（**図表7−5**）。学生たちもかなり慣れてきたようである。計算ミスを防ぐために収入と支出の色を変えて記入する工夫をしている学生もいた。その一方で

図表7−5　記録表①−4

* 以下のポイントに気をつけて内容を記録して下さい
* 現金の「入」(+)，「出」(△)を記録します
* そのときどきの現金の「残高」を記録しておきます

番号	できごとの内容	現金出納「入」(+)「出」(△)	現金残高
1	1500ドルもらった	+1500	1500
2	レンタル料 14ドル払う	△14	1486
3	2ドルもらう	+2	1488
4	権利書 200ドル払う	△200	1288
5	200ドルもらう	+200	1488
6	権利書 140ドル払う	△140	1348
7	〃 150ドル払う	△150	1198
8	10ドルもらう	+10	1208
9	200ドルもらう	+200	1408
10	6ドル払う	△6	1402
11	48ドルもらう	+48	1450
12	10ドル払う	△10	1440
13	18ドル払う	△18	1422
14	10ドルもらう	+10	1432
15	24ドル払う	△24	1408
16	50ドル払う	△50	1358
17	50ドル払う	△50	1308
18	200ドルもらう	+200	1508
19	1000ドル払う	△1000	508
20	100ドルもらう	+100	608
21	200ドルもらう	+200	808
22	50ドルもらう	+50	858

記入表① -4 のように時間に追われるあまり，金額のみの記入になる学生もいた。
　感想は以下の通りである。

・今回は多くの交渉をおこない，初めてホテルを建設することができたのでよかった。

・積極的に競売や交渉をおこなった。もっとリスクを恐れず攻めてもよかった。

・今日の目標は多くの物件を買うことだったがうまくいかなかった。

・前回の反省を踏まえて積極的に土地を購入したが，交換交渉はうまくいかなかった。

・イベント数も増え，しかも帳簿残高と実際有高も一致したので計画通りだった。

・土地の売買はタイミングが大切だとわかってきた。慎重になりすぎずおこないたい。

・競売では相手が高い値段で競り落とすように妨害行為に努めた。これも戦略の一つだと思う。

・あえて刑務所から出ないのも，レンタル料を払うリスクを負わずに競売に参加できるのでよいと思った。

・手持ちのお金が少なかったこともあり，取引の回数を意図的に減らしたが，あまりメリットを感じなかった。次回は序盤から積極的にいきたい。

（6）第 5 回実践

　かなりルールを理解してきたので，要求を高くしてみる。今次の授業目標は「自分が社長で 4 つのラーメン屋を経営しているとしたらどの店舗がもっとも利益をあげているか，どのラーメンが利益を産んでいるか，どこの商店と取引をしているかが知りたいと思う」である。どの相手からお金を多くもらってどの相手にお金を多く払っているかがあとから分析できるように記録することを指示した。

　今回は 5 回目で進行はスムーズであったが，前回よりも記入する項目が多かったせいか，家がなかなか建たず地味な印象だった。モノポリーボードを 1 つ増やしたため，回転もよかった。グループあたり人数が異なっているため単純比較はできないが，イベント数も最小が 26，最大が 50（平均 35.9）とさらに増加した。現金の帳簿残高と実際有高が合致した学生は 6 人（40.0%），差額絶対値の平均も 39.9 と劇的に良化した。多くの情報を書くために，記帳が丁寧になった結果であ

図表7－6　記録表①－4

* 以下のポイントに気をつけて内容を記録して下さい
* 現金の「入」(＋)、「出」(△) を記録します
* そのときどきの現金の「残高」を記録しておきます

番号	できごとの内容	現金出納「入」(＋)「出」(△)	現金残高
1	銀行 1500 もらう	+1500	1500
2	リーディング鉄道を買う	-200	1300
3	コンサルタント料をもらう（労働者集会）	+25	1325
4	ペンシルバニア通りレンタル料をはらう △	-28	1297
5	銀行から200もらう（ゴール）	+200	1497
6	所得税を200はらう	-200	1297
7	リーディング鉄道レンタル料を25もらう ○	+25	1322
8	バージニア通りを買う	~~160~~	1162
9	ケンタッキー通りレンタル料をはらう ○	-18	1144
10	アトランティック通りを買う	-260	884
11	リーディング鉄道レンタル料をもらう ○	+25	704
12	バージニア通りレンタル料をもらう ○	+12	921
13	ノースキャロライナ通りを買う	-300	621
14	アトランティック通りレンタル料もらう ○	+22	643
15	銀行から200うけとる（ゴール）	+200	843
16	リーディング銀道レンタル料とる ○	+25	868
17	誕生日祝い 3人から10ドルずつとる ○	+30	898
18	オリエンタル通りレンタル料はらう ○	-6	892
19	コネチカット通りレンタル料はらう ○	-8	884
20	入院費をはらう ○	-100	784
21	パシフィック通りを買う	-350	434
22	マービンガーデン通りを買う	-280	154

ると推察される（**図表7－6**）。最後に感想を書かせ終了する。

　感想は以下の通りである。

・少人数だったため，イベント数が多くなり，家も多く建てるなどゲームがすごく動いた。

・カラーグループをそろえて家を建てるタイミングが遅かった。タイミングが大事であると感じた。

・イベント数が増えた結果，記帳がおろそかになり残高が一致しなかった。

・ルールがよくわかっていなかった箇所があったので，つぎはそれを理解して進めたい。

・あらかじめ狙っていた土地を購入でき，ホテルまで建てられたのでよかった。戦略の大切さを実感した。

・競りの方法がよくわからないため，土地を買うことができなかった。

・刑務所から出られるカードを6倍の値段で売ることができた。知識は大事である。

・○○に＄●●払ったという書き方をすると誰に何回払ったのかがひとめでわかった。

・前半に多くの土地を買ったことで後半安定した収入をもらえた。またその間に刑務所から出ないでいることはリ. スク回避に役立った。

・積極的に競売や交渉をおこなったため，カラーグループが初めて揃い，初めて家を建てることができた。

・将来経営をするとしたら，どこの土地を買えば儲かるかの指標になったと思う。

・ゲームをするたびに帳簿残高と実際有高の差額が減り，安定してきた。

・今回ははじめて自分から交換交渉をおこなった。

（7）第5回実践の分析

　今次の授業ではゲームによる実践をおこなわず，前回の実践データをもとに，どの相手にたいしいくら払ったか，またどの相手からいくらもらったかを分析させた。そのために準備した多くの記録表に記入させ，生産性の高い物件を理解させるために，金額の高い順に備考に順位をつけさせた（図表7－7，図表7－8，図表7－9）。

　多くの学生は誰に支払ったか，誰からもらったかを網羅できていない状態であり，正確に記入できているように見える学生でもいくつか記入漏れが散見される。同じ土地にたいして2回以上支払う場合もあるので，表における欄を単価と回数に分類したほうがよかったかもしれない。

図表7－7　記録表②　財産リスト

② あなたの財産は？（いくらで買った土地や建物を所有していますか）

番号	財産の内容（土地や会社名は固有名詞で。家を建てている場合は軒数）	いくらで買いましたか	備考
1	現金	－	
2	コネチカット通り	120	5
3	オリエンタル通り	100	6
4	ペンシルバニア鉄道	200	3
5	地中海通り	60	7.
6	ベントヘール通り	260	1
7	イリノイ通り	240	2
8	ショートライン鉄道	200	3

図表7－8　記録表③　支出リスト

③ 他人が所有する土地や建物にいくらレンタル料を払いましたか

番号	どこに	支払った先は	いくら	備考
1	刑務所に支払った		50	1
2	パシフィック通り		26	2
3	(共同基金) うち修繕として＄30払う		30	
4	インディアナ通り		18	4
5	ステーツ通り		10	7
6	テネシー通り		14	5
7	セントジェームスプレース		14	5
8	ノースキャロライナ通り		26	2

図表7－9　記録表④　収入リスト

④ あなたの所有する土地や建物あるいは会社はいくらレンタル料などを獲得しましたか

番号	どこに	支払った人は	いくら	備考
1	銀行から受け取った		200×4=800	1
✓2	ペンシルバニア鉄道		25	4
3				
✓4	コネチカット通り		8	8
✓5	ペンシルバニア鉄道		25	4
3-6	ベントール通り		22	6
7	(共同基金)誕生日のため＄10受け取り		30	
✓8	コネチカット通り		8	8
✓9	ペンシルバニア鉄道 (鉄道2つ分)		50	3
10	イリノイ通り		20	7
✓11	ペンシルバニア鉄道 (鉄道2つ分)×2(共同基金)		100	2
12	(共同基金) コンサルタント料金		25	

※備考欄には金額の多い順に数字を振ってください

（8）第6回実践

　前回，収入要因と支出要因の分析をしたことで，ゲーム戦略をかなり立案できるようになった（図表7－10）。そこで今次の授業目標は「前回の実践を踏まえ，より利益をあげられる戦略を立てて実践しなさい」である。前回同様にどの相手からお金を多くもらってどの相手にお金を多く払っているかがあとから深く分析できるように，前回よりも詳細に記録するように要求した。

　今回は6回目で進行はスムーズであったが，前回の分析を踏まえて慎重になったせいか，いつもよりもイベント数が少ない。今回は欠席者が多かったため，モノポリーボードは3台で実施する。イベント数は最小が21，最大が50（平均29.0）と減少したが，現金の帳簿残高と実際有高が合致した学生は6人（50.0%），差額絶対値の平均も15.4と劇的に良化した。多くの情報を書くために，記帳が丁寧

図表 7 － 10　経営戦略立案

⑤ どの土地が多くのお金を獲得した，あるいは誰に多くのお金を支払ったなどから，あなたがどのような経営戦略をとろうと思うかを記録表の数字をもちいながら，また説明書のことばをもちいながら書きなさい。

ペンシルベニア鉄道・ショートラインに鉄道と鉄道を2本押さえたことで、通常の倍のレンタル料が入った。実質其金により鉄道に停する人もいたので臨時収入もあり、また一番の収入源となった。今回は4回しかできなかったが、もし続くなら、エリヤリを優先して、電気会社・水道会社・鉄道をとっていたかったと思う。

	フライホイット通リ	イリノイ通リ	鉄道
△	120	240	400
+	16	20	175

（※ オリエンタル通リ（100）　地中海通リ（60）　ベントール通リ（260）

また、今回は誰か特定の人に収入が支払いを上回ることはなかった。（█████・██、█████・██ 20－14）しかし、これも通リー帯を欲しないがった為と思える。今回は、それを目的にあえてバラバラに土地を購入していたが、ある程度実判になったと感じた。

図表 7 － 11　記録表①－ 4

* 以下のポイントに気をつけて内容を記録して下さい
* 現金の「入」(＋)，「出」(△)を記録します
* そのときどきの現金の「残高」を記録しておきます

番号	できごとの内容	現金出納「入」(＋)「出」(△)	現金残高
1	銀行より 1500 もらう	＋1500	1500
2	オリエンタル通リのレンタル料(6)を若林に支払う	△6	1494
3	刑務所見学　なにもなし	0	1494
4	ニューヨーク通リ 買う	△200	1294
5	若林より 50 もらう	＋50	1344
6	パシフィック通リ レンタル26 上原に支払う	△26	1318
7	銀行から 200 もらう	＋200	1518
8	リーディング鉄道　かう	△200	1318
9	見学	0	1318
10	ペンシルベニア鉄道　かう	△200	1118
11	刑務所に入る	〃	1118
12	なにもなし	〃	1118
13	セントジェームスプレース　かう	△180	938
14	ベントール通リ　かう	△260	678
15	パークプレース　かう	△350	328
16	銀行から 200	＋200	528
17	セントジェームス レンタル料(14)上原に支払う	＋14	542
18	リーディング鉄道　なにもなし	0	542
19	バージニア通リ レンタル(12)上原に支払う	△12	530
20	ベントール にレンタル料22 上原にもらう	＋22	552

になった結果であると推察される（**図表 7 － 11**）。最後に感想を書かせ終了する。

　感想は以下の通りである。

・今回は多くの土地を買ったが，カラーグループをそろえられず家を建てること

ができなかった。早めに交換交渉をすればよかった。

・交渉でカラーグループをそろえたが，家を建てるお金がたりなかった。どのようにお金を捻出するかをつぎまでに考えておきたい。

・もう少しで初めてホテルを建てることができそうだった。前のめりの姿勢がよかった。

・次回は相手の独占の妨害を試したい。

・前回はあらかじめ買う土地に狙いをつける作戦が成功したが，今回はうまくいかなかった。臨機応変に対処する必要がある。

・交換交渉をせずにカラーグループをそろえることができたのでよかった。

・安い土地ではあるが，カラーグループをそろえ，一気に多くのホテルを建てた。その結果独占の一歩手前まで行くことができた。

・マス目の早い場所にホテルを建てたために多くの人が止まった。建てる場所も大事であることがわかった。

・多くのレンタル料をもらうためには，交換交渉で少々高くても土地を買いカラーグループをそろえるべきだった。

・鉄道を3つそろえると非常に強力であることがわかった。

・交換交渉を求められて，自分に多少の利益があっても相手にカラーグループをそろえられると困るため，応じなかった。

・自分が土地を持っていないと人が持つ可能性が高まるため，相手に独占させないためにも購入する必要がある。

・不要の土地を売り，早期に家を建てるという戦略がうまくいき，多くのレンタル料を稼いだ。1つうまくいくと交渉もうまくいき，いろいろなことができるようになった。

（9）第6回実践の分析

　今次の授業ではゲームによる実践をおこなわず，前回の実践データをもとに，どの相手にたいしいくら払ったか，またどの相手からいくらもらったかを分析させた。そのために準備した多くの記録表に記入させ，生産性の高い物件を理解させるために，金額の高い順に備考に順位をつけさせた。

　前回の分析表は分析しづらいという意見が多かったので，その意見をもとに改

善した（図表7－12，図表7－13，図表7－14）。

　所有財産の表を2つ作成したが，②-2への記入は皆無であったため，無駄で
あったようだ。複数回獲得したものにたいしては，単価欄と回数欄を設けたほう
がわかりやすい。上記以外の支払いの欄には他人と交渉して取得した土地代等を
記入しているようである。

　図表7－15以外の感想をいくつかあげてみる。

・分析の結果，パークプレース通りが一番多くのレンタル料を獲得していた。一
　方でリーディング鉄道に同程度の金額を支払っていた。わたしの経営戦略は早

図表7－12　記録表②－1，②－2　所有財産について

②-1 あなたの財産は？（いくらで買った土地や建物を所有していますか）
※備考欄には金額の多い順に数字を振ってください

番号	財産の内容（土地や会社名は固有名詞で。家を建てている場合は軒数）		いくらで買いましたか	備考
		例）イリノイ通り $120　家2軒 $300	$420	
1	コネチカット通り		$120	7
2	ビーアンドオー鉄道		$200	5
3	水道会社		$150	6
4	インディアナ通り	ホテル	$220, $750~	1
5	アトランティック通り		$260	4
6	パークプレース通り		$350	3
7	バーモント通り	ホテル	$200, $750	2
8	オリエンタル通り	ホテル	$200, $750	2

※ 4,6,8は
3つ合わせて
$750.

②-2 あなたの財産は？（上記以外）

番号	財産の内容（土地や会社名は固有名詞で。家を建てている場合は軒数）	いくらで買いましたか	備考
1	現金		
2			
3			

図表7－13　記録表③－1，③－2　支出項目について

③-1 他人が所有する土地や建物にいくらレンタル料を払いましたか
※備考欄には金額の多い順に数字を振ってください

番号	どこに	支払った先は	いくら	備考
	例）イリノイ通り		$100	
1	セントジェームスプレース		$28	1
2	テネシー通り		$14	2
3	ペンシルバニア通り		$28	1
4	バルティック通り		$10	3
5	電力会社		$28	1
6	バーモント通り		$6	4

③-2 上記以外の支払いには何がありましたか

番号	どこに	支払った先は	いくら	備考
1	所得税　$200 &x.T	国税庁	400	1
2	スピード違反 $15B	警察	$15B	2

図表７－14　記録表④－１，④－２　収入項目について

④-1 あなたの所有する土地や建物あるいは会社はいくらレンタル料などを獲得しましたか

※備考欄には金額の多い順に数字を振ってください

番号	どこの土地/会社が		いくら	備考
1	例)イリノイ通り		$20	
2	コネチカット通り		$24	5
3	ビーアンドオー鉄道		$50	3
4	水道会社		$25	4
5	インディアナ通り（ホテル）		$600	1
6	オリエンタル通り（ホテル）		$550	2
7	バーモンド通り（ホテル）		$550	2

④-2 上記以外でどのようにしてお金をを獲得しましたか

番号	どこから		いくら	備考
1	事業開始のため銀行から受け取った＄1500		$1,500	1
2	給料として銀行から受け取った＄200		$400	3
3	共同募金		$50	4
4	インディアナ通りを売る		$500	2
5	アトランティック通りを売る		$400	3

図表７－15　記録表⑤　経営戦略について

⑤ どの土地が多くのお金を獲得した、あるいは誰に多くのお金を支払ったなどから、あなたがどのような経営戦略をとろうと思うかを記録表の数字をもちいながら、また説明書のことばをもちいながら書きなさい。

④-1 から読み取れることとして、土地の購入額が安い土地にホテルを建てることで、無駄な出費を最小限におさえることができた。

②-1 から読み取れることとして、前回の反省として、スゴロクのコマの目が早い土地の方が、通行料を多く獲得できることがわかっていた為、ゲームの流れとしてマス目の最初の方の土地を獲得し通行料を得た。さらに、多く通行料をもうける土地にホテルを建てたことにより、合計して＄1200の通行料を獲得ができた。

④-2 から、ホテルを建てる為の費用を獲得する為に、自分の持っている土地を、右に$500、左に$400の値段交渉し売ることに成功した為、ホテルを建てる費用を獲得できた。

（追加）また、所有する土地を必要最低限にしたことで、無駄な土地の購入費用を減少させ、ホテル建設に手応できた。

全体の感想として、無駄な出費を減少させ、通行頻度の多い土地を独占し、ホテルを建てることで多くの通行料を獲得できた。

また、ホテル建設の費用を、他のプレイヤーに自分の持っている土地を売ることで、獲得できた。

前回の反省を生かして、ゲームを進行できた為、結果として良かった。次も同じ経営戦略をとろうと思う。

くカラーグループをそろえて多くのレンタル料を獲得することであった。実際に10の土地を保有し，合計＄453のお金を得ることができたので成功であった。

・わたしの財産でパシフィック通りがもっとも多くのお金を獲得することができた。一方でU君に多くのお金を支払っていた。U君は序盤に多くの土地を買い占め，多くの収入を獲得することに成功していた。序盤にカラーグループをそろえるために，積極的に交渉をしたり競売に参加したりすべきであった。

・最初は成り行きで土地を買ったが，土地が売り切れたあたりで積極的に交渉をしたり競売をしたりした。手持ち現金は少なめに設定してリスクを取った。そしてある程度軌道にのったカラーグループ以外は売却し，家やホテルを建設すると，その戦略が成功し勝利をおさめた。

・もっとも多くのお金を獲得したのは鉄道の複数所持によるものだった。次回以降も鉄道，水道，電力会社を交渉してでも狙いたいと思う。もっとも支払ったのはカラーグループをそろえ，ホテルをたくさん建てた物件にたいしてである。自分が同じ戦略をとるか，できない場合は妨害工作をする方法が考えられる。状況に応じてやっていきたいと思う。

・レンタル料が少ない土地は購入額も安い。そのような土地にホテルをたくさん建てるという戦略で大きな利益を受けることができた。またマス目が早い土地のほうが通行料を多く獲得できることを知っていたため，その土地を獲得し，レンタル料を獲得できた。また不要な土地を売却し，収益をあげている必要最小限の土地にホテル建設を集中できたことも勝因であった。

・今回は購入するカラーを決めていたがうまくいかなかった。最初はあまりカラーを決めずに購入したほうがよかった。

・序盤に多くの土地を購入したI君にやられてしまった。その作戦がよいことはわかっていたが，サイコロの関係でうまくいかなかった。戦略だけでなく運も必要であることが分かった。

・カラーグループを早くそろえ，家を各土地に1軒ずつ建て，その収入源をもとに拡大していくという戦略だった。レンタル料は＄207，家を建てた土地によるレンタル料は＄176と全体の約9割を占め，安定した収入を獲得することができた。戦略は成功だった。

　ゲームの説明書には参加人数は 2 ～ 8 人となっているが，3 人グループだと慣れていない場合は，考える時間も記帳する時間もなく，あせるばかりになってしまう。しかしグループ内人数が少ないほど，土地の持ち合いにならずにカラーグループをそろえやすい。その結果，家やホテルを建てやすくなり，ゲームが動きやすくなるため，最初は 4 ～ 5 人，慣れてくれば 3 ～ 4 人，最終的には 4 人がベストな人数であると思われる [16]。6 人以上で実施するとただのすごろく遊びになってしまう蓋然性が高いため注意を要する。

3── ゲーミフィケーション後の考察

（1）活動後の学生の感想

＜する前とした後の変化＞

・記録表の書き方を，より考えて作成できるようになった。

・ゲームを楽しむだけでなく，簿記の授業や，普段の金銭管理に活かせるように考えながら取り組めるようになった。

・プレイヤー同士における金銭をもちいた交渉など，よりモノポリーの深いゲーム性も楽しむことができた。

・時間配分に気を付けた戦略も考えることができた。

＜モノポリーを終えての感想＞

・説明書を読むことに慣れていないことが分かった。

・モノポリーを通してどうすれば少しでも多くのレンタル料を集めることができるのか考えることで，経営戦略に沿って進めることができるようになった。

・安く買える土地をたくさん所有することで，もらうレンタル料を増やす戦略をとろうと思った。

・カラーグループをそろえるなどの戦略を立て，無駄な支出を減らし，計画性のある買収や占領をおこなおうと思う。

・安い土地はあまり利益にならないので買わないようにした。

（2）実践データの考察

　実際有高平均の推移は 1 回目から順に，1,107.8 円，648.8 円，705.4 円，827.7 円，

図表7－16　モノポリー実践における諸データ

	1回目	2回目	3回目	4回目	5回目	6回目
イベント数	13.8	20.9	25.1	30.4	35.9	29.0
帳簿残高	951.6	703.0	796.9	815.6	577.0	598.6
実際有高	1,107.8	648.8	705.4	827.7	577.0	598.0
差額	156.3	-56.2	-91.5	-61.1	0	-0.6
差額絶対値	158.8	101.3	93.5	71.1	39.9	15.4
標準偏差	227.6	127.2	111.0	117.8	78.3	25.3
参加者数	13	13	14	13	15	12
金額合致人数	4	4	3	4	6	6

（注意）5回目のみ4台，残りは3台のボードで実施している。
（出典）本書筆者作成。

577.0円，598.0円となっている（**図表7－16**）。最初は土地や家を買うことを躊躇していたが，だんだん購入するようになり収益が上がり，その後さらに買い進めている様子がうかがえる。

　帳簿残高平均と実際有高平均の差額を出してもあまり意味がない。そこで各プレイヤーの差額の絶対値を平均した。また帳簿残高と実際有高の差額絶対値の標準偏差についても算出した。帳簿残高と実際有高が合致する人数も着実に増加し，ばらつきも着実に減少している。また分析をするために丁寧な記帳をおこなうように指示した5回目以降にばらつきが顕著に減少していることは偶然ではないと推察される。

（3）ルーブリック評価

　学生がどれくらい目標を達成したかを明らかにするためにルーブリック評価を実施した。このルーブリック評価は本学基盤教育センターが作成し，通常CSLにおいて利用しているものを使用した（**図表7－17**）。

　参加学生16人のトータルで考えると，アクティビティ前の評価が63ポイントであったものが78ポイントに増加している。増加の多かったものは問題解決力（3ポイント増加），多文化理解力，実現力（それぞれ6ポイント増加）であった。自己実現力は10人ができるようになったと回答している一方で，3人が開始前はできたのにアクティビティ後はできなかったと回答している。ルーブリックテストは自己評価であり，客観的指標がないために，このようなことが起きうる。そ

図表 7 − 17　ルーブリック評価

2019年度 CSLにおける目標の到達チェックシート

| プログラム名 | | | 学籍番号 | | 対象学生氏名 | |

		レベル1 CSL Ⅰ A	レベル2 CSL Ⅰ B	レベル3 CSL Ⅱ	レベル4 CSL Ⅲ
技術力・知識力		必要な情報をインターネットや書籍、報告書、新聞などから集めることができる。	集めた複数の資料を整理し、課題や仮説を見つけることができる。	発見した課題や仮説を分析したり検証したりすることができる。	発見した課題や仮説を分析したり検証したりするだけでなく、今後発生するであろう課題を予測し、自分なりの考えをまとめることができる。
		信頼できる情報を選ぶことができる。	信頼できる複数の情報をわかりやすくまとめることができる。	信頼できる複数の情報を関連づけたり活用したりすることができる。	信頼できる複数の情報を関連づけたり活用したりするだけでなく、専門的な知識・技術に基づいた説得力のある提案をおこなうことができる。
問題解決力		コミュニティの課題を理解することができる。	コミュニティの課題を理解し、その原因を探ることができる。	コミュニティの課題を理解し、原因を探るだけでなく、解決するための方法を提案することができる。	コミュニティの課題を理解し、原因を探るだけでなく、専門的な知識・技術に基づいた解決方法を提案することができる。
		自分の課題を解決する方法を少なくとも1つは挙げることができる。	自分の課題を解決する方法を複数挙げることができる。	自分の課題を解決する方法を複数挙げることができるだけでなく、その中から最善のものを選ぶことができる。	自分の課題を解決するだけでなく、課題の解決へ向けた計画を立て、実践することができる。
コミュニケーションスキル		議論の中で、自分の意見を自分の言葉で言うことができる。	議論の中で、自分の意見を自分の言葉で言うだけでなく、他の人の意見をきくこともできる。	議論の中で、異なる意見をまとめたり建設的な意見を言ったりすることができる。	議論の中で、異なる意見をまとめたり建設的な意見を言ったりするだけでなく、他者に対する思いやりや協調性をもち、調整案や解決案をだすことができる。
		コンピュータを用いたプレゼンテーションのやり方について理解することができる。	コンピュータを用いたプレゼンテーションをすることができる。	コンピュータを活用し、自ら情報を発信することができる。	コンピュータを十分に活用し、データの収集や分析に基づいた適切な情報を自ら発信することができる。
社会的関係形成力		CSLプログラムのルールを理解することができる。	CSLプログラムのルールを理解し、守ることができる。	CSLプログラムのルールを理解し、守るだけではなく、他の人のモデルとなるような行動をとることができる。	CSLプログラムのルールを十分に理解し、守るだけでなく、他者の立場に立って助言やアドバイスをすることができる。
		チームやグループで行動することの大切さを理解することができる。	チームやグループのメンバーとして、自分の役割を果たすことができる。	自分の目的を達成するため、チームやグループを形成することができる。	他者と協力して、チームやグループの目的を達成することができる。
多文化理解力		自分の考えとちがう意見を聞こうとすることができる。	自分とちがう意見も、相手の言いたいことを理解したり確認したりすることができる。	自分とちがう意見について理解するだけではなく、建設的な意見を言ったり求めたりすることができる。	自分とちがう意見について理解し、建設的な意見を言ったりするだけでなく、グループ全体の合意を形成することができる。
		様々な価値観や考え方について、興味や関心をもつように努めることができる。	様々な価値観や考え方について、興味や関心をもち、積極的に情報を集めている。	様々な価値観や考え方について、興味や関心をもち、積極的に情報を集め、自分なりに分析したりすることができる。	様々な価値観や考え方について積極的に情報を集め、理解したり分析したりするだけでなく、さらに収集を行い、尊重することができる。
自己実現力		いま自分がしてみたいことを実現するための目標を設定することができる。	将来自分がしてみたいことを実現するための目標を設定することができる。	将来自分がしてみたいことを実現するための目標を設定し、具体的な人生設計や職業分野を定めることができる。	将来の目標や具体的な人生設計・職業分野を定めるだけでなく、地域社会の「幸福」についても自分なりの人生観を明らかにし、説明することができる。
		自分の強みと弱みを把握することができる。	自分の強みと弱みを把握し、強みを伸ばすための明確な目標を設定することができる。	自分の強みを伸ばすための明確な目標を設定し、人生設計に役立てることができる。	自分の強みを伸ばすことを通じて明確な人生設計をし、将来の夢の実現に向けて計画に努力することができる。

（出典）鎮西学院大学基盤教育センター作成。

れまでの自分はできていたと思ったが，もっと努力してもっとできるようになりたいと考えたということなのでそれはそれで素晴らしいと考える。

（4）ローカルルールについて

　全6回のなかで実施したローカルルールはつぎの3つである。1つめに銀行係は設置せずに全員が銀行係を兼ねる，2つめに時間を65分に区切って実施する，3つめに権利書のカードを全員に配布する。

　1つめについては全員に戦略を考えてもらうためにわたしが独断で決めたものであり，2つめについては授業時間が90分であるという時間的な制約からやむを得ずに実施したものである。しかし3つめのルールは「限られた時間内でもっと経済活動を活発にするにはどうすればよいか」というわたしの問いにたいする学生たちの意見を採用したものである。

　実際にはこれらのローカルルールはオルベーンズによってすでに述べられてい

る[17]ものである。しかしブルーナーの発見学習ではないが，誰が最初に考え出したかを問題にするのではなく，自分たち自身が考えだしたということがもっとも重要なのであり，自分たちが発見したというその体験こそが尊いと考える。

（5）間違いの原因にたいする考察

　ここで現金の帳簿残高と実際有高の際の原因はつぎの4つであると推察される。①記帳忘れ，②記帳間違い，③両替間違い，④お釣りの間違い。記帳忘れや記帳間違いはある意味想定内であったが，両替間違いやお釣りの間違いが意外と多くあったように見受けられた。電卓の使用は禁止していないが，業務が忙しくなると暗算でやろうとして計算間違いをしているようである。コンピュータや電卓の普及により暗算は不必要だという声も聞くが，一方で小売業においては値引き交渉や価格設定時に簡単な計算が必須であるという意見も聞く。せめてお釣りくらいは間違えないようにして欲しいものである。

　また進行における間違いとしてはつぎの2点があげられる。①遊び方説明書（ルールブック）の理解不足，②カードの指示の理解不足。わたしは実践を見ていて積極性がないだけだと感じていたが，実際には「ルールの説明書がよくわからなかった」ことが感想によって明らかになった。このことを放置していては営業職として就職しても，ルールがきちんと理解できない場合は，商品等の取扱説明書が読めずに仕事にならなかったり，社内ルールが理解できずにコンプライアンスを順守できなかったりすることが予想される。

　簿記の模擬実践のなかで多くのことを学ばせることは可能である。しかしそれはファシリテーターである教員がどのような知識を持ち，どのような知識を学生につけたいと考えているかによる。このような実践はある意味で「出たとこ勝負」になる蓋然性が高く，教員も息が抜けない。

　AIは解答につながるキーワードを膨大なデータのなかから選択し，それが出現するとそれにひもづいている単語を解答する。その結果として「作問者のほんのちょっとした癖をAIが覚えて精度が上がることもあ[18]」とされる。簿記でいえば，買掛金と未払金の見分け方として商品か商品以外かで判断するのが一般的だが，ある学生が他の学生に「『月末に支払う』と書いてあったら未払金になる」と教えているのを聞いて衝撃を受けたことを思い出す。あわてて過去問題を

確認してみたが確かにそのルールで正答が得られる。未払金は月末払いとすることが多いが，10日後でも50日後でも問題はない。実務において慣習的に月末払いにすることが多いことから多くの作問者が出題した結果，そうなったのであろうが，このような解答の仕方がAI読みといわれても反論する言葉はまったくない。

　書く速度が遅い生徒に合わせたプリントやワークシート類，情報化を推進するための電子黒板が，ノートの取れないまま卒業する小学生を多量に生み，彼らはそのままノートの取れない中学生，高校生，大学生になった。そのなかで彼らは『キーワード検索でプリントを埋める』とか『そのプリントでテスト対策をする』術を身につけていったと推察される[19]。ワンテンポ遅れる子は①集中力が途切れている，②指示内容を理解できていても何をしてよいか考えつかない，などの原因が考えられる。隣の子を真似することで授業をやり過ごしている生徒は，多くの場合，論理的な考え方が身についていない[20]。

　わたしの簿記会計基礎教育についての調査によれば，財務諸表作成手続きが無味乾燥なものであることから，多くの「簿記嫌い」の学生を生み「簿記離れ」が進んでいる。また「統一した経理ルールがある」「ルーティンワークが多い」という性質がある経理業務は，AIで置き換えやすく，消滅する仕事に分類されていることも簿記離れを加速させている。現在ではまだ簿記検定取得者が就職活動の際に有利となるために検定受検を奨励しているが，早晩このような流れはなくなると考えている。

（6）戦略に関する考察

　各自が記入することによって，どの土地あるいはカラーグループの生産性が高いか，あるいは低いかを感じ取っている。

　たとえば，鉄道（リーディング，ペン，P&O，ショートライン），オレンジ（セントジェームス，テネシー，ニューヨーク），レッド（ケンタッキー，インディアナ，イリノイ），イエロー（アトランティック，ベントール，マービンガーデン）等の土地はほかの土地と比較してコマがとまりやすい。これは刑務所に入る確率が高いことから，その後に止まる確率が高いことを多くの学生が指摘している[21]。それ以外には，刑務所に入ったまま競売に参加すれば，リスクを避けながら進めることを

見つけ，実践していた学生もいた。これらの推論の正誤はさておき，自分の力で戦略をたて，それをすぐに実践できることがゲーミフィケーションによる学習の楽しさであり，醍醐味だと思われる。そのため意図的に文献やウェブサイトによる学習時間を取らなかった。それが効果的だと考えている。

（7）簿記会計学習に関する考察

簿記会計未学習者が多い2年基礎ゼミの授業で実施したため，簿記に関する説明時間はまったくなかった。そこで「簿記嫌い」になることを恐れ，損益計算書や貸借対照表の作成まで，おこなわせることができなかった。しかし実践後に振り返ってみると，実施できないことはなかったかもしれない。

当然，簿記会計学習の一環としておこなうのであれば，仕訳まで進むべきであっただろうし，毎回のゲームの最後には現金の帳簿残高と実際有高の差額を計算させるだけでなく，人生ゲームの最後のように権利書や家のすべてを現金化してどれくらいの収益があがったかを算出させるべきであっただろう。しかし現金の帳簿残高と実際有高の差額を計算させるだけで手一杯の印象を受けたため，それ以上先に進ませることができなかった。これはわたし自身の反省点でもある。

権利書や家のすべてを現金化しないならば，まったく権利書を購入せず，家も建てないでたくさんの現金を貯め込んで何が悪いのかと思っていた学生もいたかもしれない。そのあたりは反省すべき点として挙げられる。

最後にすべてを現金化した場合の財務諸表について，大森田の作成例を記載する（**図表7－18，図表7－19**）。

図表7－18　モノポリーにおける貸借対照表

（資産の部） 固定資産 家の建っている物件 所有物件の半額 流動資産 所有物件の半額 （抵当額） 現　金	（資本の部） 資本金 1,500 ドル
	利益

（出典）大森田不可止『モノポリーの数学的考察』，https://note.com/strike777/n/n67378a1d95eb，最終修正 2006 年 5 月 28 日 ［2022 年 12 月 19 日閲覧］。

図表7－19　モノポリーにおける損益計算書

利益	（営業収入） 物件での収入 取引利益 （営業外収入） サラリー カードでの収入
（経費） 物件での支払い 抵当金利 家の取り壊し （営業外損失） 税　金 カードでの支払	

（出典）同上ウェブサイト。

モノポリーのルール上負債は存在しないが，それらしいものが作成できる。

4── 本章における結論

　モノポリーを通して簿記会計に関心を持たせる学習について研究してみたが，試行錯誤の連続でなかなかうまくいかなかった。学生に効果的な学習をさせようとすると，教員の資質に依存することもよくわかった。どんな授業でもいえることではあるが，教員の理解が乏しいと教育効果も乏しくなるということである。そうなるとただのすごろく遊びとなり無駄な時間を過ごすことにもつながりかねない。モノポリーは実際の経済的活動を模した世界的にも知名度の高いゲームであり，娯楽性も非常に高い。それゆえに学習機会であり，娯楽機会ではないことを肝に銘じて実践する必要性はある。

　簿記学習は簿記検定のための授業と同義語として使われることも多い。10歳の壁等で学習意欲をなくした学生，生徒にとって簿記検定等の資格検定が効果的であることは体感するとともに事実として認識している。しかしその一方で検定合格のみを目指す学習がいかに無駄なことなのかもまた実感している。簿記検定をめざしながら，簿記の本質も教える教員も存在するが，その割合は少ないといわざるをえない。検定に出題されない箇所は学習せず，出題される箇所だけをいかに効率的に解答できる能力を育てるかというものが学習であるならば，AIに淘汰されることは間違いない。

　検定授業では，勘定科目の決定もルールにしたがって覚えるのみで事足りる

が，実際にはどの勘定科目にするか，思い悩む場面も多いと思われる。モノポリーによる記録をとおして，自分なりの判断基準が必要なことを知っただけでも有用であると思われる。また，勘定科目を決定する際の判断基準は，経営目標にもつながるものである。わたしは「あなた方は個人経営者です。どのように工夫すれば利益が上がるかという視点でモノポリーをしてください」といって実施させた。実施するにあたって毎回運営目標を設定させることは大事なことであろう。モノポリーをもちいたゲーミフィケーションは簿記学習をおこなううえで「検定簿記＝覚える簿記」から「考える簿記」へ転換するためのきっかけになる可能性を秘めている。

【注】

1 ）Philip E. Orbanes, "Everything I know about business I learned from monopoly," *Harvard Business Review*, Vol.80, No.3, March 2002, pp.51-57.

2 ）工藤栄一郎「モノポリーで学ぶ簿記会計の意義──簿記会計のアクティブラーニング実践とその含意──」『西南学院大学商学論集』第 64 巻第 1・2 号，2017 年 9 月，1-20 頁。

3 ）Margaret M. Tanner and Tim M. Lindquist, "Using MONOPOLY and Teams-Games-Tournaments in accounting education: a cooperative learning teaching resource," *Accounting Education*, Vol.7, No.2, February 1998, pp.139-162.

4 ）吉川英一郎「ボードゲーム "MONOPOLY" による交渉体験教育の可能性」『帝塚山法学』（同志社大学）第 26 号，2014 年，15-44 頁。

5 ）林　徹『モノポリーで学ぶビジネスの基礎（第 2 版）』中央経済社，2019 年。

6 ）Stephen B. Shanklin and Craig R. Ehlen, "Using The Monopoly Board Game As An In-Class Economic Simulation In The Introductory Financial Accounting Course," *Journal of College Teaching & Learning*, Vol.4, No.11, November 2007.

7 ）桃井克将「社会福祉士養成課程におけるボードゲームを用いたアクティブラーニング」『人間生活文化研究』（徳島文理大学）第 27 号，2017 年，625-628 頁。

8 ）野中俊一郎「『モノポリー』の思考アルゴリズムのための一検討」『情報処理学会研究報告』第 18 号，1998 年 3 月，43-48 頁。

9 ）安村禎明，秋山英久，小口邦彦，新田克己「モノポリーゲームにおける交渉エージェント」『情報処理学会論文誌』第 43 巻第 10 号，2002 年 10 月，3048-3055 頁。

10）アスキー・ボードゲーム・アソシエイション編『モノポリーにものすごく強くなる本：世界一のボードゲームに日本一強くなるために』ビジネス・アスキー，1990 年。大森田不可止『モノポリーの数学的考察』，https://note.com/strike777/n/n67378a1d95eb，最終修正 2006 年 5 月 28 日［2022 年 12 月 19 日閲覧］。

11）フィリップ・E・オルベーンズ著，千葉敏生，岡田　豊訳『投資とお金の大事なことはモノポリーに学べ』日本実業出版社，2013 年，221-222 頁（Philip E. Orbanes,

Monopoly, Money, and You: how to profit from the game's secrets of success, McGraw-Hill Education, 2013）。

12）井上明人『ゲーミフィケーション：＜ゲーム＞がビジネスを変える = Gamification』NHK 出版，2012 年，11 頁。

13）2007 年にゲーミフィケーションの将来性を予測したガートナー社によればつぎのような定義となる。「ゲームメカニクスおよび体験デザインを駆使し，人々が自身の目標を達成できるよう，デジタル技術を利用してやる気にさせ，動機づけること」

Biran Burke, *Gamify: How Gamification Motivates People to Do Extraordinary Things*, Routledge, 2014（ブライアン・バーク著，鈴木素子訳『GAMIFY ＝ゲーミファイ：エンゲージメントを高めるゲーミフィケーションの新しい未来』東洋経済新潮社，2016 年，18-19 頁）。

14）井上明人，前掲書，252 頁。

15）たとえば，第 153 回日本商工会議所主催簿記検定（2019 年 11 月 17 日実施）3 級仕訳問題第 1 問の 5 のように証ひょう（請求書）から取引の内容を理解し，適切な勘定科目を選択することができるかを問う問題が出題されている。

16）日本モノポリー協会の公式ルールでは，決勝戦は原則として 4 人卓，予選においては 4 人卓を原則とし，調整が必要な場合は 5 人卓を設けることとされる。

日本モノポリー協会ウェブサイト『2020 年度 モノポリー日本選手権 全国大会 レギュレーション』，https://monopoly-championship.jp/japan/2020/final-regulation.html，2020 年 12 月 9 日最終更新［2022 年 12 月 19 日閲覧］。

17）フィリップ・E・オルベーンズ著，千葉敏生，岡田　豊訳，前掲書，221-222 頁。

18）新井紀子『AI に負けない子どもを育てる』東洋経済新報社，2019 年，24 頁。

19）同上書，184 頁。

20）同上書，178 頁。

21）この指摘は以下の書物によっても裏付けられる。

フィリップ・E・オルベーンズ著，千葉敏生，岡田　豊訳，前掲書，140-153 頁。

大森田不可止，前掲ウェブサイト。

第8章

カンパニーゲームによる経営戦略の涵養

1 ── 経営戦略とゲーミフィケーション

（1）経営戦略

　製造業の会社において，製造部と営業部の意見が対立することはしばしば起こる。製造部はよりよい製品をつくるためにコストが高くなるのはやむを得ないことだと考える傾向にあり，営業部は同業他社よりも販売価格を下げるためにコストが安い製品をつくってほしいと考える傾向にあるからである。製造部がよりよい製品をつくろうと考えるあまりコスト高の製品をつくったり，営業部が多くの製品を売ろうと思いすぎるあまり利益が出ないほどの値引きをしたりすることなど，実は世間に多く存在する。これは企業に限らず，巷間の飲食店においても同様である。

　そこで以前は OJT（On the Job Training；オンザジョブトレーニング）を実施する企業も多かったが，教える側の能力による差や一度に多くの人材を教育したいなどの理由で近年はOff-JT（Off the Job Training）も増加してきている。マネジメントゲームはソフトバンク創業直前の孫社長が好んでおこない，この経験をもとに，現実のソフトバンク商品の料金プラン，さらには人・物・金の配分を導いたことさえあるという逸話もある[1]。学校における簿記教育においても，簿記検定対策の授業を実施するだけで経営戦略について学習する時間がなかなか割けないのが実情である。そこでマネジメントゲームの流れをくむカンパニーゲームをもちいた経営戦略の涵養について実践することとする。

（2）先行研究

　小林[2]，沓沢[3]が大学における実践報告，松原[4]が社員教育に関して研究しているほか，菅原[5]が，ゲーム・ベースド・ラーニング（GBL；Game Based

Learning）が効果的な経験学習の要件を満たしているか否かの研究をおこなっている。これらはすべてボードゲームとしての戦略 MG（マネジメントゲーム）に関しての研究であり，カンパニーゲームとしての研究は厳密にいえばまだない。

2—— 経営戦略ゲーム・カンパニーゲームとは

（1）MG ゲーム，カンパニーゲームの歴史

　1976 年，ソニーがマネジメントゲーム MG 研修というボードでおこなうビジネスゲームを開発した（図表 8 − 1）。マネジメントゲーム（MG：Management Game）研修とは，経営層から管理職，若手・中堅社員の方々を対象としたマネジメントの実践教育プログラムである[6]。ソニーが開発したマネジメントゲーム MG の著作権をはじめとする一切の知的財産権は，ソニーの 100% 子会社である㈱キャリア・デベロプメント・インタナショナル（2001 年にソニー・ヒューマンキャピタルへと社名変更）から教育事業を分割して 2005 年に設立されたマネジメント・カレッジ（株）へと継承され現在に至っている。

　2015 年 6 月，マネジメント・カレッジ（株）監修のもとライトアップ（株）が MG 研修のオンライン版「MG オンライン」を開発し，法人向けの研修を提供開始した[7]。さらに 2020 年 7 月，研修部分を省略し MG オンラインのゲーム部分のみを抜き出した「カンパニーゲーム」を開発し，提供開始し現在に至ってい

図表 8 − 1　マネジメントゲーム　　　　図表 8 − 2　カンパニーゲーム

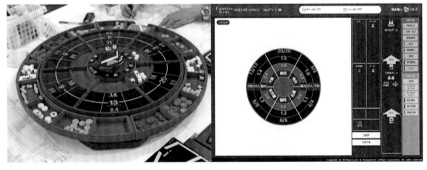

（出典）MG オンラインウェブサイト『マネジメントゲーム MG 研修とは』，https://mg-online. jp/about，［2022 年 12 月 19 日閲覧］。

（出典）カンパニーゲームのスクリーンショット，［2022 年 5 月 11 日作成］。

る[8]。MG ゲームは日本大学，MG オンラインは大阪工業大学，山梨学院大学，カンパニーゲームは早稲田大学，鎮西学院大学等で利用されている（**図表 8 - 2**）。

（2）目標設定

　カンパニーゲームは前述のとおり，マネジメントゲームのゲーム部分を抽出したものであるため，そのまま実施するだけであれば，ただのカードゲームになってしまう恐れがある。そこで事前ならびに事後の学習が重要となる。ルールは**図表 8 - 3**，**図表 8 - 4** のとおりである。

　今回は，大学 3 年生を対象とした。彼らは就職活動をおこなっていたり，就職について考え始めたりしている時期であるため，経営戦略というものを前面に出した指導をおこなった。当然，簿記会計，特に管理会計を中心にした指導も可能である。

（3）カンパニーゲームのルール

　簿記学習の経験者ばかりである 3 年生の授業において実施した。わたし自身アナログボードゲームの授業実践はモノポリーにおいておこなっていたが，オンラインゲームの実践はおこなったことがなかったため，かなり慎重に進めた。

　1 回目の取り組みに向けての授業目標は，「ゲームをするうえでの戦略を立てること」「一巡の取引を実施すること」「販売を 1 回は実施すること」の 3 点とした。カンパニーゲームは最大 6 人，最小 2 人で実施可能である。今回のクラスは 19 人であるが，2 ～ 3 人のグループでは少なすぎると考え，4 グループ（4 ～ 5 人）で実施することとした。カンパニーゲームは，欠席者がいた場合にはグループを作り直す必要がある。そこで 1 企業を複数人で運営するやり方をとる方法が安全性を考えると効果的である。しかし，学生たちに少しでも体感してほしいとの思いから 1 企業 1 人で割り当て，万が一のときにはわたしがフォローする体制とした。

図表 8 - 3 　カンパニーゲームルール①

ルールA		項　目	単　価 記入箇所	能力・効果	注　記
意思決定カードを1枚めくりひとつの意思決定をしてください 意思決定 Management Game MG		製品販売	競争価格 売　上		別　記
		材料仕入	市場価格 材料費		各期の1周目は1人3個まで その後は何個でも可
	採用	ワーカー採用	採用費 0.5/人 一般管理費	機械一台につき 1人必要	採用は何人でも自由ですが、会社の都合で退職させることはできません（セールスも同じ）
		セールス採用	採用費 0.5/人 一般管理費	1人で2個販売可能	広告チップは ・1回何枚でも投資可 ・セールス1人2枚まで有効 ・期末にすべて戻す
		広　告	1.0/枚 販売費	1枚でプラス2個 販売可能	
	機械購入	普通機械	10.0 機械工具	生産能力1個	1台にワーカー1人必要　・減価償却 1.0/期
		アタッチメント	2.0 機械工具	プラス1個	普通機械1台に1個取り付けることができる　・減価償却 0.2/期
		大型機械	20.0 機械工具	生産能力4個	1台にワーカー1人必要　・減価償却 2.0/期
		完　成 　0.1	0.1 完成費	生産能力の範囲内	それぞれ生産能力の範囲内で同時に行う事ができる
		投　入 　0.2	0.2 投入費		
		研究開発	2.0 研究開発費	価格競争力 -0.2	・1回に1枚しか投資できない ・期末に必ず1枚戻す，繰延限度3枚まで

ルールB	項　目	単　価 記入箇所	能力・効果		
待っている間 { カードを引いてから次のカードを引くまでの間 } に実施します	保　険 （1枚のみ）	0.2 一般管理費	火災・盗難時に保険金が受け取れます 災害時及び期末に戻す		
	配置転換	研修費 0.5/人 一般管理費	ワーカー ◀▶ セールス 配置転換ごとに1人につき 0.5 払う		
	機械売却	購入時の半額 機械売却	普通機械　　　5.0 アタッチメント 1.0 大型機械　　 10.0 { 売却損または売却益が発生 }		
	銀行借入	借入金 営業外費用 ○借入と同時に金利を払う ○繰越借入残があれば 期首処理で金利を払う ○返済は自由	条件＼期	1期	2期	3期以降
			借入枠	30.0	50.0	70.0
			金利	10%	10%	10%

（出典）ライトアップ（株）提供。

図表8-4　カンパニーゲームルール②

| 製品の販売 | 販売は市場で自由競争 |

① Aルールで製品販売の意思決定をすれば、販売能力（セールス・広告チップ）の範囲内で空欄がある市場にいくつでも販売宣言ができます。（同時にいくつもの市場に販売可）製品販売の意思決定をした人は親となります。

② 販売は入札制です。販売しようとする各社は、各市場に親が出した個数および自社の販売能力の範囲内で応札できます。

③ 入札は各市場ごとに行い、競争価格を選択します。

④ 最高プライスは親が販売宣言をした市場のプライスです。そのプライス以下で競合し、最も安いプライスの企業から順次親の出した個数まで落札することになります。

⑤ 親は常に0.2の価格競争力があります。

⑥ 研究開発1枚につき0.2の価格競争力があります。

⑦ 落札した場合は、提示金額（単価×個数）で売上の記帳ができます。

⑧ 競争価格が同じ場合の優先順位
　1.　研究開発の枚数が多い企業。
　2.　研究開発の枚数が同じ場合は親。
　3.　1.2.に該当しない場合は、コンピュータによる判定。

期末処理

ゲーム終了時に人件費と製造経費が発生

	労務費	販売費	一般管理費	製造経費
	ワーカー/人	セールス/人	ワーカー＋セールス	
1期	1.5(1.0)	1.5(1.0)	1.0×人数	2.0×台数
2期	1.7(1.2)	1.7(1.2)	1.1×人数	2.2×台数
3期	1.9(1.4)	1.9(1.4)	1.2×人数	2.4×台数
4期	2.1(1.6)	2.1(1.6)	1.3×人数	2.6×台数
5期	2.3(1.8)	2.3(1.8)	1.4×人数	2.8×台数

※（ ）内は期中に退職したが補充しなかった場合

（出典）ライトアップ（株）提供。

3—— 授業実践

（1）第1回実践

　前回授業で，ノートパソコンを持参すること，遅刻しないこと，欠席をするときには事前連絡をすることを徹底していたせいか，全員が時間通りに集合している。パソコンを起動し，学内の Wi-Fi に接続していることを確認して授業を開始する。

　オリエンテーションが終わり，ゲームを始めると，和気あいあいと楽しんでいるようだが，ルールをあまり理解できていない学生は何をしてよいのか困惑している。そこで最短6アクションでひと通りの手続きができることを板書する。

①材料仕入（3個），②採用（ワーカー2人，その後Bルールで配置換え），③機械購入（普通機械1，アタッチメント1），④完成・投入，⑤完成・投入，⑥製品販売。

　1回目のみ3個しか材料仕入できないルールを知らなかったり，競売に参加するときに自分の販売可能数量を把握していなかったりした結果，システムにはねられながらの実施となり遅々として進まない。わたしは机間指導しながら一巡の手続きができるよう懸命に助言し続けたが，またたく間に設定時間の20分は終了する。

　最後に損益計算書，貸借対照表，固定費一覧，仕訳表を確認し，どれくらい利益が出たのか，どこをどうすればよかったのかを考えさせる。グループ全員が1個も製品販売をおこなわないなかで順位の決まったグループもあり，指示が悪かったことを再び反省する。わたしの一番の反省材料は据付机のある教室で実施したため，グループの人間が対面で実施できなかったことである。その結果グループ構成員に一体感が生まれず，何をやったか口に出して申告するように指示を出しても，実践しづらい環境であったことである。次回は対面で実施できるように教室変更することとした。また競売（オークション）を購入することであると勘違いしている学生がいるなど，とにかくルールを理解させる必要性を感じた。またデフォルトの設定ではリスクカード，ラッキーカードを引くかどうかによって

順位が左右される印象があったので，その比率を低めておくこともあわせておこ
なった。

　戦略をたててから実践をおこなうように指示を出したが，感想を見るとうまく
いかなかったという学生が多かった。しかしうまくいかなかった理由を「ルール
を理解していなかったから」と分析できていたことは評価できる。今回の実践で
大事なことは勝敗ではない。いくら利益を上げて1位になっても，その理由を説
明できないのでは意味がない。

　またルールを理解していないのは動画をきちんと聞いていないからであろう
が，スポーツでもなんでもルールを完全に覚えさせてから実践させようとすると
うまくいかない事例が最近は特に多い。それはソーシャルゲーム[9]の普及と関
連がある。ソーシャルゲームで遊ぶ際には，説明書を読むことはほとんどないが，
これは遊んでいるなかで段階的に難度をあげるゲームデザインとなっているため
である。10代の学生の90％以上がソーシャルゲームを経験している[10]という昨
今，「行動の変化は最初のうちは少しずつ，時間とともにだんだんに身につくも
のだと認識しておく必要がある[11]」とされる。実践しながら覚えさせ，結果が
思い通りにならないと感じてからルールを読ませたり，こちらからヒントを与え
たりするぐらいでちょうどよい。

　また経営を意識して実践するように指示を出したせいか，経営の難しさを感じ
たと感想に記載した学生も多かった。どれくらいの熱量で感じたのかはわからな
いが，意識付けとしては成功したのではないであろうか。またルールをきちんと
理解し，戦略をたてて挑んだ学生もいくらかみられた。これらの学生が今後まわ
りをけん引してくれることを期待する。

（2）第2回実践

　今回はいつもの教室ではなく，可動式の机のある教室へ移動して実施した。そのためか数人の遅刻者があり開始が遅れた。また前回おこなったのでどのようにしてゲームに参加するのか，リーダーがどのようにするのかを覚えていると思ったがそれは大きな間違いであったため，さらに開始が遅れた。

　前回の感想に最初からやり直したいと記載した学生が多くいたので，前回の続きではなくゲームの最初から実施することとする。前回の反省を踏まえ，今回は「最後に販売個数，当期純利益を申告してもらう」こと，そして「自分のターンのときになにをやったかを必ずいうこと」を伝える。今回は2回目ということもあり，さすがに自分のターンのときに手間取る回数が減少している。

　前回同様に，最短で販売するには6ターン（＋配置換え）で可能であることを伝える。

　結果報告を見ると，今回は全員が1個以上の販売目標は達成できているが，その内容は1個から25個まで幅広い。平均が10.1個，中央値が8個であることから販売できた人とあまり販売できなかった人の2層に分かれていることが読みとれる（図表8－5）。当然，多く販売した人が勝者となるような単純なゲームではないが，現段階では販売数を増やそうと工夫している学生が利益を出し，上位にランクインしている傾向がある。

　戦略を見ると，「安く仕入れ高く売る」と記載している学生がいるが，これは当然のことをいっているまでで戦略ではない。安く仕入れるため，高く売るための方策をたてることが戦略である。「多くの材料を仕入れ，他社に仕入販売できないようにして自分が多く販売する」「大型機械を導入し，他社がもたもたしている間に一気に製造し販売する」などは考えているといえよう。

図表 8 − 5　販売個数と当期純利益の関係

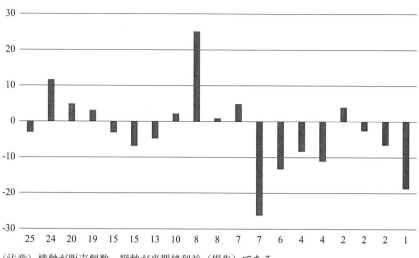

（注意）横軸が販売個数，縦軸が当期純利益（損失）である。
（出典）本書筆者作成。

　作戦が成功した例としては「仕入−製造−販売をバランスよくおこなう」「他社が販売できないタイミングで販売し，利益を出す」などがあるが，他社の動向にまで気配りができれば勝つ蓋然性は高い。それはルールも含め自社の経営については問題ないことを意味するからである。うまくいかなかった理由は，ルールの理解不足が多いが，前述のように慣れるまではある意味仕方がない。今回の実践における反省点を生かし，次回への戦略を立てている学生が多く，次回に期待したい。

　今回のわたしの反省は，前回の授業でガイダンスに多くの時間を割きゲームを1期しかしなかったため，今回のゲームも1期しかしないものだと勘違いさせてしまったことである。ゲームが何期まであるのかによって当然戦略は変わる。今後は1回の授業で2期まで，つぎの授業を合わせて計4期まで実施することを基本とすること，学期末までずっとカンパニーゲームを実施することを明言する。

　しかし前回と比較して，つたないながらも戦略を立て，しかもそれにたいして反省と課題を記載している学生が多いことは非常に評価できる。また市場全体や他社の在庫状況をみながら販売時期を決定している学生が多くみられたことは非常にすばらしい。戦略をたてるうえで重要なことは，まず自社のことをきちんと

できるように考えることであり，そのつぎの段階として他社との比較において考えることであろう。そこへ到達している学生が何人かいたことは評価に値する。

（3）第3回実践

今回も「戦略をきちんと考えて臨むこと」「自分のターンのときに何をやったかを必ず申告すること」「最後に販売個数，当期純利益を申告してもらうこと」は前回と同様であるが，さらに「平均販売単価を申告してもらうこと」とする。これが3.0を下回ると利益が出ることは難しいだろうことも強調した。そのうえでわたしの考える作戦を大別すると2つあることを示す。1つめは銀行借入れをして大型機械，広告などに投資し，大量に仕入－製造－販売をおこなう方法，2つめはワーカー，セールス，機械設備など最小限のものにして堅実に経営する方法である。

何期までやるかによって戦略は当然変わる。わたしの指示が悪かったため，前回は1期が終わった時点で機械を売却した学生もいたため反省し，本日は前回の続きで3・4期を実施，次回からも2日間にわたり4期まで実施することを明言する。そしてルールがよくわからない人は上手だなと思う学生を模倣してみればよいことも助言する。その際に必要な情報として，他社が今回のターンで何をしたかは画面に出ること，さらにオークション時の判断に必要な他社の研究開発の枚数，販売能力などもゲーム上の名前のところをクリックすれば閲覧可能であることもあわせて伝える。

感想を見ると，「研究開発を多くおこない，高い単価で売る」「研究開発と広告で販売の準備を固め，他の人のターンで販売できるようにする」「積極的に仕入れ，広告費を利用して，売る時はまとめて売る」など戦略が具体的になってきた。理解が深まっている証左であろう。

今回は最終の4期をはじめて迎えたが，自社の在庫を減らすために安価でも積極的に販売し，仕入れをしない戦略をとろうとした学生が多かったが，他社も同様の戦略をとろうとしたためうまくいかなかった例が多かった。もっともよい戦略は誰もがやろうとする。それが市場というものである。そのときにどのようにすればよいかを考えていくのがつぎの段階である。

銀行借入れをしないように進めていた学生が，他社が銀行借入れをして大規模

経営をし最終的に借入金を返済しているのを見て，有意義に感じていることが興味深い。そうやって他社のよいところをどんどん取り入れることが大事である。

　感想を見ると，リスクカードが少なかったことを評価する書き込みが多かった。そして販売価格が高ければ売れず，安ければ利益が出ないと，いろいろと考えている様子がうかがえる。一方で研究開発の重要性に気付いた学生も多くいた。そこで自社のことだけではなく他社の研究開発費および広告の枚数を確認することで，自社の競争力を測ることができることに気づけばより高度な戦略が取れるであろう。

（4）第4回実践

　今回も「戦略をきちんと考えて臨むこと」「自分のターンのときになにをやったかを必ずいうこと」「最後に販売個数，当期純利益，平均販売単価を申告してもらう」ことは同じ，そして順位が総資産で決定されていることから「純資産」を申告してもらうこととする。グループ構成は，これまでのグループ内順位の似通った学生を集めてみた。今回と次回の2日間計4期で終了であることを伝え，開始する。

　今回は，「材料を積極的に仕入れ，研究開発を活用し価格競争に勝つ」という戦略をあげている学生が多かった。その際に「銀行借入れをして大量仕入れを実現する」「広告と研究開発を重視し，多くの商品を高値で販売する」はより具体的といえよう。

　今回は他社のターンのときに販売をする戦略やセールスマンを数人雇い配置換えをする戦略など，できるだけターンを少なくしようという戦略が多くみられた。これはルールの理解が進んでいる証左であり評価できる。また材料を多く仕入れ，研究開発で他社に競り勝ち，大規模経営をする戦略を立てている学生が多くみられた。これは圧倒的に勝利した学生が取っていた戦略の模倣であると推察される。どの分野でも最短で上手になるには上手な人の模倣をすることであるため評価できる。しかしほとんどの会社が多額の研究開発をおこなったため，自分が想像するよりも低い価格でしか販売できないという状況が生じ始め，戸惑っている学生が大半であった。そして研究開発について言及している学生が9人もいる一方で，広告に言及している学生は1人のみであった（N = 17）[12]。また強い

学生はルールをよく知っていることに気付いた学生も多くいた。これもまた大事なことである。

（5）第5回実践

　今回の指示は前回同様としたが，前回の実践で安売り競争が目についたため，平均販売単価が3.0を下回ると利益が出ることは難しいことをさらに強調した。そして今日が最後のゲームなのできちんと戦略を立てて悔いのないようにして欲しいと伝える。その指示の効果がでたのか，今回の実践では研究開発を利用した「高付加価値戦略」だけではなく，広告を利用した「大規模販売戦略」，余分な経費をかけずに製造単価を下げ低販売価格で利益を上げる「低コスト・低価格戦略」，広告を利用し多く販売する能力を持つことで他社との販売能力差による利益獲得をめざす「販売能力差異戦略」などに工夫した戦略がみられた。

　その一方で，材料を多く仕入れたうえで研究開発費の増額により競争力を高める大規模経営に固執する人もいた。しかしゲームは自分一人でしているのではなく相手がいるものである。こちらが研究開発で勝とうと思えば，相手はさらにその枚数よりも多くの研究開発をしてくる。そして競争した両社とも思うような結果を得られなかったことが読みとれる。またゲームをする順番により戦略がうまくいかなかったと回答した学生が目についた。自分が売ろうと思っている市場に前者が売るとか，自分が仕入れようと思っているときに前者が購入するなど，このゲームは前者のプランに左右されることが多く，ゲームの順番が結果に大きな影響を与えることがしばしばある。また戦略も実施人数によって大きく左右される。人数が少なければ自分の戦略が実現しやすい状況となり，人数が多ければ周りに左右され自分の戦略が実現しにくい状況となる。しかしそれは実際に経営する場合も同じことである。その一方で，一応の戦略は立てているもののうまくいかなかったと回答している学生が数人いる。その学生たちに共通していることは「安く仕入れて高く売る」という方針をたてていることである。「安く仕入れて高く売る」ことは利益を出すためには当然のことである。しかしそれを実現するために何をするのかが戦略であり，それに気づいていないことが問題である。

4—— ゲーミフィケーション後の考察

（1）直接原価計算と利益感度分析

　カンパニーゲームで勝つための基本戦略として「安く仕入れて高く売る」ことは大事である。しかし，他社も同様のことを考えているためになかなか思うようにいかない。なんとなくこれくらいの金額で販売すればいいだろうと，どんぶり勘定でゲームに勝っても意味がない。そこで理論的に考察してみることにする。

　利益計画をたてるには全部原価計算ではなく直接原価計算が適している。しかし現行の制度会計では固定費と変動費の分離が煩雑であること，恣意性の入る余地があることから直接原価計算は認められていない。しかし社内における意思決定には有用であるため，しばしばもちいられるうえ，有価証券報告書に任意に記載している企業も多い。直接原価計算はまず製造原価を固定費と変動費に分類し，変動製造原価のみを製品原価として集計し，固定製造原価はその発生額を全額その期間の費用として計算する。そのような方法をとることで利益計画を可能にするのである。

　図表8−6がカンパニーゲームにおける財務諸表の一覧である。MGゲームの成り立ちを鑑み，直接原価計算をもちいているという前提のもとに詳細に検討してみることとする。まず損益計算書を見ると売上高から売上原価を減じたものが付加価値となっている。するとこの「売上原価」は一般的にいうところの変動費を意味し，変動製造原価と変動販売費の合計額ということとなり，仕入原価に完成・投入の費用を加算したものだと推察される。また「付加価値」とは一般的にいうところの貢献利益を指すと推察される。そして付加価値（貢献利益）から固定費合計を減ずると経常利益となっている。一般的に貢献利益から固定費合計を減じたものは営業利益とされるが，カンパニーゲームにおいては営業外取引が存在しないことから一足飛びに経常利益としているのであろう。若干理解しにくい箇所はあるが，直接原価計算における表の体裁は整えられているようである。

　また直接原価計算をとることで，どの項目がもっとも利益に貢献するかという利益感度分析をおこなうことも可能となる（**図表8−7**）。西ら[13]の条件下において，それぞれに求めた利益感度kを数値の小さい（利益感度が高い）順に並べる

図表8－6　カンパニーゲームにおける財務諸表

損益計算書

売上個数	81	売上原価	121.4
売上高	238.8	付加価値 117.4	
		固定費合計	65.4
		製造固定費	9.2
		販売費	13
		一般管理費	8.2
		研究開発費	26
		営業外費用	9
		経常利益	52
		特別損益	0
		税引前当期純利益	52
		未払い法人税	26
		当期純利益	26

貸借対照表

現金	52.9	買掛金	-
売掛金	-	借入金	-
材料	-　0.0(0個)	未払法人税	26
仕掛品	2.8(2個)		
製品	7.5(5個)		
流動資産合計	63.2	負債合計	26
固定資産	26	資本金	30
		繰越利益剰余金	33.2
固定資産合計	26	純資産合計	63.2
総資産合計	89.2	負債・純資産合計	89.2

コスト構造

平均単価	2.9	変動単価	1.5
		付加価値単価	1.4

固定費

製造固定費	減価償却費	普通機械	0
		アタッチメント	0
		大型機械	2
	労務費	☆ワーカー退職	0
		ワーカー給与	2.1
	製造経費	☆機械故障	0
		☆設計トラブル	0
		☆クレーム発生	0
		機械維持費	2.6
販売費		広告	2
		セールス退職	0.5
		セールス給与	3.4
一般管理費		保険	0.2
		採用	0
		配置転換	0
		諸経費	2.6
研究開発費		研究開発	16
営業外費用		利息	5.5

（出典）カンパニーゲームをもちいて本書筆者作成。

図表8－7　収益構造概略図

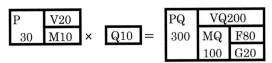

P：価格 Price，V：原価（変動費）Variable cost，M：粗利単価 Margin，Q：数量 Quantity，F：固定費 Fixed cost，G：利益 Gain，PQ：売上高（P × Q），VQ：売上原価（V × Q），MQ：粗利総額（M × Q）

（出典）西　順一郎，宇野　寛，米津晋次『利益が見える戦略MQ会計』かんき出版，2009年，147頁。

と，販売価格 Pk6.7％，Vk 仕入原価10％，販売数量 Qk20％，Fk 固定費25％の順になるとされる[14]。学生たちは値引きをしてでも販売数量の増大を企図しがちであるが，一般的にもっとも効果的なのは売価 P の増額であり，販売数量の増加や経費の削減は効果が低い。当然この順序は絶対的なものではなく，業種や業態などさまざまな条件下において異なる結果が導き出される可能性があることはいうまでもない。

（2）実践データの考察

　初日の練習実施を除いて4期を4日間にわたり計2回実施した。実践したゲームの項目をあげたものが**図表8-8**である。実践回数を重ねるごとに販売数量は着実に伸び，当期純利益も順調に推移している。期による違いとしては，1期・2期は仕入れが多いため利益が出にくい反面，純資産額は多く，3期・4期は販売が多いため利益が増加し純資産額が減少する傾向がうかがえる。しかしルールを理解し，研究開発費や広告の使い方を覚えた学生が増加するにつれ，なかなか自分の思うような金額で販売することができないなかで，それでも販売しようとした結果，安売り競争になり販売単価が悪化し，それにともない当期純利益が悪化していった様子がみてとれる。銀行借入れをして大型機械を導入するなどして大規模経営に成功し，これまで他の追随を許さない結果を残していた学生も思うように売れないために設備投資にかけた資金を回収できず赤字経営となっていた。他の学生の感想からも思うような販売ができずイライラしている様子が数字にも表れている。

　最初は銀行借入れをすることを過度に恐れ，小規模経営をしている学生が大半であった。ルールもまだ理解できずに機械の数と見合わないワーカー，広告の数とみあわないセールスマンを採用している例も散見された。しかしある程度回数をこなしルールを理解してくると借入金の有用性に気づき，事業規模を拡大する学生が増加した。大型機械を購入し，広告を打ち，研究開発を進めていくと大きな利潤を生む。しかし相手が同様の戦略を取り始めると，なかなか思うような金額で販売できなくなり，安売り競争へと突入する。そうなるとダブついた設備投資が足かせとなり，赤字経営へとなっていく。これらの推論の正誤はさておき，

図表8-8　カンパニーゲーム実践における諸データ

期	1回目 オリ，1期	2回目 1期，2期	3回目 3期，4期	4回目 1期，2期	5回目 3期，4期
販売数量		10.10	18.90	16.82	24.78
平均販売単価		2.83	3.01	3.02	2.73
当期純利益		-2.53	-1.73	-0.48	-4.67
純資産額		18.77	7.09	20.1	6.86

（注意）1回目はデータなし。
（出典）本書筆者作成。

自ら戦略を考え出すことがゲーミフィケーションによる学習の楽しさであり，醍醐味だと思われる。戦略を考えてからゲームをし，終わったらその反省をする繰り返しが効果的だと考えている。

（3）感想からの知見

　最終的な感想（N = 19）に目を通してみると，研究開発の有用性（15 人）について言及した学生が突出していた。研究開発はすべての学生が実施していたが，競争のなかで思うような結果が出ずに有用性を感じなかった学生が数人いるということかもしれない。一方で広告の有用性（6 人）について言及した学生は多くなかった。このあたりが戦略として伸びしろのある部分かもしれない。また数は多くないが目を引いたのが借入金の有用性（5 人）について論じた学生である。限られた時間のなかで経営をおこなうには借入金も必要である。タイムイズマネー，時は金なり。そして，黒字倒産の危険性もある。サラリーマンをしているうえでは無借金も尊いが，経営をする上では効果的な借入金は有用である。しかしそれだけで終わっては借金礼賛のように聞こえてはいけないので，マルチ商法の危険性などについて教えておくことが効果的かもしれない。また結果に満足していない（15 人）と回答した学生が多かったのも，より高みに行きたいという意欲の表れだと推察される。

　ルールを覚えていき，着実に自分が上手になっていく時期は自分が努力すればするだけ成果が出て楽しかったであろう。そして他者も同様に上手になってしまうと，最善手と思える戦略をとってもなかなか成果が出ずに楽しくなかったであろう。この現象が市場原理であり，つぎの3つの時期に分類される。①Ａ業界が好調で，Ａに関する店が増加する。②その結果，仕入価格や必要経費が高騰する。③Ａに関する店が倒産し始める。これは実社会でも起こっていることであり，チャン＆キムの表現によれば，ブルーオーシャンからレッドオーシャンへの移行ともいえる[15]。そうなると低コスト・低価格戦略をとるのか，あるいは価格以外の差別化を図るかが生き残るために必要なこととなる。実際に経営者が感じるこのような感情を，ゲームを通して疑似体験できることは素晴らしいことではないであろうか。

5── 本章における結論

　カンパニーゲームをとおして経営戦略，経営センスを涵養する学習について研究してみたが，試行錯誤の連続でなかなかうまくいかなかった。自分自身がカンパニーゲームを始めたばかりであり，学生とともにルールを覚えたり，戦略について考えたりといった実践であったためそうなることは必然ともいえる。これはこれで学生の主体性を伸ばす授業につながるため否定はできない。しかし教員が多くの知識をもち実践することで，多くの教育効果が表れることもまた事実である。学生への指示の出し方ももう少し練っておこなえば，さらに効果的になるだろう。

　簿記会計の経験者ばかりである3年生のクラスで実施したが，総まとめの授業を除き，敢えて簿記を意識させずに実践した。それは本学においても検定取得のための授業実践がおこなわれているが，結果が出ずに疲弊している学生も散見されたために経営戦略という観点からの実践をおこなうこととした。そしてゲーミフィケーションの特性も考え，最初にすべてのルールを教え込むのではなく，安く仕入れて高く売ることが基本であること，しかし相手があることなのでどのように競争力を高めて販売するかを考えること，そして設備投資を多くしても販売できなければ経営は悪化することなど，段階的に学習させる方式を採用した。効率は悪いかもしれないが，能動的学習をはぐくむという点で評価できると感じた。

　この授業が終わった後に，数人の学生が「先生，夏休みに時間があるから簿記検定を頑張ってみようと思っている」といってきた。思いがけないことばに驚いたが，これがゲーミフィケーションの力なのかもしれない。このように，考える授業を交えながらカンパニーゲームを実施することで経営的感覚を涵養することも可能であるうえ，簿記学習にたいしての動機付けとしても極めて有用だと考える。

【注】
1）　小澤啓司「孫正義社長とソフトバンク社員が"ゲーム"に熱中する理由」『PRESIDENT』，2014年8月4日。
2）　小林静史「MG（マネジメントゲーム）と経営戦略会計システムの活用」『湘南短期大学紀要』第7号，1996年3月，121-138頁。
3）　杏沢　隆「経営学の授業展開方法に関する一考察──MG（マネジメントゲーム）の

実践報告」『北海道女子大学短期大学部研究紀要』第 36 号，1999 年 3 月，299-312 頁。

4 ） 松原直樹「数字に強い社員を育てる：マネジメントゲーム MG の活用（社員の会計ス
キルを高めるには）」『企業会計』第 65 巻第 11 号，2013 年 11 月，94-100 頁。

5 ） 菅原　智「経験学習としてのゲーム・ベースド・ラーニング（GBL）の効果：マネジ
メント・ゲーム（MG）のケース・スタディ」『産業經理』第 78 巻第 1 号，2018 年 4 月，
100-113 頁。

6 ） マネジメント・カレッジ（株）ウェブサイト『マネジメントゲーム（MG：Management
Game）とは？』，https://www.mgtco.co.jp/managementgame.html，［2022 年 12 月 19 日閲覧］。

7 ） 「MG 研修のオンライン版を，大阪工業大学・山梨学院大学の学生を対象に提供開始」
『PRTimes プレスリリース』2019 年 9 月 13 日。

8 ） 「早稲田大学スポーツ科学部に，MG 研修の経営部分に特化した経営シミュレーション
ゲーム『カンパニーゲーム』を提供開始」『PRTimes プレスリリース』2021 年 4 月 23 日。

9 ） 2007 年ごろから普及し始めたプラットフォームを SNS（Social Networking Service；
会員制交流サイト）とするゲームをいう。ソシャゲと略すこともある。基本的に無料
（Free to Play; F2P）でプレイできるが，有利に立ち回るための追加要素として課金シ
ステムを採用しているものが大半である。

10） TesTee ウェブサイト『ソシャゲに関する調査レポート【10 〜 30 代対象|2019 年版】』，
https://lab.testee.co/social-game，2019 年 6 月 3 日［2022 年 12 月 19 日閲覧］。

11） ブライアン・バーク著，鈴木素子訳「GAMIFY ＝ゲーミファイ：エンゲージメントを
高めるゲーミフィケーションの新しい未来」東洋経済新報社，2016 年，86 頁。

12） 統計学の世界では N と n は厳密に使い分けられており，母集団の大きさを表すときは
大文字の N，その母集団から得た標本の大きさを表すときは小文字の n をもちいる。

13） 西　順一郎，宇野　寛，米津晋次『利益が見える戦略 MQ 会計』かんき出版，2009 年，
120-122 頁。

14） ドイル（Peter Doyle）の研究においては若干項目が異なるが，販売価格，変動費，販
売数量，固定費の順になるとされ，ほぼ同様な結果が導き出されている。
Peter Doyle, *Value-based marketing: marketing strategies for corporate growth and
shareholder value*, John Wiley & Sons, 2000（ピーター・ドイル著；恩藏直人監訳；須永
努，韓文熙，貴志奈央子訳『価値ベースのマーケティング戦略論』東洋経済新報社，
2004 年，412-414 頁）。

15） W. Chan Kim, Renée Mauborgne, *Blue ocean strategy: how to create uncontested market space
and make the competition irrelevant*, Harvard Business School Press, 2005.（W・チャン・キ
ム，レネ・モボルニュ著，有賀裕子訳『ブルー・オーシャン戦略：競争のない世界を
創造する』ダイヤモンド社，2013 年）。

第9章

ブロックプログラミングによる
プログラミング的思考の涵養

1 —— 現状把握

（1）数学およびプログラミングの履修状況

　データサイエンス教育の必要性が叫ばれ，大学においても実施する必要に迫られている。そこで1年生の授業において数学とプログラミングの履修についてのアンケートを実施した結果が**図表9－1**および**図表9－2**である（N = 42）。なお，トータルビジネス科および総合ビジネス科は商業科に加えてある。また数学の履修については履修科目をすべて回答する方式によった。

　本学経済政策学科の学生ということで高校時代には文系コースだったことが推察され，数学Ⅰ，数学A，数学Ⅱを履修している学生が大半であることが読み取れる。一方で数学Ⅲの履修は3名，数学活用は0名という結果であった。また情報系の授業における学習は，普通科高校のみならず商業高校においても Ms-Word や Ms-Excel の利用にとどまっており，Java および VBA[1] をしたことがあ

図表9－1　出身学科別割合

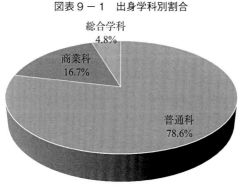

（出典）本書筆者作成。

図表9－2　高校時の数学の履修状況

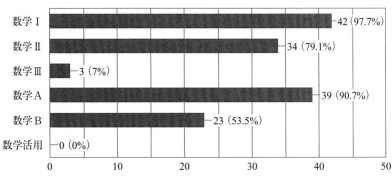

（出典）本書筆者作成。

る学生が各1名ずつという悲惨な結果となった。本学学生の大半が高校までにプログラミング経験がないことが明らかとなった。

　高校時代に数学を積極的に学習しておらず，プログラミングもおこなっていない文系大学生にたいする教材として，ブロックプログラミング（Block Programming）の導入を検討することにした。大学生用の教材ではないことは重々承知しているが，指導方法によっては大学生に有用な教材となるのではないかと考えたからである。そこでプログルならびにプログル情報をもちいて文系大学生にたいして数学的思考とプログラミング的思考を涵養する実践を試みる。

（2）先行研究

　浅井[2]がブロックプログラミング環境に基づく学習支援環境の構築とその有効性について研究しているほか，武富[3]と水谷ら[4]が特別支援教育における利用研究をしているが，大学における実践例は非常に少ない。大学においてデータサイエンス教育が必修となる状況もあり，今後増加することが期待される。

（3）ブロックプログラミングとは

　ブロックプログラミングはビジュアルプログラミング（Visual Programming）とも呼ばれ，プログラムをテキスト（コード）で記述するのではなく，アイコンや絵など視覚的なオブジェクトやブロックの組み合わせで記述するものである。

「グラフィカルプログラミング (Graphical Programming)」と呼称されることもある[5]。ブロックプログラミングには，マサチューセッツ工科大学が開発に関与した「Scratch（スクラッチ）」，文部科学省が開発した「プログラミン」，Microsoftが開発した「Minecraft プログラミング入門 (Code.org)」，「Viscuit（ビスケット）」，「MOONBlock（ムーンブロック）」，「Google Blockly（グーグルブロックリー）」など多くのものがある。今回は Python（パイソン）への接続を考えて「プログル[6]」を利用することとした。

（4）プログルとは

　プログルは，児童が自分たちの力で取り組むことができるドリル型の学習教材であり，課題をクリアしながらステージを進めていくだけで自然とプログラミング的思考が身につくように設計されている[7]。このような設計により，算数学習のドリルとして利用することも可能であるが，プログラミング教育の導入として利用することも可能となっている。たとえば，多角形コース，公倍数コースでは基本的な概念である「順次処理」「反復処理」を身につけることが可能であり，平均値コース，最頻値コース，中央値コースでは，それまでに学習した代表値の求め方を画面上で視覚的に捉え直すことが可能となる。加算をするときにそれぞれの数字を加算するのではなく，作業領域に加算していくなど，人間が計算するときとコンピュータに計算させるときの違い，すなわちプログラミング的思考を養うことが可能となる。

2—— プログルの実践

　プログルは登録不要であり，パスワード設定等をする必要もないために非常に利用しやすい。最初に説明を読みそれから実践するスタイルである。問題解決の糸口がみつからないときは，ヒントを読むこともできる。
　今回は難易度の低い内容をあえて利用することで，数学への抵抗感をなくしプログラミング的思考を涵養することに重点を置いた。そのときに大事なことはまず仮説を立ててから検証することをしっかりと守らせることである。これを怠るとただのブロック遊びになってしまう。

（1） 多角形コース

　コンピュータは有能で，間違った指示を出してもきちんと動作すると考えている学生が一定数存在する。しかし，そんなことはないことをまず理解させる。小さな子ども同様に，細かくていねいに指示を出してあげないとできないことも体感させる（**図表9−3**）。

図表9−3　プログル（多角形コース）の画面

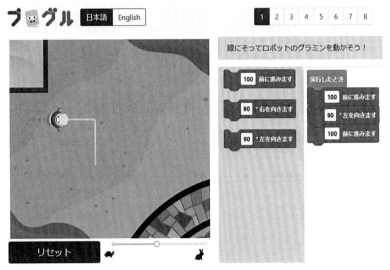

（出典）プログルウェブサイト，https://proguru.jp/course/turtle/#/1，［2022年12月19日閲覧］。

　ステージ3において同様の処理を繰り返させ，もう少し簡単な指示で動かないだろうかと感じさせる。そしてつぎのステージで反復処理の図形が登場する。これはC言語やJavaにおいてはwhile文，do文，for文などに相当し，COBOL（コ

ボル）においては perform 文に相当する。ブロックプロ
グラミングをするうえでこの形が反復処理をあらわすと
いうことが理解でき，反復処理が便利だと体感していれ
ば，そして当て推量でブロック遊びをしているのでなけ
ればテキストプログラミングに容易に移行することが可
能となる。

　ステージ4では四角形を描かせる問題である。Python には標準で Turtle（ター
トル）と呼ばれるプログラミング学習用のグラフィックライブラリが用意されて
いる[8]（**図表9－4**）が，プログルでは Python をインストールせずに Turtle での
グラフィックと同様のプログラミング的思考が体験できる設計となっている。

図表9－4　Python による Turtle のコーディングとその結果

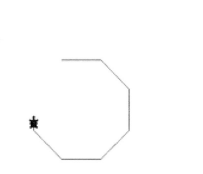

```
1    import turtle
2    t = turtle.Pen()
3    t.shape('turtle')
4    s = turtle.Screen()
5    s.setup(800, 600)
6    t.penup()
7    t.goto(-100, 150)
8    t.pendown()
9    for x in range(8):
10       t.forward(80)
11       t.right(45)
12   t.hideturtle()
```

（出典）Python をもちいて本書筆者作成。

（2）平均値コース

　10，40，33 の平均を求めることは簡単であろう。しかし代数学的に表記する
ことは意外に難しい。一生懸命考えて（$X_1 + X_2 + X_3 + \cdots X_n$）÷ n と表
記しても式とはいえない。$\bar{x} = \sum_{k=1}^{n}(Xk) \div n$ と表現できれば好ましいが，文系大
学に進学している学生にたいしていきなりそれは無理な注文であろう。

　ここで平均値について数学的な思考をしてみよう。まず平均値についての定義で

ある。ここでは算術平均としよう。つぎに分解（分析）である。算術平均を求めるためには，すべての数の総和ならびに個数が必要となる。そしてそれを再構築すると上記の考え方がおおよそ理解できる。このようにプログルを利用することにより段階的に数学的思考，プログラミング的思考を身に付けることが可能であると考える。

　ステージ４では平均を求める。**図表９－５**および**図表９－６**はプログルによるプログラミングとＣ言語によるプログラミングの一例である。

　配列を利用した場合とそうでない場合を挙げてみたが，どちらにしても「すべ

図表９－５　平均を求めるプログラム（プログル）

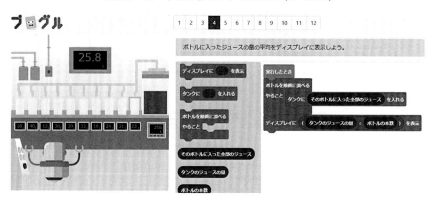

（出典）プログルをもちいて本書筆者作成。

図表９－６　平均を求めるプログラム（Ｃ言語）

```
#include <stdio.h>
int main(void){
    int i, sum;
    float avg;

    sum = 0;
    for(i=1; i<=10; i++){
        sum = sum + i;
    }
    avg = sum / 10.0;

    printf("平均 : %.1f¥n", avg);
    return 0;
}
```

```
#include <stdio.h>

int main(){
    int i, n v[10];
    float avg;

    printf("n = ");
    scanf("%d",&n);

    int sum=0;
    for(i=0; i<n; i++){
        scanf("%d",&v[i]);
        sum += v[i];
    }
    avg = sum / n;

    printf("平均: %f¥n ", ave);
    return 0;
}
```

（出典）本書筆者作成。

ての数の合計」と「個数」が必要なことが読み取れる。指導者にプログラミングについての素養があれば，for文やwhile文をもちいてプログラミングしなくても，またこのような低学年向けの教材であっても，プログラミング思考を学習することは十分に可能である。

（3）公倍数コース

「こんにちは」と表示させるプログラムは一般的に「Hello World（ハローワールド）」と呼ばれ，伝統的にプログラミング言語をプログラム初心者に紹介するために使われる。大抵のプログラミング言語の入門書では，このプログラムを動作させることを最初の例題としているため，目に触れる機会も多い。実際には簡単なコーディングで実行結果が確認できるため，プログラム言語の動作確認としておこなわれるという一面もある。¥nは改行をしておいたほうがいろいろと汎用性が高いのでいつもつけているだけで，1行しか表示しない場合にはなくても構わない。**図表9－7**はプログルおよびC言語によるプログラミングの比較である。

ステージ4において1から10までいわせる問題が出題されている。for文で何度も反復処理させながら，「今の数をいう」という考え方がプログラミング的思考であり，それに慣れることが肝要である。**図表9－8**はプログルおよびC言語によるプログラミングの比較である。

ステージ6も考えさせる問題である。3の倍数を聞くと回答できる学生も，3の倍数を求めるために必要なのは3で割った余りなのか，3で割った商なのか，3をかけた積なのか，そして3をたした和なのかを聞かれると面食らってしまう。コンピュータに指示を出すためには，指示を細かく分解する必要がある。そして表現方法を変えるためには，物事をきちんと理解している必要がある（**図表9－9**）。

蛇足ながら，和差積商という用語が使われているので，調べてみると現在は小

図表9－7　Hello World の比較

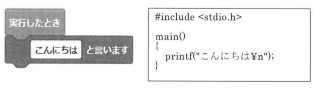

（出典）本書筆者作成。

図表９－８　反復処理文の比較

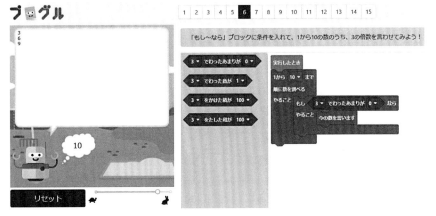

```
#include <stdio.h>
int main(void){
    for(int i = 1; i <= 10; i++){
        printf("%d¥n", i);
    }
}
```

（出典）本書筆者作成。

図表９－９　３の倍数のプログラミング

（出典）プログルをもちいて本書筆者作成。

学校４年で学習することになっている[9)]。加減乗除は知っていても，これらは意外と覚えていないことが多いので確認することが大事である。

　ステージ14もまた考えさせる問題である。３の倍数，５の倍数，３と５の公倍数の順序を正しく解答しないと正答とはならない。理解しているかどうかを確かめるためには非常によい問題といえるであろう。

（4）プログルの実践を振り返って

　今回，ほとんどの学生が初めてプログラミングをしたと回答しているが，楽しかったととらえている学生が大半であったことは非常に評価できる。どのような学習にも共通することであるが，最初に嫌悪感を抱かせてしまうとそれを覆すの

は容易なことではない。そういう意味では非常によい滑り出しである。

　また，処理させることを細かく指示を出したり，どの順番で指示を出したり，またどうすれば実現できるのかを考えるのが難しかったと回答した学生も多かった。これは要素分解して手順を考えることすなわち数学的思考のことをいっているので，このような回答をしている学生がきちんと考えながら実践をおこなっていたことを意味する。数学的思考で実現方法を考えたうえで最善手を選ぶのがプログラミング的思考といえるので，今回の実践は成功したといえるのではないだろうか。

　またできない，わからない体験をした学生も，実際にできなかった原因は自分が指示をよく読んでいない，もしくは理解していないことであると体感できたようである。できなかった場合にも，なぜできなかったのか，どうすればできるようになるのかを体感できたことは非常に有意義である。

　反省点をあげると，1つめに「間違えたときに何度も『60度右を向く』と指示を出した」と回答した学生がいたことである。間違えたときにはまず何が間違えたのかをもう少し考えさせるような指示が必要であった。もし正答してもきちんと考えたうえでの結果でなければあまり意味はない。2つめに「数学がわからないとプログラミングはできない」と回答した学生がいたことである。今回の教材は数学を学習するための教材であることをきちんと説明しきれていなかったことの証左である。数学は確かにプログラミングには大事なことであるが，高度なものでなければその限りではない。きちんと説明すべきことであった。

3── プログル情報の実践

（1）Python とプログル情報

　データサイエンスにおいてもちいられるプログラミング言語として Python や R 言語の人気が高い。プログル情報は，高等学校情報科「情報 I」で使うことを想定して作成された無償のドリル型のプログラミング教材であるが，身近な Web サービスを題材にしてテキスト言語が初めての人にもわかりやすく Python を学べるように作られている[10]。Python はライブラリが豊富なことが利点の1つであるが，それらを事前にインストールするとなると環境設定に時間がかかるし，

188 ──◎

学生にインストールさせようとするとセキュリティその他の問題が起きる。その点，プログル情報ではそれらのことにわずらわされずに使用できることが利点としてあげられる。プログル情報はプログルと異なり事前登録やパスワード設定が必要となっているため，利用するのに若干敷居が高い。本学においては学生が半角／全角もしくは大文字／小文字をきちんと理解できていなかったために，パスワード設定作業において非常に手間取った。しかしそのアクティビティにより高校時代までのコンピュータの習熟具合が把握できたともいえる。

（2）チャットボット

　まずチャットボット[11]を連想させるロボットと会話するプログラムを作成する。最初に説明文があり，それを理解して進めていくのはプログル同様である。解答に困ったらヒントが準備されているのも同様である。
　レッスン１−１はブロックプログラミング（プログル・公倍数コースレッスン４；図表９−７）でも登場した Hello World である（図表９−11）。プログルとよく似た課題をもちい，ブロックプログラミングの感覚と同じようにテキストプログラミングがおこなえるためにスムーズな移行が可能となった。そしてつぎは四則演算をおこないその結果を画面に表示するプログラムである。プログラミングの世界では「tashizan = 5 + 3」とは「5 + 3」の答えを「tashizan」という変数に代入しなさいという意味であり，数学のように「右辺と左辺が等しい」という意味ではないことに留意させる。プログラミングでは当然のことだが，初学者は困惑する箇所である。最後にまたブロックプログラミングで実行した反復処理（図表９−８）をテキストプログラミングでおこなう。同様の問題であるので理解が深まることが期待される。
　レッスン１−２では反復処理とリストについて学習する。「リストの添え字は０から始まるのがコンピュータの特徴です」と説明したが，どれくらい学生が理解したのかは把握できていない。しかしいろいろな数字を入力し，試行錯誤しながら確認している様子がうかがえる。リストをもちいた反復処理を終えた後には，random モジュールが登場する。このモジュールにはランダムな数字を返したり，リストをランダムに操作したりする関数が含まれ，これがあれば運勢やおみくじなどが簡単にできますね，と説明するとわかったような顔をする学生が散

図表 9 − 10　プログル情報のメニュー

（出典）プログル情報ウェブサイト『あなただけのアシスタントアプリケーションを作ろう！』，https://high.proguru.jp/trial，［2022 年 12 月 19 日閲覧］。

図表 9 － 11　Hello World

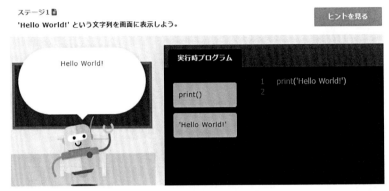

（出典）プログル情報をもちいて本書筆者作成。

見される。モジュールをインポートすることで Python は短いプログラムでさま
ざまなことをすることが可能になる。

　レッスン 1 － 3 では，プログルでは登場しなかった「選択（条件分岐）処理」
が登場する。「雨が降ったら傘をもち，そうでなければ傘をもちませんね」と説
明したが，進度が速いためか学生たちの集中力が途切れがちである。今回は時間
が足りないため，問題を端折りながら先を急ぐこととする。

（3）WebAPI

　API 連携が容易にできることが Python のよい点の 1 つであり，それを簡単に
実現できるのがプログル情報のよさである。API（Application Programming Interface）
とは，ソフトウェア，プログラム，Web サービスといった異なるアプリケーシ
ョン同士を繋ぐインターフェースのことを指す。そして API 連携とは API とい
う手段を利用して，アプリケーションの機能とデータを第三者のアプリケーショ
ンに連携することを指す。

　たとえば，「ポケモン GO」という 2016 年 7 月に発売されたゲームアプリがあ
るが，利用者の位置情報を活用することにより，現実世界そのものを舞台として
プレイするという当時画期的なゲームであった。利用者がいる場所や天気，時刻
によって，ストーリーが変化し，画面中に雨が降る仕組みについて不思議に思っ
たものだった。これが今思えば API 連携であり，スマホ内の位置情報と天気予

図表 9 − 12　お天気 API

（出典）プログル情報をもちいて本書筆者作成。

報サイトのサーバーと連携させて，ゲーム内画面に雨を降らせていたのであった。これらはスマホやパソコンにおいて Google や Yahoo 等のポータルサイトの天気予報をみたときに雨が降っているのと同じ理屈である。

　お天気 API へのパラメータ設定は，Requests というサードパーティの HTTP ライブラリをインポートすることによっておこなっている。このようなライブラリを使用できることも Python の利点の 1 つであるが，インストールせずに体感できることもプログル情報のよさである。細かいプログラムの内容は理解できないまでも，おおよその意味を説明すれば，学生はなんとなく理解したような気になるものである。その後，場所コードを 8410 に書き換えさせると東京都の天気予報から長崎県南部の天気予報へと一瞬で変更された（**図表 9 − 12**）。たったこれだけのことでも学生は喜んでいる。今回はダイレクトにプログラムを打ち変えたが，実際には input 関数を利用して入力させれば，誰にたいしても利用可能となると説明すると何人かの学生はうなずいている。

　このプログラムでは URL から読み取れるように，プログル内にあるデータをもちいて作成されている。実際の気象庁のデータを地域コード一覧 JSON データによって確認してみると**図表 9 − 11** のようになる。

　図表 9 − 13 では，諫早市は 420013，長崎県は 420000 となっており，JSON コードは必ず 6 桁であり，request モジュールでインポートしてきたデータは気象庁

図表 9 － 13　気象庁の地域コード一覧（一部）

"4120000":{"name":"name "4120700" name 嬉野
"4120900":{"name":"嬉野市","enName":"Ureshino City","kana":"うれしのし","parent":"410014"},"4121000":{"name
りちょう","parent":"410012"},"4134100":{"name":"基山町","enName":"Kiyama Town","kana":"きやまちょう","parent
own","kana":"みやきちょう","parent":"410012"},"4138700":{"name":"玄海町","enName":"Genkai Town","kana":"げんか
ae":"Omachi Town","kana":"おおまちちょう","parent":"410013"},"4142400":{"name":"江北町","enName":"Kohoku Town
"4144100":{"name":"太良町","enName":"Tara Town","kana":"たらちょう","parent":"410014"},"4220100":{"name":"長
kana":"させぼし","parent":"420022"},"4220202":{"name":"佐世保市（宇久地域）","enName":"Sasebo City (Uku Area
"4220400":{"name":"諫早市","enName":"Isahaya City","kana":"いさはやし","parent":"420013"},"4220500":{"name
"4220800":{"name":"松浦市","enName":"Matsuura City","kana":"まつうらし","parent":"420021"},"4220901":{"name
ima, Tsushima City","kana":"つしましかみつしま","parent":"420032"},"4221000":{"name":"壱岐市","enName":"Iki
平島を除く）","enName":"Saikai City (Excluding Enoshima and Tairashima)","kana":"さいかいし","parent":"4200
"4221300":{"name":"雲仙市","enName":"Unzen City","kana":"うんぜんし","parent":"420011"},"4221400":{"name
ょう","parent":"420012"},"4230800":{"name":"時津町","enName":"Togitsu Town","kana":"とぎつちょう","parent":"4
Town","kana":"かわたなちょう","parent":"420022"},"4232300":{"name":"波佐見町","enName":"Hasami Town","kana
ae":"Saza Town","kana":"さざちょう","parent":"420022"},"4241100":{"name":"新上五島町","enName":"Shinkamigoto
"4320200":{"name":"八代市","enName":"Yatsushiro City","kana":"やつしろし","parent":"430015"},"4320300":{"na
"},"4320500":{"name":"水俣市","enName":"Minamata City","kana":"みなまたし","parent":"430032"},"4320600":{"nam
"4321000":{"name":"菊池市","enName":"Kikuchi City","kana":"きくちし","parent":"430032"},"4321100":{"name":"
","4321300":{"name":"宇城市","enName":"Uki City","kana":"うきし","parent":"430015"},"4321400":{"name":"阿蘇
"4321600":{"name":"合志市","enName":"Koshi City","kana":"こうしし","parent":"430012"},"4334800":{"name":"美里
"4336700":{"name":"南関町","enName":"Nankan Town","kana":"なんかんまち","parent":"430013"},"4336800":{"name
"4340300":{"name":"大津町","enName":"Ozu Town","kana":"おおづまち","parent":"430012"},"4340400":{"name":"菊陽
"430020"},"4342400":{"name":"小国町","enName":"Oguni Town","kana":"おぐにまち","parent":"430020"},"4342500":{
まち","parent":"430020"},"4343200":{"name":"西原村","enName":"Nishihara Village","kana":"にしはらむら","paren

（出典）気象庁ウェブサイト『地域コード一覧（JSON データ）』国土交通省, https://www.jma.go.jp/bosai/common/const/area.json,［2022 年 12 月 19 日閲覧］。

図表 9 － 14　気象庁データ（一部）

[{"publishingOffice":"長崎地方気象台","reportDatetime":"2022-06-22T11:00:00+09:00","timeSeries":[{"timeDefines":["2022-06-22T11:00:00+09:00","2022-06-
23T00:00:00+09:00","2022-06-24T00:00:00+09:00"],"areas":[{"area":{"name":"南部","code":"420010"},"weatherCodes":["201","210","203"],"weathers":["くもり

（出典）気象庁ウェブサイト『長崎の天気』国土交通省, https://www.jma.go.jp/bosai/forecast/data/overview_forecast/130000.json,［2022 年 12 月 19 日閲覧］。

のデータそのままでないことがみてとれる。気象庁のデータが**図表 9 － 14** であるが，これも同様である。

（4）プログル情報の実践を振り返って

　Python プログラミングについての感想を読むと，難しかったと回答している学生が 25 人（N = 35）いたが，そのうちプログラムが英語で書かれていることに言及している学生が 12 人であった。プログラミングの世界では英語が標準語といってもよく，関数，モジュール，ライブラリなどの内容はすべて英語といって

もよい状況である。プログラミングが好きならば別であるが，英語が1つの障壁になるだろう。しかし難しかったと回答しながら「よく読んでみると簡単だった」と記載している学生も多く，見た瞬間に思考回路を閉じたか閉じなかったかが，できたかできなかったかの分水嶺となっているようだ。やってみれば，最初は難しく感じてもできるようになるという手ごたえを感じた学生が大半であった。そういう意味でもブロックプログラミングを導入したことは非常に有効であった。

お天気APIについては，たくさんのプログラムを入力すればいろいろな情報が入手できるとは思っていただろうが，単純なプログラムの入力で，自分たちが住んでいる地域の天気の情報が入手できることに驚いた学生が多かった。またゲームやスマートフォンの天気予報などに連携していることを知り，身近なものだと感じた学生も多かった。そしてPythonライブラリの便利さの一端について回答している学生も散見された。しかし1時限で終わらせるには無理な分量をこなしたため，消化不良な面は否めない。体験利用としてではなくプログラミング教材として利用するのであれば，隔週で座学の時間を設けるなどの工夫が必要であろう。

全体を通しては，自分たちが利用しているアプリは誰かがプログラミングして作成したものだとの気付きを記載している学生がいるなど，身近なところとの接点をみつけてくれたことがよかった。そのうえプログラミングに興味を持ち，アプリ制作もやってみたいとの意見さえもあった。また日頃の授業で，「どのようにしたら相手が理解してくれるのか」「だいたい理解していることと，完璧に理解していることは大きく違う」ことをしばしば口にする。そのことをもちだし「日頃先生がいっていることと今日の授業がつながっている気がしました」と記載してくれた学生がいたのは嬉しい限りである。日頃の人間関係も，多文化理解も，そしてプログラミングも「相手にわかりやすく伝える」ことが共通項であることをあらためて感じた。

4── 本章における結論

プログルにおいて数学の基礎教育とプログラミング基礎教育が同時にできることはすでに述べたが，説明を英語にすることで英語教育をすることも可能である。しっかりとした学力を身に付けさせるには簡単なところから始めて完璧に

せることが非常に重要である。難しいものを教材にして70点を目指す教育では行き詰まりが見えている。そのあたりを考える必要がある。

　まずプログルにおいて数学的思考について取り組ませた。算数とは計算することが主であるが数学，特に代数学では抽象的な観点から理論的に物事を考えることが大事である。そして数学的思考は数学の問題のみでもちいられるだけではなく，会議の場などでものごとを論理的に考えたり相手にわかりやすく説明したりする際に利用可能である。この数学的思考ができればプログラミング的思考をすることは容易であり，言語学習につなげることは簡単である。またブロックプログラミングとはいえ，ただ悉皆式にあてはめて正答を目指すのではなく，まず仮説を立ててから検証をすることをしっかりと理解させて実践させれば，きちんとした学習と呼べると考える。

　つぎにプログル情報であるが，Python を採用していることがわたしが選んだ理由である。データサイエンス教育において Python の学習ははずしたくなかったからである。Python はライブラリが豊富なことが利点の１つであるが，それらを事前にインストールするとなると環境設定に時間がかかるし，学生にインストールさせようとするとセキュリティその他の問題が起きる。その点，プログル情報ではそれらのことにわずらわされずに使用できることが一番のメリットである。

　プログルとプログル情報の両者を利用したことに関しては，ブロックプログラミングでなんとなくプログラミングの雰囲気がわかったところへ，似たような画面でテキストプログラミングへ軟着陸することが可能となり，非常に効果的であった。そして徐々にテキストの割合を増やしていくこともよいし，あらかじめ入力してあるプログラムを削除できることも自由度の高さを感じられた。能力の高い学生や意識の高い学生にたいしては，すべてを入力させることで時間調整をすることが可能となるなど効果的に授業が進められた。

　チャットボットや API 連携も疑似体験できるなど Python の有用性を簡単に体験するには効果的であった。合計２時限のプログラミング体験であったが，学生の評価はおおむねよかった。はじめてのプログラミング実習において嫌悪感をもたせず楽しい思いを持って終わらせたことは非常に嬉しい限りである。指導者側にプログラミングの素養さえあれば，充分にプログラミング的思考の涵養に効果的な教材である。今後さらなる実践を進めていきたい。

【注】

1）Visual Basic for Applications の略。主にマイクロソフト製の Microsoft Office シリーズに搭載されており，Word，Excel，PowerPoint などのソフトウェア上でプログラムを作成・実行することで，それらソフトウェアの機能拡張や自動化を可能とする簡易的なプログラミング言語である。

2）北川　舞，浅井健一「OCaml 初学者の学習調査」『プログラミングおよびプログラミング言語ワークショップ論文集』第 23 号，2021 年，1-16 頁。
松本晴香，浅井健一「Blockly をベースにした OCaml ビジュアルプログラミングエディタ」『プログラミングおよびプログラミング言語ワークショップ論文集』第 21 号，2019 年，1-15 頁。

3）武富志郎「知的障害特別支援学校小学部児童に対するロボット教材を用いたプログラミングの指導に関する研究」『日本教育工学会研究報告集』2022-1 号，2022 年 5 月，70-77 頁。

4）水谷好成，福井恵子，梅津直哉，米谷年法「特別支援教育におけるプログラミング教育を含む情報関連学習の段階的な実践」『宮城教育大学情報活用能力育成機構研究紀要』第 1 号，2021 年 3 月，77-88 頁。

5）大塚商会ウェブサイト「ビジュアルプログラミング」『IT 用語辞典』，https://www.otsuka-shokai.co.jp/words/visual-programming.html，［2022 年 12 月 19 日閲覧］。

6）「特定非営利活動法人みんなのコード」が提供する無料のブロックプログラミング教材である。小学生，中学生，高校生のコース（プログル情報）があるが，今回は小学生のコース，ならびに高校生のコースを利用した。

7）プログルウェブサイト『プログルとは』，https://proguru.jp/，［2022 年 12 月 19 日閲覧］。

8）タートルグラフィックスは子供向けのプログラミング入門でよくもちいられ，ウォーリー・フェールゼーグ（Wally Feurzeig），シーモア・パパート（Seymour Papert），シンシア・ソロモン（Cynthia Solomon）が 1967 年に開発したオリジナルの Logo プログラミング言語の一部分である。
Python Software Foundation ウェブサイト『turtle：タートルグラフィックス』，https://docs.python.org/ja/3/library/turtle.html［2022 年 12 月 19 日閲覧］。

9）履修年度によっては中学生のときに学習した学生もいる。
文部科学省「算数」『小学校学習指導要領（平成 29 年告示）解説算数編』2019 年 7 月。
文部科学省「算数」『小学校学習指導要領（平成 20 年告示）解説算数編』2008 年 6 月。
文部科学省「算数」『小学校学習指導要領（平成 10 年告示）解説算数編』1998 年 6 月。

10）プログル情報ウェブサイト『プログル情報とは』，https://high.proguru.jp/，［2022 年 12 月 19 日閲覧］。

11）「チャット」と「ロボット」を組み合わせた造語で「ChatBOT」と表記されることもある。テキストや音声を通じて，自動的に会話するプログラムのこと。「チャット」は，テキストを使いネット上でやりとりをすること，「ボット」は，人がコンピュータを使っておこなっていた作業を，ロボットが自動的に実行するプログラムのことを指す。
大塚商会ウェブサイト「ボットチャット」『IT 用語辞典』，https://mypage.otsuka-shokai.co.jp/contents/business-oyakudachi/words/chatbot.html，［2022 年 12 月 19 日閲覧］。

おわりに——意思疎通の大切さ——

　データサイエンスは数学，統計学，機械学習，プログラミング，経営学などさまざまな研究分野から成り立つ学問であり，Web 上の情報を自動収集することでビッグデータを作成し，Python 等のプログラミング言語をもちいて機械学習，深層学習をさせ，そのデータ処理・分析・解析をおこなうことで有益な洞察を導き出すことが要請されているとされる。このすべてをできるようにするには大変そうに思えるが，すべての人がその作業を`でき`なければならないわけではない。ただし，自分に関係ないことだから知らなくても問題はないと思ってはいけない。自動車を運転するのに自動車が動く仕組みを知っていたり分解修理ができたりする必要はないが，ある程度の仕組みを理解し簡単な修理ができなければならないということである。

　本書ではデータサイエンスの必要性およびデータサイエンス時代に必要となるであろうさまざまなチカラについて論じてきた。我が国の IT 戦略，AI 時代の仕事，AI・データサイエンス教育の動静について知ることはこれからの社会を生きていくうえで大切であろう。そして座学ではなく疑似体験をするためのゲーミフィケーション，データサイエンスに欠かせない Python をおこなうこともまた重要であろう。しかし**第 1 章**において「**失敗したソフトウェア開発のパロディ**」（9 頁，図表 1 − 3）を例示したが，結局，仕事をする仲間同士で話が通じるか否かということに尽きるのではないだろうか。文理融合などはまさにこのことであるし，STEAM 教育も一言でいえば，偏った知識ではなくバランスのよい人間を目指す教育である。どんな世界になっても相手のことを理解することが大事である。

　冒頭で映画「2001 年宇宙の旅」における船長と AI である HAL との衝突場面について言及したが，お互いを正しく理解できれば衝突は回避できたのかもしれない。そしてそれは Society 5.0 の実現社会において，また仮にシンギュラリティが起こったとしても必要なことなのかもしれない。そのために必要なことは「相

手にわかりやすく伝えること」および「相手の伝えたいことをきちんと理解すること」である。それは仕事のパートナーが人間であっても AI であっても同様である。

　対人間ということを考えると，「他人が書いた文章を誤解なく正しい意味で読み解くこと」や「自分の書いた文章を誤解なく他人に読み解いてもらうこと」であろう。これは口頭で伝える場合も同様である。それを実現するためには語彙力が大切である。デジタル大辞泉によれば，語彙力とは「その人がもっている単語の知識」と「それを使いこなす能力」のことである。その習得のために有効なことのひとつは音読と精読であろう。そしてわからない箇所があればすぐに調べることを習慣化することである。そのときに辞書を利用する必要はなく，スマホでググれば（Google で検索すれば）十分だとわたしは考えている。その際に気を付けることは，調べた説明が理解できるかどうか，もし理解できていないならば，理解するまで何度でも調べることである。調べたことが理解できたか否かは例が示せるかどうかによって判断すればよいであろう。例が示せれば「もっている単語を使いこなす能力」があるといえるのである。人によってはなかなか大変な作業になるかもしれない。しかしこれをやり遂げたときには，その事柄にかんすることにたいして制覇した感覚を覚え，学習を楽しいものとして体が覚えることであろう。そうなればあとは楽である。

　一方で，対 AI ということを考えると，数学的思考やプログラミング的思考が必要となる。算数とは計算することが主であるが数学，特に代数学では抽象的な観点から理論的に物事をとらえることが大事である。今回は定義，分解（分析），そして再構築という 3 ステップによって実施した。数学的思考は数学の問題のみでもちいられるだけではなく，会議の場などでものごとを論理的に考えたり相手にわかりやすく説明したりする際に利用可能である。この数学的思考ができればプログラミング的思考をすることは容易であり，プログラミング学習につなげることは簡単である。なぜならプログラミングもまた先ほど同様に定義，分解（分析），した後に，順次，選択，反復という 3 つの構造に再構築することで作成可能だからである。その点からも，ただ悉皆式にあてはめて正答を目指すのではなく，まず仮説を立ててから検証をすること，ならびにプログラミング的思考をしっかりと理解させて実践させれば，きちんとした学習と呼べると考える。

　この対人間，対 AI を考えると文系，理系という分類ではなく文理融合の考え方が導き出される。国際的にみても文系と理系を分類する考え方は日本独自のものである。そろそろ脱却を図らなければならない。また数学はこれからさらに重要度を増していくことが想定される。しかし多くの人が数学とは公式を覚え，それをもちいて答えを導き出すことだと考えているが，そういうことではない。大事なのはその公式の意味することを理解することであり，数学的思考をできるようにすることである。それを間違えてはならない。

　以前，陰山メソッドとして百ます計算が流行したことがあった。これは単純な足し算（他の計算方法でも可）を時間を計測し毎日同じ問題を解かせることで，計算力を鍛えるとともに本人に自分の能力の伸びを認識させ，自己肯定感をもたせるものである。この計算力がしっかりしていることでテストなどでも応用問題に割く時間が増え，結果的に得点力があがったという。わたしはタッチメソッドについて同様の意味合いで指導したことがあるが，指導者がきちんと意味を理解して実施すればかなりの効果が期待できる。アスリートも難しい練習ではなく簡単な練習を体が覚えるまで反復しておこなうことで効果を上げるという。わたしは試験等で結果をだせない学生にたいして「寝起きでも，熱が出てもできるようにしておきなさい」とよくいったものだが，結局内容は同じで「無意識にできるようにしなければ基礎が身についたとはいえない」ということである。

　論語に「これを知る者はこれを好む者に如かず。これを好む者はこれを楽しむ者に如かず」（孔子『論語』金谷　治訳注，岩波文庫，1999，117-118 頁）ということばがあるように，楽しむことが理解の近道であることは間違いない。そこでゲーミフィケーション等の利用が考えられるが，これはまったく学習意欲のない学生にたいしてのものではなく，もともとその人が持っているモチベーションを少しアシストして盛り上げたり，維持させたりする程度のものである。単調さを回避するためのものと考え，過度な期待をするべきではない。デジタル社会の「読み・書き・そろばん」である「数理・データサイエンス・AI」の習得には，地道に反復して基礎を身につけること，そしてその際に数学的思考をもって実践することが遠回りのようで，実は一番の近道なのではないだろうか。

　最後になったが，スマホを中心としたモバイル端末全体の利用率は 2021 年で97.3％となった（「情報通信機器の世帯保有率の推移」『情報通信白書』，総務省，2022 年）。

しかしオンラインで利用できる便利なアプリ等には多くの危険も潜んでいる。映画にもなった「スマホを落としただけなのに」（志駕晃，宝島社，2017）は個人情報漏洩の恐ろしさを描いたものである。冒頭の Paidy は電話番号とメールアドレスの2つで個人認証が可能であるとされる。換言すれば，企業はその2つでほとんどの人の個人情報を特定できるということでもある。Line や Instagram をはじめ，アプリを利用する際には危険性を理解しておくことも大事である。そして ID，パスワードの使いまわしはリスト型攻撃で不正使用される蓋然性が高いこともまた知っておかなければならない。また誤って削除したファイルも専用ソフトをもちいれば復元できるように，Telegram による消えたメッセージも復元可能である。素人では簡単に復元できないというだけなので誤解のないようにしたい。

　本書では，データサイエンス時代に必要なチカラとして，読解力，数的思考の基礎，経営基礎教育，個人情報等について論じている。文理融合の時代にすべての大学で数理・AI・データサイエンス教育が実施されることを受けてその一助となることを期待している。

The difference between the performers and non-performers is not a matter of talent. Effectiveness is more a matter of habits or behavior, and of a few elementary rules.
成果をあげる人とあげない人の差は，才能ではない。いくつかの習慣的な姿勢と，基礎的な方法を身につけているかどうかの問題である。

Peter Ferdinand Drucker（P. F. ドラッカー）

主要参照文献リスト

【邦文】

アスキー・ボードゲーム・アソシエイション編『モノポリーにものすごく強くなる本：世界一のボードゲームに日本一強くなるために』ビジネス・アスキー，1990 年。

新井紀子『AI に負けない子どもを育てる』東洋経済新報社，2019 年。

新井紀子『AIvs. 教科書が読めないこどもたち』東洋経済新報社，2018 年。

新井紀子『AI が大学入試を突破する時代に求められる人材育成』文部科学省中央教育審議会提出資料 3-1，国立情報学研究所　社会共有知研究センター，2016 年 10 月。

新井紀子「理解の危機」『科学』第 86 巻第 5 号，2016 年 5 月，469-472 頁。

新井紀子「人間頑張れ！」『朝日新聞』2015 年 11 月 14 日。

新井紀子「言語としての数学」『数理科学』第 49 巻第 5 号，2011 年 5 月，11-16 頁。

新井紀子『コンピュータが仕事を奪う』日本経済新聞出版社，2010 年。

礒本光広「Web 調べ学習における問題点の検証」『地域総合研究所研究紀要』（長崎ウエスレヤン大学），第 18 巻第 1 号，2020 年 3 月，1-16 頁。

礒本光広「各種テストをもちいた基礎学力の検証」『地域総合研究所研究紀要』（長崎ウエスレヤン大学），第 17 巻第 1 号，2019 年 2 月，1-12 頁。

礒本光広「基礎基本の習得とコミュニケーション能力」『日本科学教育学会報告』第 19 巻第 5 号，2005 年 5 月，23-28 頁。

礒本光広「Old Computer / New Educational Tool」『商業教育』第 50 号，2004 年 3 月，53-59 頁。

井上明人『ゲーミフィケーション：＜ゲーム＞がビジネスを変える＝ Gamification』NHK 出版，2012 年。

今井和雄「CPS とは」『NII Today』第 73 号，2016 年 9 月。

NEC パーソナルコンピュータ株式会社『大学生（1 年生～ 3 年生）・就職活動経験者（大学 4 年生），人事採用担当者を対象とする PC に関するアンケート調査』，(https://www.nec-lavie.jp/common/release/ja/1702/0704.html)，2017 年 2 月 7 日。

太田充亮「ライドシェアの現状と日本における導入方法の検討」『エネルギー経済』第 45 巻第 2 号，2019 年 6 月 39-49 頁。

大西慶一，岡森博和「新教科『情報』に関する『情報科教育法』のあり方とその実践に関する研究」『年会論文集』（日本教育情報学会）第 17 号，2001 年，104-107 頁。

大森田不可止『モノポリーの数学的考察』，https://note.com/strike777/n/n67378a1d95eb，最終修正 2006 年 5 月 28 日 [2022 年 12 月 19 日閲覧]。

岡内弘子「大学生の基礎学力を考える II」『香川大学教育学部研究報告 I』第 148 号，2017 年 3 月，27-38 頁。

小澤啓司「孫正義社長とソフトバンク社員が"ゲーム"に熱中する理由」『PRESIDENT』，2014 年 8 月 4 日。

陰山英男・小河　勝『学力低下を克服する本』文藝春秋，2003 年。

株式会社野村総合研究所「日本の労働人口の 49％が人工知能やロボット等で代替可能に～ 601 種の職業ごとに，コンピューター技術による代替確率を試算～」『News Release』2015 年 12 月 2 日。

株式会社ミロク情報サービス「税理士・公認会計士編」『2019 年会計事務所白書詳細版』

2019 年 9 月。

苅谷剛彦，清水睦美，志水宏吉，諸田裕子『調査報告「学力低下」の実態』岩波ブックレット，2002 年。

菊地崇仁「ポイントをもらえる理由　個人情報と交換も」『日本経済新聞』2022 年 7 月 20 日。

北川　舞，浅井健一「OCaml 初学者の学習調査」『プログラミングおよびプログラミング言語ワークショップ論文集』第 23 号，2021 年，1-16 頁。

九州大学数理データサイエンス教育研究センター『DS 概論 I & II 講義資料』，2022 年 9 月。

杏沢　隆「経営学の授業展開方法に関する一考察── MG（マネジメントゲーム）の実践報告」『北海道女子大学短期大学部研究紀要』第 36 号，1999 年 3 月，299-312 頁。

工藤栄一郎「モノポリーで学ぶ簿記会計の意義：簿記会計のアクティブラーニング実践とその含意」『西南学院大学商学論集』第 64 巻第 1・2 号，2017 年 9 月，1-20 頁。

経済産業省　消費・流通政策課「令和 2 年度流通・物流の効率化・付加価値創出に係る基盤構築事業（IoT 技術を活用したスーパーマーケットにおける食品ロス削減事業）報告書」株式会社日本総合研究所，2021 年 1 月。

経済産業省『デジタルトランスフォーメーションに向けた課題の検討〜 IT システムに関する課題を中心に』デジタルトランスフォーメーションの加速に向けた研究会 WG1 全体報告書，2020 年 12 月 28 日。

経済産業省「将来人口の予測」『日本の将来推計人口（平成 29 年推計）』国立社会保障・人口問題研究所第 1 回産業構造審議会資料，2018 年 9 月 21 日。

経済産業省『デジタルトランスフォーメーションを推進するためのガイドライン』2018 年 3 月。

経済産業省『平成 29 年度小規模事業者等の事業活動に関する調査に係る委託事業報告書』三菱 UFJ リサーチ＆コンサルティング，2018 年 3 月。

経済産業省『CPS によるデータ駆動型社会の到来を見据えた変革中間取りまとめ』産業構造審議会 商務流通情報分科会 情報経済小委員会，2015 年 5 月。

経済産業省「IoT 時代に対応したデータ経営 2.0 の促進」『第 1 回産業構造審議会商務流通情報分科会情報経済小委員会資料 3』商務情報政策局，2014 年 12 月。

経済産業省『平成 16 年度電子商取引に関する実態・市場規模調査（情報経済アウトルック 2005）』次世代電子商取引推進協議会　株式会社 NTT データ経営研究所，2005 年 6 月 28 日。

経済産業省「CPS によるデータ駆動型社会の概念図」『CPS によるデータ駆動型社会の到来を見据えた変革中間取りまとめ』産業構造審議会 商務流通情報分科会 情報経済小委員会，平成 27 年 5 月。

向　菲「中国 IT 教育の「『10 年の変遷』── Scratch は使用禁止，家庭学習で使われる進化版電子かばん」『CNetJapan』，https://japan.cnet.com/article/35181204/，2021 年 12 月 24 日。

小林静史「MG（マネジメントゲーム）と経営戦略会計システムの活用」『湘南短期大学紀要』第 7 号，1996 年 3 月，121-138 頁。

小林泰裕「米グーグル親会社 14％減益，マイナスは 2 四半期連続…インターネット広告の成長が鈍化」『読売新聞』2022 年 7 月 27 日。

齋藤　孝，『子どもの学力は「読解力」で決まる！ 小学生のうちに親がゼッタイしておきたいこと』朝日新聞出版，2012 年。

清水克彦「初等中等段階の算数・数学教育における電卓の活用の現状と課題」『コンピュータエデュケーション』第 13 号，2002 年，13-20 頁。

消費者庁表示対策課「景品表示法における違反事例集」2016 年 2 月。

数理・データサイエンス・AI 教育プログラム認定制度検討会議『「数理・データサイエンス・AI 教育プログラム認定制度（リテラシーレベル）」の創設について』2020 年 3 月。

数理・データサイエンス・AI 教育プログラム認定制度検討会議『数理・データサイエンス・AI 教育プログラム認定制度（応用基礎レベル）』2020 年 3 月。

菅原　智「経験学習としてのゲーム・ベースド・ラーニング（GBL）の効果：マネジメント・ゲーム（MG）のケース・スタディ」『産業経理』第 78 巻第 1 号，2018 年 4 月，100-113 頁。

砂口洋毅「サイバーフィジカルシステム（CPS）がもたらす製造業の変革」『エコノミクス』（九州産業大学）第 26 巻第 2 号，2022 年 3 月，1-21 頁。

総務省「各産業革命の特徴」『第 4 次産業革命における産業構造分析と IoT・AI 等の進展に係る現状及び課題に関する調査研究報告書』株式会社三菱総合研究所，2017 年 3 月。

総務省『平成 30 年版情報通信白書』2018 年 7 月。

総務省『平成 28 年版情報通信白書』2016 年 7 月。

総務省『平成 27 年版情報通信白書』2015 年 3 月。

総務省「住民基本台帳カードの交付状況」『住民基本台帳ネットワークシステム調査委員会（第 18 回）資料 4』2009 年 2 月 2 日。

総務省『平成 17 年「通信利用動向調査」の結果』報道資料，(https://www.soumu.go.jp/johotsusintokei/statistics/data/060519_1.pdf) 2006 年 5 月 19 日。

髙橋俊史「デジタルネイティブ世代と呼ばれる大学生を対象とした情報モラル教育に関する一考察」『東北福祉大学研究紀要』第 44 号，2020 年 3 月，79-96 頁。

武富志郎「知的障害特別支援学校小学部児童に対するロボット教材を用いたプログラミングの指導に関する研究」『日本教育工学会研究報告集』2022-1 号，2022 年 5 月，70-77 頁。

中小企業庁『2020 年版中小企業白書・小規模企業白書（講演用資料）』中小企業庁調査室，2020 年 6 月。

中小企業庁『平成 26 年度中小企業における会計の実態調査事業報告書』2015 年 3 月。

中小企業庁『平成 22 年度中小企業の会計に関する実態調査事業集計・分析結果【報告書】』，2011 年 3 月。

辻合華子，長谷川春生「STEAM 教育の“A”の概念について」『科学教育研究』第 44 巻第 2 号，2020 年，93-103 頁。

デジタル庁『オープンデータ基本指針』高度情報通信ネットワーク社会推進戦略本部・官民データ活用推進戦略会議，2017 年 5 月 30 日，2021 年 6 月 15 日改正。

デジタル庁『世界最先端デジタル国家創造宣言・官民データ活用推進基本計画』資料 1，2019 年 6 月 14 日閣議決定，2020 年 7 月 17 日閣議決定。

内閣府『令和 2 年度青少年のインターネット利用環境実態調査』2021 年 3 月。

内閣府『IT 新戦略の概要―社会全体のデジタル化に向けて―』内閣官房情報通信技術（IT）総合戦略室，2019 年 6 月。

内閣府『未来投資戦略 2017―Society 5.0 の実現に向けた改革―』2017 年 6 月 9 日。

内閣府『i-Japan 戦略 2015 ～国民主役の「デジタル安心・活力社会」の実現を目指して～』IT 戦略本部，2009 年 7 月 6 日。

内閣府『e-Japan 戦略 II』IT 戦略本部，2003 年 7 月 2 日。

内閣府『e-Japan 戦略』高度情報通信ネットワーク社会推進戦略本部，2001 年 1 月 22 日。

夏野かおる「インドはなぜ IT 人材を輩出できるのか？　日本との教育事情の違い，参考にしたい視点とは」『朝日新聞 EduA』，2022 年 2 月 16 日。

西　順一郎，宇野　寛，米津晋次『利益が見える戦略 MQ 会計』かんき出版，2009 年。

西岡壱誠『「読む力」と「地頭力」がいっきに身につく東大読書』東洋経済新報社，2018 年。

日本商業教育学会『商業科教育論』実教出版，2019 年。

野中俊一郎「『モノポリー』の思考アルゴリズムのための一検討」『情報処理学会研究報告』
　　第 18 号，1998 年 3 月，43-48 頁。

橋本　武『《銀の匙》の国語授業』岩波書店，2012 年。

林　徹『モノポリーで学ぶビジネスの基礎（第 2 版）』中央経済社，2019 年。

平井卓也「AI について」『総合科学技術・イノベーション会議（第 41 回）資料 2』内閣府，
　　2018 年 12 月 20 日。

増田悦夫「ロジスティクスにおける CPS/IoT 化の動向と今後について」『物流問題研究』
　　（流通経済大学）2021 年 3 月，136-153 頁。

松原直樹「数字に強い社員を育てる：マネジメントゲーム MG の活用（社員の会計スキル
　　を高めるには）」『企業会計』第 65 巻第 11 号，2013 年 11 月，94-100 頁。

松本晴香，浅井健一「Blockly をベースにした OCaml ビジュアルプログラミングエディタ」
　　『プログラミングおよびプログラミング言語ワークショップ論文集』第 21 号，2019 年，
　　1-15 頁。

丸山雄平「人工知能の現状と今後の展望〜社会課題の解決と，持続的な経済成長を支える
　　人工知能〜」『ビジネス環境レポート』第一生命経済研究所，2021 年 9 月。

水谷好成，福井恵子，梅津直哉，米谷年法「特別支援教育におけるプログラミング教育を
　　含む情報関連学習の段階的な実践」『宮城教育大学情報活用能力育成機構研究紀要』第 1
　　号，2021 年 3 月，77-88 頁。

桃井克将「社会福祉士養成課程におけるボードゲームを用いたアクティブラーニング」『人
　　間生活文化研究』（徳島文理大学）第 27 号，2017 年，625-628 頁。

師岡　徹「AI 時代の到来から税理士業務を考える」『税経新報』第 670 号，2018 年 10 月，
　　4-14 頁。

文部科学省『高等学校情報科担当教員に関する現状及び文部科学省の今後の取組について
　　（通知）』令和 2 年文部科学省初等中等教育課第 2045 号，2021 年 3 月 23 日。

文部科学省『2021 年度高等学校教科「情報」の免許保持教員による複数校指導の手引き』
　　2021 年 3 月。

文部科学省『文部科学省におけるデジタル化推進プラン』文部科学省デジタル化推進本部，
　　2020 年 12 月 23 日。

文部科学省「令和 2 年度補正予算概要説明〜 GIGA スクール構想の実現〜」『学校の情報
　　環境整備に関する説明会資料』2020 年 5 月 11 日。

文部科学省「新学習指導要領の趣旨の実現と STEAM 教育について──『総合的な探求の
　　時間』と『理数探求』を中心に──」『高校 WG（第 4 回）資料 1』，2019 年 10 月 15 日。

文部科学省『高等学校学習指導要領（平成 30 年告示）解説国語編』2019 年 7 月。

文部科学省『小学校学習指導要領（平成 29 年告示）解説算数編』2019 年 7 月。

文部科学省『高等学校情報科「情報 I」教員研修用教材』2019 年 3 月。

文部科学省『高等学校情報科「情報 II」教員研修用教材』2019 年 3 月。

文部科学省『高等学校学習指導要領（平成 30 年告示）解説商業編』2019 年 3 月 10 日。

文部科学省『高等学校学習指導要領（平成 30 年告示）解説情報編』2019 年 2 月 28 日。

文部科学省『DX レポート〜 IT システム『2025 年の崖』の克服と DX の本格的な展開〜（簡
　　易版）』『デジタルトランスフォーメーションに向けた研究会資料』2018 年 9 月 7 日。

文部科学省『新しい学習指導要領の考え方─中央教育審議会における議論から改訂そして
　　実施へ─』2017 年 9 月 28 日。

文部科学省「学習指導要領の見直しに当たっての検討課題」『中央教育審議会初等中等教育
　　分科会教育課程部会配布資料』初等中等教育局教育課程課教育課程企画室，2017 年 8 月

主要参照文献リスト ◎── 205

8日。

文部科学省『小学校段階におけるプログラミング教育の在り方について（議論の取りまとめ）』小学校段階における論理的思考力や創造性，問題解決能力等の育成とプログラミング教育に関する有識者会議，初等中等教育局教育課程課教育課程企画室，2016年6月16日。

文部科学省『諸外国におけるプログラミング教育に関する調査研究報告書』（文部科学省平成26年度・情報教育指導力向上支援事業），2015年3月。

文部科学省「情報ワーキンググループとりまとめ」『情報ワーキンググループ資料1-2』教育課程部会，2016年4月20日。

文部科学省『小学校学習指導要領（平成20年告示）解説算数編』2008年6月。

文部科学省『小学校学習指導要領（平成10年告示）解説算数編』1998年12月。

安村禎明，秋山英久，小口邦彦，新田克己「モノポリーゲームにおける交渉エージェント」『情報処理学会論文誌』第43巻第10号，2002年10月，3048-3055頁。

山田コンサルティンググループ株式会社「我が国を支える中堅・中小企業の経営実態調査」『アンケート報告書』2019年6月14日，21頁，図Ⅱ-5。

吉川英一郎「ボードゲーム"MONOPOLY"による交渉体験教育の可能性」『帝塚山法学』（同志社大学）第26号，2014年，pp.15-44。

「特定電子メールの送信の適正化等に関する法律」平成14（2002）年法律第26号。

「入園料の変動，ダイナミック 繁忙期↑，平日は↓ 高まる満足度」『朝日新聞』2022年8月17日。

「デジタル庁，波乱の出発 首相肝いり，人事で混乱」『朝日新聞』2021年9月2日。

「国立大受験に『情報』追加案 25年共通テストから『6教科8科目』検討」『朝日新聞』2021年5月24日。

「LINE問題，自治体困惑 各地で活用，事実確認追われる」『朝日新聞』2021年3月18日。

「グルメサイト，公取委調査 評点・表示順など実態問う」『朝日新聞』2019年10月3日。

「リクナビ問題 個人情報，危うい『活用』」『朝日新聞』2019年8月12日。

「高校『情報科』，教員足りない 採用試験なし18道府県『免許外』で補う」『朝日新聞』2018年10月16日。

「デジタル錠剤，飲んだか発信 センサー埋め込み，第三者確認」『朝日新聞』2017年11月15日。

「食べログ点数にお店不信感 ネットで騒動に」『朝日新聞』2016年9月21日。

「食べログ評価操作，処分『難しい』消費者庁」『朝日新聞』2012年3月29日。

「必修漏れ責任論争 教育基本法の審議一転 国か教委か学校か」『朝日新聞』2006年10月31日。

「薬にセンサー『デジタル薬』大塚製薬が実用化」『日経産業新聞』2017年12月14日。

「Facebook，社名を『メタ』に変更 仮想空間に注力」『日本経済新聞』2021年10月29日。

「クラウド会計で分裂 業界関係者の本音」『週刊エコノミスト』毎日新聞出版，第95巻第46号，2017年11月28日。

「英国のEU離脱後においても日英間の相互の円滑な個人データ移転を図る枠組みは維持」『個人情報保護委員会ニュースリリース』2020年1月31日。

「日EU間の相互の円滑な個人データの移転～ボーダレスな越境移転が実現～」『個人情報保護委員会ニュースリリース』2019年1月22日。

「クラウド会計ソフトの利用状況調査（2020年4月末）」『株式会社MM総研プレスリリース』2021年5月20日。

「国内クラウドサービス需要動向調査（2020年5月時点）」『株式会社MM総研プレスリリー

ス』2020 年 6 月 18 日。

「AI で早期胃がん領域の高精度検出に成功　早期発見・領域検出で早期治療に大きく貢献」
　『国立がん研究センタープレスリリース』2018 年 7 月 20 日。

「リーディングスキルテストとは」『国立情報学研究所ニュースリリース』大学共同利用機
　関法人　情報・システム研究機構　国立情報学研究所　社会共有知研究センター，2016
　年 7 月 26 日。

「機械に奪われそうな仕事ランキング 1 〜 50 位！　会計士も危ない！　激変する職業と教育
　の現場」『週刊ダイヤモンド 8 月 25 日号』，2015 年 8 月 19 日。

「早稲田大学スポーツ科学部に，MG 研修の経営部分に特化した経営シミュレーションゲー
　ム『カンパニーゲーム』を提供開始」『PRTimes プレスリリース』2021 年 4 月 23 日。

「MG 研修のオンライン版を，大阪工業大学・山梨学院大学の学生を対象に提供開始」
　『PRTimes プレスリリース』2019 年 9 月 13 日。

【欧文】

Arntz, M., Gregory, T. and Zierahn, U., "The Risk of Automation for Jobs in OECD Countries: A Comparative Analysis," *OECD Social, Employment and Migration Working Papers*, Vol.2 No.189, June 16, 2016, pp.47-54.

Burke, Biran, *Gamify: How Gamification Motivates People to Do Extraordinary Things*, Routledge, 2014（ブライアン・バーク著，鈴木素子訳『GAMIFY ＝ゲーミファイ：エンゲージメントを高めるゲーミフィケーションの新しい未来』東洋経済新潮社，2016 年）。

Doyle, Peter, *Value-based marketing: marketing strategies for corporate growth and shareholder value*, John Wiley & Sons, 2000（ピーター・ドイル著；恩藏直人監訳；須永努，韓文熙，貴志奈央子訳『価値ベースのマーケティング戦略論』東洋経済新報社，2004 年）。

Frey, Carl Benedikt and Osborne, Michael A. "The Future of Employment: How Susceptible are Jobs to Computerisation?," *Oxford Martin School, University of Oxford*, September 17 2013, pp.1-72.

Heffernan, Virginia, "Education Needs a Digital-Age Upgrade," *New York Times*, Augst 7, 2011.

Kim, W. Chan and Mauborgne, Renée, *Blue ocean strategy: how to create uncontested market space and make the competition irrelevant*, Harvard Business School Press, 2005.（W・チャン・キム，レネ・モボルニュ著，有賀裕子訳『ブル・・・・オーシャン戦略：競争のない世界を創造する』ダイヤモンド社，2013 年）。

Kramer, Adam D. I., Guillory, Jamie E., and Hancock, Jeffrey T., "Experimental evidence of massive-scale emotional contagion through social networks," *PNAS*, Vol.111, No.24, June 17, 2014, pp.8788-8790.

Meek, B. L., Heath, P. M., and N. J. Rushby, *Guide to good programming practice 2nd ed.*, E. Horwood, Halsted Press, 1980（久保未沙，永田守男共訳『成功するプログラミング』近代科学社，1982 年）。

Moravec, Hans, "When will computer hardware match the human brain?," *Journal of Evolution and Technology*, Vol.1, 1998.

OECD, *PISA 2021 Mathematics Framework (Draft)*, November 2018.

Orbanes, Philip E., *Monopoly, Money, and You: how to profit from the game's secrets of success*, McGraw-Hill Education, 2013（フィリップ・E・オルベーンズ著，千葉敏生，岡田　豊訳『投資とお金の大事なことはモノポリーに学べ』日本実業出版社，2013 年）。

Orbanes, Philip E., "Everything I know about business I learned from monopoly," *Harvard*

Business Review, Vol.80, No.3, March 2002, pp.51-57.

Shanklin, Stephen B. and Ehlen, Craig R., "Using The Monopoly Board Game As An In-Class Economic Simulation In The Introductory Financial Accounting Course," *Journal of College Teaching & Learning*, Vol.4, No.11, November 2007.

Shannon, Claude, "Programming a Computer for Playing Chess," *Philosophical Magazine*, Ser.7, Vol.41. No.314, 1950, pp.2-13.

Sowder, Judith T., "Estimation and number sense. In D. A. Grouws（Ed.），" *Handbook of research on mathematics teaching and learning: A project of the National Council of Teachers of Mathematics*, Macmillan Publishing Co, Inc., 1992, pp.371-389.

Tanner, Margaret M. and Lindquist, Tim M., "Using MONOPOLY and Teams-Games-Tournaments in accounting education: a cooperative learning teaching resource," *Accounting Education*, Vol.7, No.2, February 1998, pp.139-162.

Twenge, Jean M., *Generation me: why today's young Americans are more confident, assertive, entitled- and more miserable than ever before*, Free Press, 2006.

University of London Computer Centre Newsletter, No.53, March 1973.

Yakman, Georgette, "What is the point of STEAM?-A Brief Overview," *Researchgate*, August 2010.

【主要参照ウェブサイト】

一般社団法人教育のための科学研究所ウェブサイト『「読む」力をはかるリーディングスキルテスト』，https://www.s4e.jp/，[2022 年 12 月 19 日閲覧]。

インプレスウェブサイト「電子政府・電子自治体プロジェクト，総額 12 兆円に対し希薄な存在感」『IT Leaders』，https://it.impress.co.jp/articles/-/6951, 2009 年 8 月 28 日 [2022 年 12 月 19 日閲覧]。

大塚商会ウェブサイト『デジタルトランスフォーメーションはなぜ DX と略す？ 推進させる重要性』，https://www.otsuka-shokai.co.jp/erpnavi/topics/dx-mikata/archive/why-dx.html，[2022 年 12 月 19 日閲覧]。

岡山県ウェブサイト『多方面に進む無人化』岡山県上海事務所，https://www.pref.okayama.jp/uploaded/life/330057_5835369_misc.pdf，[2022 年 12 月 19 日閲覧]。

気象庁ウェブサイト『地域コード一覧（JSON データ）』国土交通省，https://www.jma.go.jp/bosai/common/const/area.json，[2022 年 12 月 19 日閲覧]。

気象庁ウェブサイト『長崎の天気』国土交通省，https://www.jma.go.jp/bosai/forecast/data/overview_forecast/130000.json，[2022 年 12 月 19 日閲覧]。

Google ウェブサイト『Google について』，https://about.google/intl/ja_JP/how-our-business-works/，[2022 年 12 月 19 日閲覧]。

Google ウェブサイト『Google ポリシーと規約』，https://policies.google.com/terms，2022 年 1 月 5 日 [2022 年 12 月 19 日閲覧]。

Google ウェブサイト『Google 広告設定』，https://adssettings.google.com/，[2022 年 12 月 19 日閲覧]。

KGI ウェブサイト『デジタル化の初めの一歩，デジタイゼーション』，https://kg-innovation.jp/blog/?p=515, 2020 年 12 月 18 日 [2022 年 12 月 19 日閲覧]。

KDDI ウェブサイト『デジタルトランスフォーメーションはなぜ DX と略されるのか？』，https://www.kddimatomete.com/magazine/210201134321/, 2021 年 2 月 1 日 [2022 年 12 月 19 日閲覧]。

国立教育政策所ウェブサイト『OECD 生徒の学習到達度調査（PISA）』，https://www.

nier.go.jp/kokusai/pisa/index.html，〔2022 年 12 月 19 日閲覧〕。

政府広報オンラインウェブサイト『「どのように学ぶか」も重視？』，https://www.gov-online.go.jp/useful/article/201903/2.html，2019 年 3 月 13 日〔2022 年 12 月 19 日閲覧〕。

総務省ウェブサイト『「未来の学びコンソーシアム」のサイトの公開』，https://www.soumu.go.jp/menu_kyotsuu/important/kinkyu02_000259.html，2017 年 3 月 15 日〔2022 年 12 月 19 日閲覧〕。

大日本図書ウェブサイト『教科書いまむかし』，https://www.dainippon-tosho.co.jp/math_history/history/age07_el/index.html，〔2022 年 12 月 19 日閲覧〕。

中小企業庁ウェブサイト『中小企業基本法における中小企業者ならびに小規模企業者の範囲』，https://www.chusho.meti.go.jp/faq/faq/faq01_teigi.htm，〔2022 年 12 月 19 日閲覧〕。

TesTee ウェブサイト『ソシャゲに関する調査レポート【10 〜 30 代対象 2019 年版】』，https://lab.testee.co/social-game，2019 年 6 月 3 日〔2022 年 12 月 19 日閲覧〕。

寺岡製鋼ウェブサイト『Shop&Go』，https://www.teraokaseiko.com/jp/products/PRD00357/，〔2022 年 12 月 19 日閲覧〕。

店舗経営レシピブックウェブサイト『【2019 年最新版】飲食店が登録するおすすめのグルメサイトは？ ぐるなび，食べログ，ホットペッパーグルメ，Retty を比較』，https://recipe-book.ubiregi.com/articles/gourmet-site-hikaku/，〔2022 年 12 月 19 日閲覧〕。

TRIAL ウェブサイト『店舗内での AI カメラ撮影について』，https://www.trial-net.co.jp/aicamerapolicy/，2022 年 8 月 1 日〔2022 年 12 月 19 日閲覧〕。

日本漢字能力検定協会ウェブサイト『文章検の出題の工夫』，https://www.kanken.or.jp/bunshouken/about/ingenuity.html，〔2022 年 12 月 19 日閲覧〕。

日本総合研究所ウェブサイト『「e-JAPAN」を評価するということ』，https://www.jri.co.jp/service/special/content2/media_ejapan/，〔2022 年 12 月 19 日閲覧〕。

日本モノポリー協会ウェブサイト『2020 年度 モノポリー日本選手権 全国大会 レギュレーション』，https://monopoly-championship.jp/japan/2020/final-regulation.html，2020 年 12 月 9 日最終更新〔2022 年 12 月 19 日閲覧〕。

Python Software Foundation ウェブサイト『turtle：タートルグラフィックス』，https://docs.python.org/ja/3/library/turtle.html〔2022 年 12 月 19 日閲覧〕。

プログルウェブサイト『プログルとは』，https://proguru.jp/，〔2022 年 12 月 19 日閲覧〕。

プログル情報ウェブサイト『プログル情報とは』，https://high.proguru.jp/，〔2022 年 12 月 19 日閲覧〕。

マネジメント・カレッジ（株）ウェブサイト『マネジメントゲーム（MG：Management Game）とは？』，https://www.mgtco.co.jp/managementgame.html，〔2022 年 12 月 19 日閲覧〕。

リアセックウェブサイト『PROG テストについて』，http://www.riasec.co.jp/progtest/test/，〔2022 年 12 月 19 日閲覧〕。

【欧文】

Thomas, Jessica, "22,000 people willingly agree to community service in return for free WiFi," Purple Website, https://purple.ai/blogs/purple-community-service/, July 11, 2017〔2022 年 12 月 19 日閲覧〕。

初出掲載雑誌等一覧

　本書の内容はすでに学術雑誌等に発表したものである。初出掲載雑誌及びその際の論文題目等は以下のとおりである。学術雑誌等に発表した時点での論文要旨と本書の内容が根本的に異なることはない。しかし書籍展開の都合上，内容の一部をデータの古いものは新しいものに変更し，事例や実践例を追加するなど大幅に加筆・補正し，また表現・用語にたいしてはかなりの修正を施した。

第1章　数理・データサイエンス・AI教育を踏まえた情報教育
「数理・データサイエンス・AI教育を踏まえた情報科教育法」『鎮西学院大学現代社会学部研究紀要』，第20巻1号，2021年12月，15-24頁。

第2章　オープン戦略と個人情報
「社会の変容と個人情報」『鎮西学院大学現代社会学部研究紀要』，第21巻1号，2022年12月，25-42頁。

第3章　AI時代の税理士業務と簿記会計教育
「AI時代の税理士業務と簿記会計教育――高校教員アンケート分析を中心にして――」『商業教育論叢』（日本商業教育学会）第31集，2021年3月，1-8頁。

第4章　基礎学力論争
「各種テストをもちいた基礎学力の検証」『地域総合研究所研究紀要』（長崎ウエスレヤン大学），第17巻1号，2019年3月，1-12頁。日本経営診断学会第187回関西部会（2018年12月，主催校：立命館大学いばらきキャンパス）発表。

第5章　Web調べ学習における問題点の検証
「Web調べ学習における問題点の検証」『地域総合研究所研究紀要』（長崎ウエスレヤン大学），第18巻1号，2020年3月，1-16頁。

第6章　読解力を涵養するアクティビティとは
「読解力を涵養するアクティビティとは――本学の実践を中心として――」『長崎ウエスレヤン大学現代社会学部研究紀要』，第19巻1号，2020年12月，15-24頁。日本経営診断学会第187回全国大会（2019年9月，主催校：高千穂大学）発表。

第7章　モノポリーによる経営戦略の涵養
「ゲーミフィケーションによる簿記会計の基礎教育――モノポリーによる実践を中心として――」『長崎ウエスレヤン大学現代社会学部研究紀要』，第19巻1号，2020年12月，1-14頁。日本経営診断学会第58・59回九州部会（2020年9月，主催校：中村学園大学）発表。

第8章　カンパニーゲームによる経営戦略の涵養
「ゲーミフィケーションによる経営基礎戦略の涵養――カンパニーゲームによる実践を中心として――」『鎮西学院大学現代社会学部研究紀要』，第21巻1号，2022年12月，13-24頁。

第9章　ブロックプログラミングによるプログラミング的思考の涵養
「ブロックプログラミングによるプログラミング的思考の涵養――本学における実践を中心として――」『鎮西学院大学現代社会学部研究紀要』，第21巻1号，2022年12月，1-12頁。

索　引

A–Z

AND 検索 …………………… 96
AlphaGo ……………………… 3
API …………………… 4，190
　――連携 ………………… 190
average …………………… 124
BATH ……………………… 23
C 言語 …………………… 182
CPS ……………………… 28
e-Japan 戦略 ……………… 5
ELSI ……………………… 31
Facebook の心理実験 …… 42
freee ……………………… 1
GAFA ……………………… 26
GDPR ……………………… 42
GIGA スクール構想 …… 13，14
Google フォト …………… 44
Google ポリシー ………… 44
Hello World …………… 185
ICT ………………………… 7
IoT ……………………… 27
IT ………………………… 26
　――戦略 ………………… 5
　――による社会変革の歩み… 27
KVS ……………………… 4
LINE 問題 ………………… 39
mean …………………… 124
median ………………… 124
mode …………………… 124
Off-JT ………………… 161
OJT …………………… 161
OR 検索 ………………… 97

Osborne and Frey の定義 …… 66
PISA ……………………… 7
PONANZA ………………… 3
Python ………………… 17，187
Scratch ………………… 11
Shop & Go ……………… 36
Society 5.0 ……………… 13
STEAM 教育 ……………… 14
Turtle …………………… 183
VAN ……………………… 27
Web 調べ学習 …………… 67，86
WebAPI ………………… 190

ア

アクティブ・ラーニング …… 115，128
アルファ碁 ………………… 3
イメージ同定 …………… 39，81
インダストリー 4.0 ……… 29
インターネットサービスプロバイダ（ISP）
………………………… 10
越境移転 ………………… 42
円周率 …………………… 113，120
オプトアウト …………… 45
オプトイン ……………… 45
オープンデータ ………… 37
音読 ……………………… 117

カ

概数 ……………………… 83，113
係り受け ………………… 78，122
学習指導要領による授業時数の変化 …… 75
加減乗除 ………………… 186
仮説－アクティビティー検証 …… 115

仮名加工情報······················· 39
監視カメラ···························· 26
漢字チェックテスト················ 70
完全一致検索···············　97，111
カンパニーゲーム················ 162
　　──実践における諸データ····· 175
　　──における財務諸表········· 174
　　──のルール··················· 163
官民連携コンソーシアム··········· 11
棄却域······························· 125
技術的負債··························· 17
帰無仮説····························· 124
クラウド会計ソフト················ 59
グルメサイト比較················· 102
経営戦略····························· 161
競馬における帽子の色············ 128
ゲーミフィケーション············ 135
ゲームデザインの原則············ 134
ゲーム・ベースド・ラーニング（GBL）
　·································· 161
検索サイト··························· 99
検索ワード···················　87，88
高校時の数学の履修状況·········· 180
広告のカスタマイズ················ 46
個人識別符号······················· 38
個人情報の定義····················· 38
コンピュテーショナル・シンキング
　·································　7，24

サ

最頻値······························· 124
サーベイランス····················· 34
産業革命の変遷····················· 30
算術平均値·························· 124
算数チェックテスト················ 71
シェアリング・エコノミー········· 32
自計化······························· 58
　　──している顧客の割合········· 58
自然言語···························· 106
失敗したソフトウェア開発のパロディ··· 9

収益構造概略図···················· 174
収穫加速の法則···················· 134
主体的・対話的で深い学び···　22，128
情報リテラシー····················· 11
調べ学習····················　86，105
シンギュラリティ················· 133
数学的思考·················　183，194
数理・データサイエンス・AI 教育 ······ 16
スマートファクトリー·············· 30
精読································· 116
税理士業務の定義··················· 55
税理士の将来···············　53，63

タ

代表値······························· 124
ダイナミックプライシング········· 33
第 4 次産業革命···············　29，30
対立仮説····························· 124
食べログ 3.8 問題················· 109
食べログ問題···············　102〜104
チャットボット···················· 188
中央値······························· 124
定着率チェックテスト········　72，73
テキストマイニング················· 4
デジタルトランスフォーメーション（DX）
　··································· 17
デジタルネイティブ················ 10
デジタル薬··························· 36
データ駆動型社会···········　27，28
データサイエンス教育·············· 17
同義判定文··························· 79
匿名加工情報···············　39，41
ドリル学習の是非················· 115

ナ

ナンバーセンス··················· 114
2025 年の崖························· 18
能動的学習·························· 177

ハ

背理法………………………………	124
板書書写能力………………………	112
販売個数と当期純利益の関係………	169
ビジュアルプログラミング………	180
部分一致検索………………………	111
ブルーオーシャン…………………	176
プログラミング的思考……………	185
プログル……………………………	181
プログル情報………………………	187
──（算数）のメニュー………	189
ブロックプログラミング…………	180
文章検………………………………	122
文理融合……………………………	14
ポイントカード……………………	41
簿記教育の将来………………… 54,	64

マ

マイナス検索………………………	97
マネジメントゲーム（MG）………	162
未来の学びコンソーシアム………	11
メジアン……………………………	124
モジュール…………………………	188
モード………………………………	124
モノポリー…………………………	134
──実践における諸データ………	163

──における損益計算書…………	158
──における貸借対照表…………	157

ヤ

有意差………………………………	124
ゆとり教育…………………………	75
要配慮個人情報……………………	38

ラ

利益感度分析………………………	173
リクナビ問題………………………	39
リコメンド…………………………	34
リーディングスキルテスト（RST）	
……………………………… 75,	84
リベラルアーツ……………………	17
利用規約……………………………	47
ルーブリック評価…………………	153
レガシーシステム…………………	18
レッドオーシャン…………………	176
ローカルルール……………………	154

ワ

ワイルドカード……………………	97
和差積商……………………………	185
忘れられる権利……………………	42
ワトソン……………………… 86,	108

《著者紹介》

礒本光広（いそもと・みつひろ）

鎮西学院大学現代社会学部　教授

1964 年　広島県生まれ

広島大学大学院社会科学研究科博士課程後期修了

博士（マネジメント）（広島大学）

【主要著書】

『行列簿記の現代的意義——歴史的経緯と構造の視点から——』創成社，2018 年。

【主要論文】

「ボストン式元帳とアメリカ式簿記」『産業經理』第 82 巻第 4 号，2023 年 1 月，15-28 頁。

「行列簿記の変遷と現代的意義—スプレッドシートの揺籃期に焦点をあてて—」『會計』第 199 巻第 3 号，2021 年 3 月，73-87 頁。

「小規模企業における行列簿記の実現可能性—会計ソフト会社へのアンケート等を中心として—」『産業經理』第 79 巻第 4 号，2020 年 1 月，46-58 頁。

（検印省略）

2023 年 3 月 30 日　初版発行　　　　　　略称—データサイエンス

データサイエンス時代に必要なチカラ

著　者　礒本光広

発行者　塚田尚寛

発行所　東京都文京区　　**株式会社　創成社**
　　　　春日 2 - 13 - 1

電　話 03（3868）3867　　Ｆ Ａ Ｘ 03（5802）6802
出版部 03（3868）3857　　Ｆ Ａ Ｘ 03（5802）6801
http://www.books-sosei.com　振　替 00150-9-191261

定価はカバーに表示してあります。

©2023 Mitsuhiro Isomoto　　組版：ワードトップ　印刷：エーヴィスシステムズ
ISBN978-4-7944-2615-4　C3034　製本：エーヴィスシステムズ
Printed in Japan　　　　落丁・乱丁本はお取り替えいたします。

──────── 経営選書 ────────

データサイエンス時代に必要なチカラ	礒　本　光　広	著	2,600 円
行 列 簿 記 の 現 代 的 意 義 ― 歴 史 的 経 緯 と 構 造 の 視 点 か ら ―	礒　本　光　広	著	3,000 円
地域を支え，地域を守る責任経営 ―CSR・SDGs時代の中小企業経営と事業承継―	矢　口　義　教	著	3,300 円
震 災 と 企 業 の 社 会 性・CSR ― 東日本大震災における企業活動と CSR―	矢　口　義　教	著	2,400 円
おもてなしの経営学［実践編］ ―宮城のおかみが語るサービス経営の極意―	東北学院大学経営学部 おもてなし研究チーム みやぎ おかみ会	編著 協力	1,600 円
おもてなしの経営学［理論編］ ― 旅 館 経 営 へ の 複 合 的 ア プ ロ ー チ ―	東北学院大学経営学部 おもてなし研究チーム	著	1,600 円
おもてなしの経営学［震災編］ ―東日本大震災下で輝いたおもてなしの心―	東北学院大学経営学部 おもてなし研究チーム みやぎ おかみ会	編著 協力	1,600 円
東 北 地 方 と 自 動 車 産 業 ―トヨタ国内第 3 の拠点をめぐって―	折　橋　伸　哉 目　代　武　史 村　山　貴　俊	編著	3,600 円
スマホ時代のモバイル・ビジネスと プ ラ ッ ト フ ォ ー ム 戦 略	東　邦　仁　虎	編著	2,800 円
テ キ ス ト 経 営・人 事 入 門	宮　下　　　清	著	2,400 円
知 識 経 営 時 代 の マ ネ ジ メ ン ト ― 経 営 学 の フ ロ ン テ ィ ア ―	中　山　　　健 丹　野　　　勲 宮　下　　　清	著	2,400 円
転 職 と キ ャ リ ア の 研 究 ―組織間キャリア発達の観点から―	山　本　　　寛	著	3,200 円
昇 　 進 　 の 　 研 　 究 ―キャリア・プラトー現象の観点から―	山　本　　　寛	著	3,200 円
イ ノ ベ ー シ ョ ン と 組 織	首　藤　禎　史 伊　藤　友　章 平　安　山　英　成	訳	2,400 円
経営情報システムとビジネスプロセス管理	大　場　允　晶 藤　川　裕　晃	編著	2,500 円

(本体価格)

──────── 創 成 社 ────────